동아시아 세계의 기록문화와 학문정신

■ 집필자 소개 (집필순)

김 용 기	중앙대학교 강사
송 재 용	단국대 교양학부 교수
최 원 오	고려대 아세아문제연구소 HK연구교수
이 승 희	중앙대학교 강사
신 현 승	고려대 아세아문제연구소 HK연구교수
윤 영 수	경기대학교 일어일문학과 교수
전 성 곤	고려대 일본연구센터 HK연구교수
이 지 영	상명대학교

동아시아 세계의 기록문화와 학문정신   정가 : 14,000원

2011년 9월 19일 초판 인쇄
2011년 9월 26일 초판 발행

편   자 : 동아시아고대학회
발 행 인 : 한 정 희
편   집 : 안 상 준
발 행 처 : 경인문화사
서울특별시 마포구 마포동 324-3
전화 : 718-4831～2, 팩스 : 703-9711
www.kyunginp.co.kr 한국학서적.kr
E-mail : kyunginp@chol.com
등록번호 : 제10-18호(1973. 11. 8)

ⓒ 2011, Kyung-in Publishing Co, Printed in Korea
ISBN : 978-89-499-0808-3   93910
* 파본 및 훼손된 책은 교환해 드립니다.

동아시아 세계의
기록문화와 학문정신

동아시아고대학회 편

景仁文化社

목 차

神母 認識을 통해서 본
中世 東아시아의 記錄精神

김 용 기*

I. 序論

본고는 神母에 대한 인식을 드러내고 있는 『삼국사기』, 『삼국유사』, 『고려도경』을 통하여 중세 동아시아의 기록정신을 탐구하는데 목적을 두고 있다.[1] 그리고 이들 사서에 나타난 작자들의 기록정신은 개인적 성향과 함께 그들이 소속되어 있는 집단의 영향을 강하게 받고 있다는 점과 이러한 영향 때문에 기록 대상의 성격이 변모될 수 있다는 점도 논의의 대상으로 삼았다.

이를 위해 필자는 위 史書의 작자들이 특정 대상을 기록할 때에 '사실과 허구', '객관과 주관', '개인과 집단'이라는 대립항을 염두에 둘 수

* 중앙대학교 강사

1) 본고는 제39회 동아시아고대학회 학술발표대회에서 발표한 원고를 대폭 수정·보완한 것이다. 지정토론을 통해 이 글의 완성도를 높여주신 건국대 허원기 교수님께 감사드린다. 그리고 수정해야 하거나 보완해야할 부분을 일일이 지적해 주신 인하대 서영대 교수님과 이화여대 이지영 교수님께도 고마운 마음을 표하고 싶다.

있다는 점과 그 접근 코드에 따라 동일 대상이 전혀 다르게 형상화될 수 있을 것이라는 가설을 세워 보았다. 왜냐하면 대개의 記錄이라는 것이 '사실'과 '허구', '객관'과 '주관', '개인'과 '집단'의 관점 중 어느 것을 택하는가에 따라 전혀 다른 결과를 낳을 수 있다고 생각했기 때문이다.

하지만 어떤 경우라 하더라도 이 중 어느 하나만 온전하게 드러나는 경우는 있을 수 없다. 정도의 차이는 있겠지만 어떤 사건에 대한 작자의 기술 태도에 따라 '사실'의 기록 속에 얼마간의 '허구'가 포함될 수 있기 때문이다. 또 '객관적'인 사건의 기록에 기록자의 '주관성'이 개입될 수 있고, 기록자 개인의 주관적인 생각의 피력에도 객관적 사실은 그 뒷받침 자료로서 중요한 역할을 하기 마련이다. 그리고 개인 정신은 집단정신과 동떨어져서 고립되어 존재할 수 없고, 집단정신은 개인 정신에 바탕을 두게 마련이다.

필자는 양자간의 이러한 성격을 고려하여 '사실'과 '허구'의 관계는 '認識的 事實'이라는 통합된 개념으로 사용하기로 한다. 역시 같은 방법으로 '주관'과 '객관'의 관계는 '認識的 客觀'으로 명명하기로 하고, '개인'과 '집단'의 문제는 '自集團'이라는 개념으로 통합하여 운용하기로 한다.2)

---

2) 이 용어들은 논의 편의를 위해 필자가 임의로 상정한 개념이다. 따라서 선도성모나 중세 동아시아 기록정신의 이해를 위해 반드시 이 용어가 사용되어야만 하는 것은 아니라는 점을 밝혀둔다. 필자가 사용하고 있는 용어들의 개념을 간략하게 정리하면 다음과 같다. 1. 認識的 事實 : 허구일 수도 있고 사실일 수도 있지만 자신의 말과 행동이 '사실적'이라는 믿음과 인식이 내재된 개념이다. 이것은 '사실' 여부와 관계없이 '인식'이 선행되어 특정 대상이 사실로 받아들여지는 것을 말하는 것으로서, 어느 정도 사실성이 담보되어야만 하는 '사실적 인식'과는 약간의 차이가 있다. 2. 認識的 客觀 : 사실일 수도 있고 아닐 수도 있지만 자신의 말과 행동이 '객관적'이라는 믿음과 인식이 내포된 것을 말한다. 이것은 내용이나 과정, 결과가 반드시 합리적 타당성이 있거나 과학적이지는 않다. 이런 점에서 내용과 과정, 결과가 어느 정도 합리적 타당성이 요구되는 '객관적

필자가 임의로 상정한 이 개념 속에는 세 史書3)의 작자들이 고민했던 사실과 허구, 주관과 객관, 개인과 집단에 대한 인식을 다 포함하고 있다. 이 개념들을 통해 세 사서 기록자들의 생각들을 보다 용이하게 정리할 수 있다. 이들은 자신과 상반되는 관계에 있는 개인이나 집단에 대해서는 어느 정도 배타적인 속성을 드러내기도 하기 때문에 대상에 대한 인식 주체의 태도를 규정할 필요가 있다. 그 태도는 대상에 대한 직접적인 공격과 비판을 통해 드러날 수도 있고, 自集團에 대한 우월성이나 중요성을 강조하는 과정에서 상대적으로 드러나기도 한다. 가령 自集團의 정신을 강조하거나 우월성을 드러낼 때에는 神異로 인식되어 나타나기도 하고, 그 반대일 경우에는 怪異로 드러나기도 하는 것이다.

II. 神母에 대한 認識과 態度

본 장에서는 仙桃聖母와 東神聖母 기록을 통해 중세 동아시아의 神母에 대한 인식을 살펴보고자 한다. 먼저 仙桃聖母에 대한 原古形의 기록으로는 『삼국사기』와 『삼국유사』가 있고 東神聖母에 대한 기록으로는 『삼국사기』와 徐兢의 『高麗圖經』이 있다. 이 중 『삼국사기』의 기록은 상당부분 중국 관리들로부터 들은 것에 의존하고 있으나 東

인식'과 구별된다고 할 수 있다. 3. 自集團 : 개인적으로 독립할 수 있으면서 그 개인이 소속된 집단정신과 긴밀하게 작용하는 경우를 말한다. 이것은 自己集團으로 이해해도 무방하나 필자는 이를 압축하여 사용하고자 한다.

3) 『삼국유사』나 『고려도경』은 엄밀한 의미에서 '史書'로 칭하기에는 무리가 있을 수 있다. 그러나 대개의 연구자들은 이 두 자료의 이러한 성격을 알면서도 이들 자료를 바탕으로 한 연구를 계속하고 있는 실정이다. 이것은 이 두 자료가 삼국의 역사 문화나 고려시대 역사 문화에 대하여 중요한 정보를 제공하고 있기 때문일 것이다. 이런 점에서 필자는 이 두 자료 역시 포괄적 의미에서 '史書'라는 명칭을 사용하기로 한다.

神聖母에 대한 기록은 외형적으로 국내 기록과 중국측 기록으로 이대별할 수 있을 듯하다. 그러나 그들로부터 들은 神母에 대한 김부식의 인식은 중국 관리들의 그것과 일치하지는 않는다. 이런 점에서 김부식의 『삼국사기』 기록도 하나의 독립된 자료로 볼 수 있다고 판단된다. 본 장에서는 神母에 대한 이들 세 사서에 나타나 있는 기록자들의 기록정신을 살펴보기로 한다.

1. 神異와 怪異로서의 神母

神母에 대한 연구는 꽤 오래전부터 진행되어 왔다. 그 중에서도 仙桃聖母에 대해서는 旣刊에 상당한 논의가 있었다. 黃浿江[4] 金鉉龍[5], 金杜珍[6], 李志暎[7], 金俊基[8] 천혜숙, [9]박상란[10], 윤미란[11] 등에 의해 선도성모의 성격이나 정체에 대한 해명이 어느 정도 이루어졌다. 그리고

---

4) 黃浿江, 「박혁거세 신화 논고」, 황패강 저, 『한국서사문학연구』, 단국대학교출판부, 1972, 132~167쪽.
5) 金鉉龍, 『韓國古說話論』, 새문사, 1984, 56~68쪽.
6) 金杜珍, 「신라 건국신화의 신성족 관념」, 『한국학논총』 11집, 국민대학교 한국학연구소, 1988, 13~46쪽.
7) 李志暎, 『한국신화의 신격 유래에 관한 연구』, 태학사, 1995, 160~168쪽 ; 李志暎, 『한국 건국신화의 실상과 이해』, 월인, 2000, 288~314쪽.
8) 金俊基, 「神母神話研究」, 경희대학교 대학원 박사학위 논문, 1995, 50~76쪽.
9) 천혜숙, 「한국신화의 성모상징」, 『인문과학연구』 1집, 안동대학교 인문과학연구소, 1999, 245~247쪽 ; 천혜숙, 「서술성모의 신화적 정체」, 『동아시아고대학』 제16집, 동아시아고대학회, 2007, 173~201쪽 ; 천혜숙, 「선도성모 담론의 신화학적 조명」, 『구비문학연구』 제26집, 한국구비문학회, 2008, 185~212쪽.
10) 박상란, 「신라·가야 건국신화의 체계화 과정 연구」, 동국대학교 대학원 박사학위논문, 1999, 14~119쪽.
11) 윤미란, 「선도성모 서사의 형상과 그 의미 – 선도성모수회불사 <삼국유사> 권5 감통 제7을 중심으로 – 」, 『한국학연구』 제16집, 인하대학교 한국학연구소, 2007, 89~105쪽.

동신성모는 선도성모를 다루는 자리에서 간혹 비교 대상으로 언급되고 있는 실정이다.

　이러한 선행 연구는 주로 『삼국유사』와 『삼국사기』 그리고 『고려도경』에 근거하고 있는 것으로 볼 수 있는데, 표현의 차이를 고려한다면 仙桃聖母 설화가 재창조 내지는 재구성되었다는 점에서 어느 정도 의견의 일치를 보이고 있는 듯하다. 필자 또한 이들과 큰 틀에서 의견을 같이하고 있으며, 선행 연구를 바탕으로 이들 작품에 대한 편찬자들의 기록정신을 좀 더 부각시켜 보고자 한다.[12]

1) 一然의 仙桃聖母에 대한 記錄과 神異

(1) 『三國遺事』紀異 赫居世王條에 나타난 仙桃聖母

　필자가 생각하기에 선도성모에 대한 인식의 골자는 神異[13]와 怪異가 아닌가 한다. 이는 『삼국유사』와 『삼국사기』를 통해서 그 각각의 면모

---

12) 논의의 편의와 오해의 소지를 없애기 위해 세부 항목에서는 포괄적인 의미의 '神母'와 구체적 대상으로서의 '仙桃聖母'나 '東神聖母'를 구별해서 사용하고자 한다. 구체적 대상을 논의할 때에는 '선도성모'나 '동신성모'와 같이 직접적인 명칭을 사용하기로 하고, 이 둘을 포괄하는 의미에서 논의할 때에는 '신모'라는 용어를 사용하기로 한다.

13) 일연의 『삼국유사』 전편을 관통하고 있는 서술 준거가 神異라는 점은 이미 잘 알려진 사실이다. 이는 『삼국유사』 紀異 卷第1 첫머리에서 역대 중국의 제왕들에 대한 神異한 출생을 기록하고 우리 삼국의 시조 또한 그러한 신이한 출생을 하였다는 것을 강조하는 데서 잘 드러난다. 그리고 『삼국유사』의 내용을 형성하는 것이 神異素이며 이것이 일연의 찬술 준거와 의도라는 점을 구체적으로 밝힌 연구도 있다(河廷鈜, 「삼국유사 텍스트에 반영된 '神異' 개념에 관한 연구」, 서울대학교 대학원 석사학위 논문, 2002, 1～113쪽 참조). 이런 점에서 『삼국유사』에 담긴 일연의 찬술 정신을 神異에서 찾는 것은 새삼스러운 것이 아니다. 하지만 선도성모와 관련하여 일연과 김부식의 기록정신을 논의함에 있어 이를 지나칠 수는 없기 때문에 재론할 수밖에 없음을 밝혀 둔다.

를 살펴볼 수 있다. 먼저 『삼국유사』소재 <赫居世神話>와 <仙桃聖母隨喜佛事>에 형상화된 仙桃聖母의 모습을 살펴보기로 한다.

(A). 〈赫居世神話〉
① 前漢 地節 元年 임자(69년) 3월 초하루에 6부의 조상들이 자제들을 거느리고 알천 언덕 위에서 의논하다.
② 이들은 백성들을 다스릴 임금이 없어서 백성들이 방자하므로 德 있는 사람을 찾아 임금을 삼고 나라를 세우고자 하다.
③ 이들이 높은 곳에 올라가서 남쪽을 바라보니 楊山 밑에 있는 蘿井 곁에서 이상한 기운이 땅에 비추고 있어서 가보니 白馬 한 마리가 꿇어앉아 절을 하고 있는 형상을 하고 있다.
④ 말이 사람을 보더니 길게 울고는 하늘로 올라가 버렸다.
⑤ 그 알을 깨보니 사내아이가 나왔는데 모양이 단정하고 아름다웠다.
⑥ 그 아이를 東泉에서 목욕시키자 몸에서 광채가 나고 새와 짐승이 더불어 춤을 추니 이내 천지가 진동하고 해와 달이 청명하였다.
⑦ 이에 그 아이를 赫居世王이라고 하였는데, 혁거세라는 말은 鄕言으로서 弗矩內王이라고도 하며, 이것은 세상을 다스린다는 뜻이다.

(B). 〈仙桃聖母 神話〉
ⓐ (해설하는 이가 말하기를) 이와 같은 일은 西述聖母가 낳을 때의 일과 같다.
ⓑ 중국 사람들이 仙桃聖母를 찬양하는 말에 어진이를 낳아 나라를 세웠다고 함은 바로 이것이다.
ⓒ 계룡이 상서로움을 나타내어 閼英을 낳았다는 이야기도 서술성모의 현신을 뜻함이 아니겠는가.

(C). 〈閼英 神話〉
⑧ 6부의 사람들이 천자가 하늘에서 내려왔으니 덕이 있는 왕후를 찾아 배필을 삼아야 한다고 하다.
⑨ 이날 沙梁里에 있는 閼英井 주변에 계룡이 나타나 왼쪽의 갈비에서 계집을 낳았다(혹은 용이 나타나 죽었는데 배를 가른즉 그 속에 계집아이가 있었다).
⑩ 얼굴과 모습이 매우 고왔으나 입이 닭의 부리와 같아 月城 北川에 가서 목욕시키니 그 부리가 떨어지다.

⑪ 남산의 서쪽 기슭에 궁궐을 짓고 성스러운 두 사람을 받들어 길렀다.

⑫ 사내아이가 알에서 나왔는데 그 알이 박(瓠)과 같았다. 鄕人은 박(瓠)을 朴이라 하는 연유로 그 성을 朴이라 하였다.

⑬ 계집아이는 그녀가 나온 우물의 이름을 따서 閼英이라 이름지었다.[14]

위 예문은 『삼국유사』 '紀異'편에 제시되어 있는 '혁거세신화'의 일부를 원문의 순서대로 나열해 본 것이다. 예문 (B)가 찬자의 해설이라고 하지 않고 이 전체가 하나의 이야기 단위로 되어 있다고 가정한다면, (A)-(C)의 흐름상으로 볼 때 예문 (B)는 아주 엉뚱한 이야기가 되는 셈이다. 그리고 (B)를 원문에 제시된 순서대로 서사문맥에 포함시킬 경우 그 흐름이 깨뜨려져서 작품의 통일성을 해치게 된다. 그러나 (A)-(C)를 각각의 독립된 이야기 단위라고 본다면 혁거세 신화와 알영 신화 속에 仙桃聖母 신화가 삽입되어 있는 중층적 서사구조가 된다. 또 예문 (B)의 仙桃聖母 신화를 인정하는 상태에서 혁거세 신화 전체를 바라볼 경우, 혁거세와 알영은 남매간에 혼인하여 왕과 왕후가 되었다는 결론을 얻을 수 있다.

이러한 사실은 합리적인 이성으로 이해하기 어렵고, 서사 구조상으로도 논리적 정합성을 획득할 수 없다. 그러함에도 불구하고 찬자 一然이 仙桃聖母 신화를 혁거세 신화에 삽입하는 중층적인 서사 구성법을 취한 이유는 각각의 이야기들이 가진 神異性을 결합하여 새로운 이야기들을 형성하기 위한 것으로 볼 수 있다. 그는 『삼국유사』를 찬술함에 있어서 합리적인 이성이나 논리적 정합성 같은 것은 크게 염두에 두지 않았던 것이다. 그보다는 오히려 논리적 이성으로 이해하기 어려운 몇 개의 각편들을 나열함으로써 보다 풍부한 이야기를 생성시키고 있는 것이다.

---

14) 一然 著, 『三國遺事』 紀異 卷第1, 新羅始祖赫居世王條 ; 朴性鳳·高敬植 譯, 『三國遺事』, 瑞文文化社, 1987, 64~67쪽 참조. 본고에서 사용된 『三國遺事』의 번역문은 본서를 참고로 하였음을 밝혀 둔다. 그리고 이하에서는 번역문의 페이지는 밝히지 않고 원문의 출처만 밝히기로 한다.

이를테면, 위 예문 (A)와 (C)가 각기 독립된 하나의 神異한 이야기 원형으로 존재했다고 할 수도 있는데, 예문 (B)의 선도성모를 삽입함으로 인해 그 神異한 이야기의 각 원형은 전혀 훼손되지 않으면서 완전히 새로운 이야기가 형성되는 것이다. 즉 (A)는 赫居世王의 神異한 出生譚이고, (C)는 왕후 閼英의 神異한 出生譚으로서, 이 두 인물은 분명 天上이나 이에 비견할 만한 存在 本源地에서 출생한 것으로 나타나기 때문에 이 자체만으로도 『삼국유사』 전편에 흐르고 있는 神異라는 서술 준거에 합치되고 서사전개상에서도 문제가 없다. 그런데도 一然은 예문 (B)의 선도성모가 혁거세와 알영을 낳았다는 해설을 중간에 넣어서 이야기의 틀을 전혀 다르게 짜고 있는 것이다.

그리고 6촌장의 기원에 의한 천상의 감응으로 혁거세와 알영이 태어나 왕과 왕후가 되었다는 (A), (C)의 이야기나, 혁거세와 알영을 (B)의 仙桃聖母가 낳아서 왕과 왕후가 되었다는 남매혼의 이야기는 모두 神異하고 일상을 뛰어넘는다. 하지만 굳이 그 경중을 가린다면 (B)의 仙桃聖母 이야기가 중간에 삽입됨으로 인해 전체적인 神異의 파장은 커지게 된다. 이것은 혁거세와 알영은 물론이고, 仙桃聖母 기록에 대한 구체적인 典據를 제시하지 않으면서 神異한 이야기를 비교적 자유롭게 결합하여 기술하는 방식을 통해 神異性을 극대화 하고 있는 것으로 볼 수 있다.[15] 神異한 이야기 단편들을 결합하여 민족의 역사를 재구성하고 재창작하고 있는 것이다.

---

15) 혁거세와 알영, 그리고 仙桃聖母 신화의 결합에서 一然의 神異 정신이 극대화 되고 있다는 점은 紀異編의 다른 인물들에 대한 神異性을 드러내는 것과의 비교를 통해서 확인할 수 있다. 고조선이나 북부여 등에서는 주인공의 신이성이 역사적 기록을 통해서 드러나고 있는데, 혁거세와 알영, 그리고 선도성모에 대해서는 그러한 역사적 전거가 전혀 제공되지 않고 있는 것이다.

2) 『三國遺事』感通 〈仙桃聖母隨喜佛事〉條에 나타난 仙桃聖母

혁거세와 알영 신화에서 仙桃聖母는 중심 서사 인물이 아니었으면서도 전체 서사의 방향을 새롭게 재구성하는 神異에 기여했다. 이러한 仙桃聖母가 感通編 〈仙桃聖母隨喜佛事〉에서는 神異의 주역으로 등장한다. 기이편에서 애초의 이야기 원형을 깨뜨리지 않으면서도 완전히 새로운 이야기를 재창조했던 一然의 神異 중심의 서술 태도가 여기서도 확인되고 있다. 먼저 仙桃聖母隨喜佛事의 내용을 몇 개의 이야기 단위로 나누어보면 이를 쉽게 확인할 수 있다.

(A). 〈智惠의 安興寺 佛殿修理와 仙桃聖母〉
① 진평왕 때에 智惠라는 比丘尼가 있었는데 어진 행실이 많았다.
② 安興寺에 살았는데 佛殿을 새로 수리하려 했으나 힘이 모자랐다.
③ 어느 날 꿈 속에 구슬로 머리를 장식한 아름다운 仙女가 와서, 자신은 仙桃山 神母인데 네가 불전을 수리하려는 것이 기뻐 금 10근을 주어 돕고자 한다고 하다.
④ 자신이 있는 자리 밑에서 금을 꺼내어 主尊 三像을 장식하고, 벽 위에는 53佛 六類聖衆 및 모든 天神과 5岳의 神君을, 그리고 해마다 봄과 가을 두 계절의 10일에 남녀 신도들을 많이 모아 모든 含靈을 위해서 占察法會를 베풀어서 일정한 규정을 삼으라고 하다.
⑤ 屈弗池의 龍이 황제의 꿈에 나타나 靈鷲山에 藥師道場을 영구히 열어 바닷길이 편안할 것을 청했으니 그 일이 또한 이와 같다.
⑥ 지혜가 놀라 깨어나 무리를 데리고 神祠 자리 밑에 가서 황금 1백 60냥을 파내어 불전 수리를 완성하였으니 이는 모두 神母가 이르는 대로 따랐기 때문이다.

(B). 〈仙桃聖母의 存在本源과 仙桃山 地仙〉
① 神母는 본래 중국 帝室의 딸이었는데 이름은 娑蘇이다.
② 신선의 술법을 배워 新羅에 와서 머물러 오랫동안 돌아가지 않았다.
③ 父皇이 소리개의 발에 편지를 매달아 보내어 '소리개가 머무는 곳에 집을 지으라'고 하니, 그 소리개가 선도산에 날아와 멈추므로 그곳에

서 地仙이 되었으며 그 산 이름을 西鳶山이라고 하다.
④ 신모는 오랫동안 이 산에 머무르며 나라를 鎭護하니 신령스럽고 이상한 일들이 매우 많았으므로 나라가 세워진 이래로 항상 三祀의 하나로 삼았고, 그 차례도 여러 望祭의 위에 있게 하였다.

　(C).〈景明王의 매사냥과 大王 封爵〉
① 경명왕이 매사냥을 즐겨 했는데 서연산에 올라가서 매를 놓았다가 잃어버렸다.
② 왕이 신모에게 기도하여, 만일 매를 찾게 된다면 聖母께 爵을 봉해 드리겠다고 하다.
③ 얼마 후 매가 날아와서 걸상 위에 앉으므로 성모를 大王으로 封爵하였다.

　(D).〈仙桃聖母의 赫居世·閼英 出産과 靈驗〉
① 그 신모가 처음 辰韓에 와서 聖子를 낳아 東國의 처음 임금이 되었는데, 赫居世와 閼英 두 聖君을 낳았을 것이다.
② 聖母는 일찍이 諸天의 선녀에게 비단을 짜게 해서 붉은 빛으로 물들여 朝服을 만들어 남편에게 주었으므로 나라 사람들은 비로소 그의 신비스러운 영검을 알게 되었다.16)

위 예문 (A)-(D)는 하나의 서사 구조로 조직된 것이 아니다. 이것 역시 기이편의 혁거세왕에서 나타난 바와 같이 각각의 神異素를 재구성하여 전체적으로 仙桃聖母의 존재와 행위에 대한 神異性을 극대화 하고 있는 것으로 볼 수 있다. <혁거세신화>가 仙桃聖母의 神異한 출산을 통해 혁거세와 알영 신화를 좀 더 복합적인 神異素가 결합된 것으로 만들었다면, <선도성모수회불사>는 주변의 신이한 행적을 통해 仙桃聖母의 神異性을 부각시키고 있다는 차이점이 있다. 一然의 이러한 기록 태도는 한 두 가지 설화로 전시기를 대변하는 특징을 낳았으며, 김부식이 한 王代를 기술하면서 편년체 형식을 빌어 여러 시기의 다양한 사실을 전하고 있는 『삼국사기』의 기록 태도17)와 결정적으로 다른 점이다.

---

16) 一然, 『三國遺事』, 卷第5, 感通第7, '仙桃聖母 隨喜佛事'條.
17) 서영대, 「水路夫人 설화 다시 읽기」, 서영대·송화섭, 『용, 그 신화와 문화』,

이러한 면은 예문 (A)-(D) 각각의 神異한 삽화가 이를 증명해 주고 있다. 위 예문에 나타난 바와 같이 역사적으로 제일 중요한 사건은 仙桃聖母가 중국 帝室의 딸이었으며 신라로 건너와 혁거세와 알영을 낳았다는 예문 (B)와 (D)의 내용이다. 만약 이것이 어느 정도 사실적인 일이라면, 기이편의 몇몇 건국왕의 일처럼 구체적인 典據를 밝히면 그만이지만, 실제로는 그러한 전거가 없이 몇 개의 신이소만 나열되어 전체적으로 仙桃聖母의 신이성을 부각시키고 있는 것이다.

따라서 一然이 <仙桃聖母隨喜佛事>에서 다양한 神異素들을 나열한 것은 仙桃聖母 신화의 내용을 풍성하게 하면서 아울러 전체적으로는 宗敎的 神異를 강하게 긍정하기 위한 것으로 볼 수 있다. 그렇기 때문에 앞서 논의한 바 있는 기이편의 혁거세와 알영 신화보다 더 다양한 神異素를 삽입하여 재구성한 것으로 보인다. 혁거세 신화에서는 이것이 어느 정도의 사실성을 가지는가의 여부와 상관없이 그것은 歷史的 神異를 드러내는 것이기 때문에 仙桃聖母의 정체를 본격화시키기 어려웠다고 판단된다. 이와는 달리 감통편에 등장하는 선도성모는 그러한 역사적 신이에서는 비교적 자유로울 수 있기 때문에 一然은 여기에 보다 더 많은 지면을 할애하여 神異한 선도성모의 이야기를 전달하고 있다고 생각된다. 이런 점에서 一然이 사실 여부와 상관없이 仙桃聖母를 神異한 사실로 받아들이는 것은 '인식적 사실'에 해당된다.

3) 金富軾의 仙桃聖母에 대한 記錄과 怪異

一然이『三國遺事』에서 歷史的 神異와 宗敎的 神異를 중심으로 서술하였다면, 金富軾은 그와 전혀 다른 입장에서『삼국사기』를 편찬했다. 이는 앞서 언급한 바와 같이 여러 시기의 다양한 사실을 전하는『삼

민속원, 2002, 207쪽 참조.

국사기』와 한 두 가지 설화로 특정 시기를 대변하는『삼국유사』의 기록
방식의 차이18)에 기인하는 것이기도 하다. 하지만 이 보다 더 중요한 것
은 특정 사건을 대하는 一然과 金富軾의 기록정신의 차이다. 김부식의
이러한 기록정신을 다음의 구체적인 예를 통해서 확인해 보기로 한다.

(A) 〈『三國史記』敬順王條에 나타난 赫居世 記錄〉
① 신라의 박씨와 석씨는 모두 알에서 태어났으며, 김씨는 하늘로부터 금
궤에 든 채로 내려왔다거나 혹은 금수레를 타고 왔다고 한다.
② 이는 怪異해서 믿을 수 없지만 세속에서 서로 전해와 사실처럼 되고
말았다.

(B) 〈金富軾이 王黼로부터 들은 仙桃聖母 記錄〉
① 김부식이 政和 연간에 李資諒과 함께 송나라로 조공을 가다.
② 佑神館의 한 사당에서 선녀의 화상이 걸려 있는 것을 보다.
③ 송의 館伴學士 王黼가 "이것은 귀국의 신인데 공들께서 아시는지"하
고 묻다.
④ 왕보가 말하기를 "옛날 어느 제왕가의 딸이 남편 없이 임신해 사람들
의 의심을 받게 되자, 곧 바다를 건너 辰韓에 도착해 아들을 낳았는데,
이가 해동의 첫 임금이 되었으며, 그녀는 地仙이 되어 오랫동안 仙桃
山에서 살았는데 이것이 그녀의 화상입니다"라고 하다.

(C). 〈宋나라 使臣 王襄이 지은 "祭東神聖母文"에 대한 金富軾의 態度〉
① 김부식이 송나라 사신 왕양이 지은 〈祭東神聖母文〉에 "어진 이를 잉태
하여 나라를 창건하시다"라는 구절이 있는 것을 보다.
② 여기 '동신성모'가 곧 선도산의 지선인 것은 알겠으나 그의 아들이 어
느 때에 왕노릇하였는지는 모르겠다고 하다.19)

위 예문 (A)-(C)는『삼국사기』경순왕조에 나타나 있는 기록들을 내용

---

18) 서영대, 앞의 글, 207쪽.
19) 金富軾,『三國史記』, 卷第12, 新羅本紀 第12, 敬順王條 ; 이강래 역,『삼
국사기Ⅰ』, 한길사, 1998, 300～301쪽 참조. 본고에서『삼국사기』번역문은 본
서를 참고로 하며, 이하에서는 원문의 출처만 밝히기로 한다.

별로 재구성해 본 것이다. 이를 보면 김부식은 자신이 직접 눈으로 보거나 들은 것, 또는 구체적인 典據가 없는 것에 대해서는 그 판단을 유보하는 태도를 보이고 있다. 이러한 면은 『삼국사기』 신라본기 赫居世王條에서 仙桃聖母 이야기를 전혀 언급하지 않은 것[20]이나 위 예문 (A)에서 혁거세와 알영이 仙桃聖母로부터 태어났다는 이야기를 하지 않는 것을 통해 드러난다. 이는 그러한 기록에 대한 구체적인 典據가 없고 또 본인이 직접 듣고 보지 않았으며, 합리적인 이성으로도 납득이 가지 않았기 때문이다. 이러한 그의 기록정신은 (A)-②에 제시된 바와 같이 '怪異해서 믿을 수가 없다'는 태도로 귀결된다.

김부식의 이러한 태도는 역사서술에 있어서 문헌의 증거를 중시하고 以實直書의 원칙을 준수하여 믿을 만한 것을 선택하고 神異하고 미신적인 자료를 채택하지 않았던 것[21]과 깊은 관련이 있다. 그에게 있어서 仙桃聖母가 알을 통해 혁거세와 알영을 낳았다는 식의 神異한 이야기는 합리적으로 이해할 수 없는 怪異로 인식되었던 것이다.

그래서 그는 예문 (B)와 같이 王黼로부터 仙桃聖母 이야기를 듣고서도 本紀 始祖赫居世居西干條에는 기록하지 않았다고 생각된다.[22] 대

---

20) 金富軾, 『三國史記』, 卷第1, 新羅本紀 第1, 始祖赫居世 居西干條 참조.
21) 조이옥, 「삼국사기에 나타난 김부식의 국가의식」, 『동양고전연구』 제11집, 동양고전학회, 1998, 224쪽.
22) 필자는 김부식의 『三國史記』에 나타난 기록을 그대로 인용하였으나, 여기에는 약간의 문제가 있다. 그것은 우신관의 여선과 선도산의 지선, 그리고 왕양이 지은 '제동신성모문'의 동신성모가 동일 인물이냐는 것이다. 김부식의 기록에 따르면 '우신관의 여선=선도산 지선=동신성모=해동의 첫 임금 출산'이 성립된다. 서긍의 『고려도경』에 나오는 내용을 토대로 본다면 이 동신성모는 유화일 가능성이 크다. 아마도 김부식은 이 유화를 선도성모로 잘못 인식한 것 같다. 이러한 김부식의 인식에 문제가 있음은 서거정의 『筆苑雜記』나 안정복의 『東史綱目』에서 언급되고 있다는 것을 천혜숙이 밝힌 바가 있다(천혜숙, 「선도성모 담론의 신화학적 조명」, 『구비문학연구』 제26집, 한국구비문학회, 2008, 10~12쪽, 24쪽 참조). 이 부분에 대해서는 앞으로 논의될 서긍의 『동신성모』 기록에서 재론

신 敬順王條의 마지막 論 부분에서 자신이 王誧로부터 들은 이야기만을 기록함으로써 그 객관적인 태도를 유지하려 하고 있다고 판단된다. 물론 이러한 판단도 예문 (A)에서 혁거세왕 등이 알에서 태어났다는 이야기가 怪異하여 믿을 수 없다는 전제가 있기 때문에 김부식이 仙桃聖母에 대해서 가지고 있었던 기본적인 태도는 怪異에 가깝다고 할 수 있다. 그리고 예문 (C)에 나타난 바와 같이 동신성모가 선도산의 지선인 것은 알겠지만 그 아들이 어느 때에 왕 노릇을 하였는지는 모르겠다고 함으로써 王襄의 祭文에 대해서도 의혹을 드러낸다. 이 역시 仙桃聖母에 대한 인식을 怪異로 여겼기 때문이라고 생각된다.

이러한 특징은 김부식의 『삼국사기』가 사건을 연대기적으로 서술하고 있기 때문에 인물에 관한 정보가 없이 그가 보여준 행적만을 간략하게 서술[23]하였던 것과도 관련이 있을 것이다. 이것은 一然이 『삼국유사』 紀異 서문에서 밝힌 역대 중국의 제왕들에 대한 神異를 典據로 제시하면서 궁극적으로 우리 삼국의 시조가 神異한 출생을 하였다는 정치적 神異와는 큰 차이가 있다. 뿐만 아니라 같은 유학자였던 이규보가 東明王 神話에 대하여 가졌던 생각과도 거리가 있다.

이규보는 東明王篇 幷序에서 동명왕의 神異한 일은 어리석고 몽매한 사람들도 잘 알고 있는 이야기라고 하고, 이어 공자는 怪力亂神을 말하지 않았으며, 동명왕의 이야기는 황당하고 奇怪하여 이야기할 것이 못 된다고 하였다. 그리고 동명왕의 신이한 사적은 『魏書』, 『通典』, 『舊三國史』 등에 기록되어 있는데, 이규보는 이러한 내용이 모두 鬼와 幻이라고 하여 부정했다. 그러다가 『舊三國史』를 세 번 읽고 그 근원에 들어가 보니 幻이 아니고 聖이며, 鬼가 아니고 神이었다[24]고 하면서 태

하기로 한다.
23) 丁天求, 「삼국유사 글쓰기 방식의 특성 연구」, 서울대학교 대학원 석사학위논문, 1995, 85쪽.

도의 변화를 드러내고 있다. 김부식과 이규보의 이러한 기록 정신의 차
이는 유학자들이 神話를 대하는데 있어서 그 기준이 달랐음을 의미한
다. 신화를 神異로 인식했을 때는 긍정적인 평가를, 怪異로 인식했을
때에는 부정적인 평가25)를 하기도 했던 것이다.

　이를 통해서 볼 때, 같은 유학자였으면서도 김부식과 이규보가 神話
나 神異한 기록에 대해서 가졌던 인식의 차이를 엿볼 수 있다. 하지만
여기서 간과하지 말아야 할 것은 김부식이 혁거세나 탈해, 김알지 등이
알에서 태어났다는 것에 대해서는 怪異하다고 하고, 선도성모가 혁거세
와 알영을 낳았다는 것에 대해서는 잘 알 수 없다는 부정적인 입장을 취
했다고 하여 이 둘에 대해서 동등한 태도를 보이고 있는 것은 아니라는
것이다. 굳이 경중을 가린다면 赫居世王 보다는 仙桃聖母 기록에 대
해서 더 부정적이었다고 할 수 있다. 그는 仙桃聖母와 같은 宗敎的 神
異에 대해서는 분명 怪異하게 여기고 믿지 않아서 기록하지 않았지만,
역사적, 정치적 신이에 있어서는 怪異하게 여기면서도 세속에서 전해와
사실처럼 되었다는 입장을 취하면서 그 입장을 달리하고 있는 것이다.
이런 점에서 金富軾이 仙桃聖母에 대해서 가지는 怪異는 '인식적 객
관'과 밀접한 관련을 가지고 있다.

4) 徐兢의 『高麗圖經』 東神聖母 記錄에 나타난 神異

　앞서 논의한 一然의 『三國遺事』나 金富軾의 『三國史記』는 仙桃
聖母에 대한 사실이나 진실여부를 떠나 그에 대한 인식이 神異나 怪異

---

24) 이규보, 『東國李相國集』 第3卷 古律詩 東明王篇 幷序 ; 본고에 사용된
　　 번역문은 민족문화추진회 편, 『東國李相國集Ⅰ』, 민족문화추진회, 1981, 12
　　 7~128쪽을 참조하였음을 밝혀 둔다.
25) 朴大福, 「超越性의 二元的 認識과 天觀念-李奎報와 一然을 中心으로」,
　　 『語文學』 제75집, 한국어문학회, 2002, 174쪽 참조.

로 나타난 경우에 해당된다. 이와 달리 중국측 사료인 徐兢의『高麗圖
經』은 그 대상이 東神聖母 내지는 유화라고 할 수 있다. 이러한 애매
성은『高麗圖經』이 대상에 대한 두 가지 정보를 동시에 전달하고 있기
때문이다. 뿐만 아니라 神母에 대한 서긍의 인식을 일연이나 김부식의
경우와 같이 일방적으로 神異나 怪異의 입장에서 설명하기가 좀 곤란
한 면도 있다. 一然이나 金富軾의 경우에는 자국 내에서 儒家와 佛家
라는 분명한 입장 차이가 있지만, 서긍은 이와는 그 입장이 좀 다르기 때
문이다.26) 따라서『高麗圖經』을 통해서는 국외의 입장에서 파악되는
神母에 대한 서긍의 신이적 태도를 살펴보고자 한다.

> (A).〈東神祠 聖母〉
> ① 東神祠는 宣人門 안에 있는데, 정전에 '東神聖母之堂'이라는 방문이 붙
> 어 있다.
> ② 神像은 장막으로 가려 사람들이 神像을 보지 못하게 만들었는데, 이는
> 나무를 깎아 여인상을 만들었기 때문이다.
>
> (B).〈夫餘의 처 河神의 딸〉
> ③ 어떤 사람은 그것이 夫餘의 처인 河神의 딸이라고 하는데, 그녀가 고
> 구려의 시조가 된 朱蒙을 낳았기 때문에 제사를 모시게 되었다.
> ④ 오래 전부터 사신이 오면 관원을 보내 奠祭를 마련하는데, 그 제물과
> 술을 올리는 예식이 숭산신에 대한 것과 같다.27)

위 예문은 서긍의『高麗圖經』'祠宇'條 東神祠에 대한 기록이다.

---

26) 서긍의『고려도경』은 그가 송의 사신 일행으로 고려에 와서 그 체류 기간 동안
에 보고 들은 고려의 역사, 정치, 경제, 문화, 종교 등에 대해서 기록한 것이다.
즉 이 책은 견문 보고서로서의 성격이 강하기 때문에 그 속에 담긴 작가의 의도
를 神異라고 단정하기는 어렵다. 그래서 기록의 표면에 나타난 語氣를 가지고
그의 神母에 대한 인식을 추리해 보기로 한다.
27) 徐兢 著,『高麗圖經』권17,「祠宇」, '東神祠' ; 조동원, 김대식, 이경록, 이
상국, 홍기표 공역,『고려도경』, 황소자리, 2005, 233〜234쪽. 본고에서 사용된
『高麗圖經』번역문은 이를 참고로 하였음을 밝혀둔다.

원문에는 (A)와 (B)가 연속되어 있다. 그런데 이 기록을 내용상으로 분류하면 東神祠의 여인상에 대한 두 가지 정보가 제공되고 있어서 편의상 (A)와 (B)로 나눈 것이다. 이 예문을 본다면 東神祠 神像의 여인상은 東神聖母 내지는 河神의 딸 유화로 볼 수도 있다.

김부식이 東神聖母가 선도산의 지선인 것은 알겠다고 한 『삼국사기』경순왕조의 기록을 통해서 본다면 東神聖母를 仙桃聖母로 볼 수도 있다. 하지만 이 부분은 앞서 밝힌 바와 같이 김부식이 동신성모 내지는 유화를 仙桃聖母로 잘못 인식하고 있는 것으로 보아야 할 것이다. 그리고 『高麗圖經』에 등장하는 東神聖母가 仙桃聖母가 아닌 東神聖母, 즉 유화일 가능성이 크다는 점은 『高麗圖經』 권1 '建國'조와 권2 '世次' 조의 기록에서 얼마간의 단서를 찾을 수 있는데, 거기에는 분명 고려가 고구려를 계승한 것으로 보고 있다.[28] 따라서 東神祠에서 제사를 드리고 그 절차와 형식이 아주 특별했다는 점으로 미루어 볼 때 東神聖母와 유화는 둘이 아닌 하나이며 仙桃聖母가 아닌 것이 분명하다.

그런데 여기서 중요한 것은, 김부식이 東神聖母를 仙桃聖母로 오인했다는 것을 통해 고려와 중국에서 神母 신앙이 존재했다는 사실을 알 수 있다는 점이다. 일연의 『삼국유사』나 김부식의 『삼국사기』에 선도성모에 대한 기록이 있고, 또 김부식이 송나라 우신관에서 여선의 상을 보고 『삼국사기』에 기록하는가 하면, 중국의 사신 왕보가 고려에 왔을 때 東神聖母를 제사했다[29]는 것이 이를 증명한다. 다만 그러한 神母에 대한 인식이 각각 다를 뿐이다. 김부식은 仙桃聖母와 같은 神母를 怪異하게 여기고 믿지 않았을 뿐만 아니라 東神聖母를 仙桃聖母로 잘못 인식하고 있기도 하다. 이에 비해 서긍이나 왕보는 神母에 대하여 어느

---

28) 徐兢, 『高麗圖經』 권1 「建國」 및 권2 「世次」 참조.
29) 천혜숙, 「한국신화의 성모 상징」, 『인문과학연구』 1집, 안동대학교 인문과학연구소, 1999, 254쪽 참고.

정도 神異하게 받아들이고 있는 것으로 판단된다.

이러한 판단에 근거하여 東神祠 神像의 주체가 누구이든 간에 이 기록에 나타난 徐兢의 인식은 神異에 가까우며, 이것은 김부식이 송나라 사신으로 갔을 때 우신관에 있던 女仙의 像을 대했을 때의 태도와는 조금 다르다고 생각된다. 그보다는 송나라 사신 왕양이 '祭東神聖母文'이라는 제문을 지어 특별한 관심을 보인 것과 동궤에서 파악될 수 있다. 이러한 생각은 徐兢이 神像이나 예식에 대해서 怪異하게 여기거나 어떤 부정적인 언사도 하지 않고 있다[30]는 점을 통해서 알 수 있다. 따라서 東神祠의 기록에 나타난 神母에 대한 徐兢의 태도도 神異라는 관점에서 이해될 수 있다.

2. '認識的 事實'과 '認識的 客觀'[31]로서의 神母

앞서 논의한 一然의『삼국유사』나 金富軾의『삼국사기』, 그리고 徐兢의『고려도경』에 나타난 기록은 그것이 '사실적'이라거나 '객관적'이라는 그 자체보다 편찬자의 기록 정신이 중요하다고 생각된다. 기록자가 그 대상을 바라보는 태도에 따라 그 대상은 긍정적으로 기록될 수도 있고 부정적으로 서술될 수도 있기 때문이다. 이것은 사건 자체보다 作者의 기록 정신이 더 우선됨을 의미한다.

---

30) 徐兢의『고려도경』을 검토해 보면 전체적으로 고려에 대한 풍속이나 인식이 부정적이거나 폄하하는 언사가 빈번하게 발견된다. 그런데 東神祠의 神像에 관해서는 그러한 언사가 전혀 없는 것으로 보아 이 神像의 주체를 宋나라 우신관에 있던 女仙과 동일 인물로 보고 神異하게 받아들인 것이 아닌가 추측된다.
31) 본고에서 필자가 임의로 상정하여 사용하고 있는 '認識的 事實'과 '認識的 客觀'에 대한 개념은 각주 2)번을 참고하기 바란다. 개념 설정에 다소 문제가 있을 수 있으나 이는 확정된 개념이 아니라 필자의 생각이 좀 더 구체화되면서 변모될 수 있다는 가능성을 열어 두고자 한다.

　이러한 사실은 仙桃聖母의 기록이 『삼국유사』에서는 비교적 상세하게 직접적으로 그리면서 그 자체를 매우 神異하게 수용되었던 것에 비해, 『삼국사기』에서는 제외되거나 다른 사람의 말을 전하는 형식의 간접적인 방법으로 형상화되면서 그 자체는 怪異하게 받아들여지고 있는 것을 통해서 확인할 수 있다. 그리고 서긍의 『고려도경』에서는 東神聖母에 대한 기록 자체가 중요시 되면서 동시에 그 자체를 비교적 神異한 것으로 인식하고 있는 것도 이러한 기록 정신의 일례로 볼 수 있다.

　이를 통해서 우리가 알 수 있는 것은 一然이 仙桃聖母에 대한 사건을 '認識的 事實'로 기록하고 있다는 것이다. 一然의 이러한 태도는 仙桃聖母 이야기가 허구가 아니라 그의 신앙심에 의해 사실로 받아들여지고 있음을 의미한다. 특히 감통편의 <仙桃聖母隨喜佛事> 이야기가 이러한 성격이 훨씬 더 강한데, 조현설의 표현을 빌리자면 무속의 산신이 佛事에 기쁘게 참여할 정도로 불교가 신통하다[32)는 것을 드러낸 그 기저에는 이러한 기록정신이 내재되어 있다고 할 수 있다.

　이에 비해 金富軾은 仙桃聖母에 대한 기록을 함에 있어서 비교적 객관적 태도를 견지하고 있다. 그의 이러한 태도는 仙桃聖母 신화에 대하여 그녀와 보다 직접적으로 관련이 있는 시조 혁거세 거서간조에서는 제외시키고, 경순왕조 論 부분에서 중국 관리들로부터 들은 이야기를 간접적으로 옮기는 것에서 확인된다. 자신이 알고 있는 지식이나 인식의 범위 내에서는 스스로 仙桃聖母 이야기를 구체적으로 하지 않으면서, 다른 사람으로부터 들은 仙桃聖母 이야기는 대수롭지 않게 이야기하는 형식을 취함으로써 神母에 대한 기록도 하고 자신의 신념도 지키는 방법을 취한 것이다. 金富軾의 이러한 기록 정신은 '認識的 客觀'이라 할 수 있다. 그에 의하면 仙桃聖母 이야기는 사실일 수도 있고 아닐 수

---

32) 조현설, 『우리 신화의 수수께끼』, 한겨레출판, 2006, 179쪽.

도 있지만, 자신은 그것을 怪異라고 받아들이면서 주변으로부터 들은 이야기를 간접적으로 전달함으로써 객관성을 유지하려고 한 것이다.

一然과 金富軾의 이러한 기록 정신은 『삼국유사』와 『삼국사기』에 나타난 味鄒王과 竹葉軍에 대한 기록을 통해서 다시 한 번 확인할 수 있다.

(A). 〈『三國遺事』 味鄒王과 竹葉軍1〉
① 제14대 儒禮王 때에 伊西國의 사람들이 공격을 하여 왔다.
② 신라에서는 군병을 동원하여 제지하려 했으나 장기간 대적할 수는 없었다.
③ 그 때 이상한 군사가 나타나 도와주었는데 모두 대잎을 귀에 꽂고 있었으며, 신라의 병사와 힘을 합해서 적을 멸하였다.
④ 적의 잔병이 물러간 후에 그 이상한 병사는 어디로 갔는지 알 수가 없었다.
⑤ 다만 대나무 잎이 미추왕의 능 앞에 쌓여 있는 것을 보고 그제야 선왕이 陰으로 도와주었음을 알고 이로부터 이 능을 竹現陵이라고 하였다.

(A)-1. 〈『三國遺事』 味鄒王과 竹葉軍2〉
⑥ 제37대 惠恭王 때인 大歷 14년 기미(779년) 4월에 갑자기 회오리 바람이 김유신 공의 무덤에서 일어났다.
⑦ 그 속에 한 사람은 준마를 타고 있었는데 그 모습이 장군과 같았으며, 갑주를 입고 무기를 든 40여 명의 군사가 그 뒤를 따라서 竹現陵으로 들어갔다.
⑧ 잠시 후에 능 속에서 통곡하는 소리가 들렸는데, 그 호소하는 말에 "신은 평생에 난국을 구제하고 삼국을 통일한 공이 있었습니다. 나라를 鎭護하여 재앙을 없애고 환란을 구제하는 마음은 잠시도 변함이 없습니다. 지난 경술년에 신의 자손이 아무런 죄도 없이 죽음을 당하였으니 다른 곳으로 멀리 가서 다시는 나라를 위하여 힘쓰지 않으렵니다. 왕께서 허락하여 주십시오"했다.
⑨ 왕(미추왕)이 이를 달래고 김유신이 세 번을 더 청하였으나 왕은 세 번 다 허락하지 않으니 회오리바람은 이내 돌아갔다.
⑩ 왕(혜공왕)이 이 소식을 듣고 두려워하여 대신 金敬臣을 보내어 김공의 능에 가서 사죄를 하고 功德寶田 30결을 취선사에 보내어 명복을

빌게 하였다.

⑪ 미추왕의 혼령이 아니었더라면 김유신공의 노여움을 막지 못했을 것
이다.33)

(B). 〈『삼국사기』 '儒禮尼師今條 味鄒王 記錄〉
① 유례 이사금 14년(297년) 봄에 伊西古國이 와서 금성을 공격하였다.
② 우리(신라)가 크게 군사를 일으켜 방어했으나 물리치지 못하였다.
③ 이 때 문득 이상한 군사들이 나타났는데, 그 수를 이루 다 헤아릴 수가
없었다.
④ 그 군사들은 모두 대나무 잎을 귀에 꽂았는데, 우리 군사와 함께 적군
을 쳐서 깨뜨린 다음 온데간데없이 사라졌다.
⑤ 사람들 가운데는 대나무 잎 수만 장이 竹長陵에 쌓여 있는 것을 본 이
들이 있었는데, 이 때문에 나라 사람들은 '선왕(味鄒王)께서 陰兵으로
싸움을 도우신 것이다'라고 생각했다.34)

위 예문 (A)와 (A)-1은 『삼국유사』에 나타난 味鄒王과 竹葉軍에 대
한 내용이고, (B)는 『삼국사기』에 나타난 기록이다. (A)와 (B)는 외형상
으로 보았을 때에는 큰 차이가 발견되지 않는다. (A)의 ①-⑤와 (B)의 ①-
⑤는 거의 같은 내용을 다루고 있다. 이로 미루어 보아 이 내용은 당대
에 어느 정도 수용되었던 듯하다.

그런데 일부 내용에서 미묘한 표현의 차이가 발견되는데, 이 미세한
차이가 전체적으로는 상당히 다르게 독해 될 수 있는 여지를 제공하고
있다. 이를테면 (A)의 ⑤에서는 대나무 잎이 味鄒王의 陵 앞에 쌓여 있
는 것을 보고 선왕이 陰으로 도왔음을 알았다고 하고 그 능의 이름을
竹現陵이라고 한 것으로 되어 있다. 이에 비해 (B)의 ⑤에서는 사람들
가운데 대나무 잎 수만 장이 竹長陵에 쌓여 있는 것을 본 사람들이 있
었고, 이 때문에 나라 사람들은 선왕이 陰兵으로 싸움을 도운 것이라고
생각하였다고 했다.

---

33) 一然, 『三國遺事』, 卷第1, 紀異第1, 味鄒王竹葉軍條.
34) 金富軾, 『三國史記』卷第2 新羅本紀第2 儒禮尼師今 14年條.

얼핏 보아서는 (A)가 구체적이고 사실적인 것 같지만 실은 그 반대이다. (A)에서는 구체적인 증거나 확인도 없이 신라병을 도운 죽엽군이 미추왕에 의한 것이라고 '사실'로 받아들이고 있다. 그러나 (B)에서는 竹長陵 앞에 대나무 잎이 수만 장 쌓여 있는 것을 본 사람들이 있다고 하고, 이 때문에 사람들은 선왕이 陰兵으로 싸움을 도운 것이라 생각하고 있다고 하여 어느 정도 '객관성'을 유지하고 있다.

(A)를 기록한 一然은 그것이 허구일 수도 있고 사실일 수도 있지만 신라병을 도운 죽엽군이 미추왕에 의한 것으로 믿고 있다. 즉 미추왕과 죽엽군에 대한 사건을 '認識的 事實'로 받아들이고 있는 것이다. 이와는 달리 (B)를 기록한 金富軾은 죽엽군과 미추왕의 관계를 직접적으로 거론하지 않으면서 대나무 잎 수만 장이 竹長陵 앞에 떨어져 있는 것을 본 사람들이 있다고 하고, 사람들이 이를 선왕의 음덕이라고 생각한다는 말을 통해 그것이 사실일 수도 있고 아닐 수도 있다는 입장을 취하고 있다. 즉 미추왕과 죽엽군에 대한 사건을 '認識的 客觀'으로 받아들이고 있는 것이다.

이러한 면은 미추왕과 죽엽군에 대한 그 이후의 기록에서 보다 분명하게 드러난다. 『삼국사기』에서는 (B)의 내용 다음에 별다른 기록이 없다. 그러나 『삼국유사』에서는 (A)의 내용 다음에 (A)-1을 이어 기술하면서 그러한 미추왕이 계속해서 신라를 陰助하고 있다는 根源的인 믿음을 드러내고 있다. 이것은 김유신의 후손 김융이 억울하게 죽임을 당하자 김유신의 혼령이 노하였으며, 그의 혼령이 떠나면 신라가 위태로울 수도 있었는데, 그 노여움을 미추왕의 혼령이 달래었다고 믿고 있다. 一然의 이와 같은 기록정신에는 당대 신라의 현실이나 사건보다는 신라가 유지되는 보다 근원적인 힘이나 세계관에 대한 인식이 내재해 있다고 생각된다. 예문 (A)-1의 내용이 『삼국사기』의 미추왕조나 혜공왕조 등에서 전혀 발견되지 않는다는 점이 이를 반증하고 있다. 뿐만 아니라 一然의

'인식적 사실'에 의한 기록과 金富軾의 '인식적 객관'에 입각한 기록 정신은『삼국유사』와『삼국사기』곳곳에서 쉽게 확인할 수 있다[35]는 점이 이를 뒷받침한다고 하겠다.

3. 自集團 中心의 認識과 記錄

앞서 논의한 一然의 '인식적 사실'과 金富軾의 '인식적 객관'에 의한 기록은 넓은 의미에서 自集團 중심의 인식이며 기록이라고 할 수 있다. 사람마다 정도의 차이는 있겠지만 이들의 이러한 기록 태도는 그들이 속한 집단의 이해관계와 밀접한 관련이 있다. 그래서 같은 인물이나 사건에 대해서 自集團에 유리한 방향으로 삭제하거나 첨가하여 내용이 재구성되었다고 생각된다. 神母에 대한 이러한 특징적인 기록 태도는 천혜숙이 선도성모를 신화학적으로 조명한 연구[36]에서 仙桃聖母 담론이 어떠한 양상을 띠면서 변모되어 가는지를 구체적으로 밝히고 있는 것을 통해서 어느 정도 확인되고 있다.

하지만 선도성모에 대한 인상이 시대의 흐름에 따라 변모되고 있다는 것은 그 시기를 군이 조선시대까지 범위를 넓히지 않더라도 확인할 수 있는 문제이다. 이것은 앞서 논의한 바와 같이 선도성모에 대한 神異와 怪異에 대한 인식에서 그 단서를 찾을 수 있다. 一然은 기이편의 혁거세왕조보다 감통편의 <仙桃聖母隨喜佛事>에서 선도성모에 대한 기록을 본격적으로 하고 있는데, 그 전체적인 특징은 선도성모가 불사에

---

35) 一然의 '인식적 사실'에 의한 기록과 金富軾의 '인식적 객관'에 입각한 기록은 『삼국유사』와『삼국사기』곳곳에서 쉽게 확인할 수 있다. 김유신이나 신문왕의 만파식적의 경우에도 이러한 기록정신의 차이를 발견할 수 있으며, 경덕왕과 혜공왕의 기록에서도 이러한 양상을 찾아볼 수 있다.

36) 천혜숙,「선도성모 담론의 신화학적 조명」,『구비문학연구』제26집, 2008, 185~212쪽.

관심이 많았다는 불교적 神異와 여러 가지 신이한 영험을 드러내었으며 신라의 국조를 출산했다는 내용이다. 박상란의 표현을 빌리자면 一然의 이러한 기록은 신선이자 국조의 어머니로서 영험이 많은 선도산 성모가 불사에도 호의적이었음을 말하고자[37) 한 것으로 해석될 수 있다. 一然은 자신의 이러한 생각을 뒷받침하기 위해 이념적으로 대척적인 관계에 있다고 할 수 있는 유교주의자 金富軾의 기록을 인용하고 있다. 이 인용문에서 중요한 단서를 하나 찾을 수 있다. 그 기록을 잠시 살펴보면 다음과 같다.

> (A). 〈一然이 引用한 金富軾의 『三國史記』 記錄1〉
> ① 國史에 보면 사신이 말하기를, 김부식이 송나라에 사신으로 가서 佑神館에 나갔더니, 한 堂에 女仙의 상이 모셔져 있었다.
> ② 館伴學士 王黼가 말하기를, "이것은 貴國의 신인데 공은 알고 있습니까?"했다. 이어서 말하기를 "옛날에 어떤 중국 帝室의 딸이 바다를 건너 辰韓으로 가서 아들을 낳았더니 그가 海東의 시조가 되었고, 또 그 여인은 地仙이 되어 길이 선도산에 있습니다. 이것은 그 여인의 상입니다"라고 하다.
>
> (B). 〈一然이 引用한 金富軾의 『三國史記』 記錄2〉
> ① 송나라 사신 王襄은 우리 조정에 와서 東神聖母를 제사지낼 때 그 제문에 "어진 사람을 낳아 비로소 나라를 세웠다"는 글귀가 있었다.[38)

위 인용문은 『삼국유사』 감통편의 <仙桃聖母隨喜佛事>에서 一然이 자신의 논지를 강화하기 위해 金富軾의 기록을 인용한 내용이다. 이 부분은 선도성모가 辰韓에 와서 聖子를 낳아 동국의 처음 임금이 되었으며 아마 혁거세와 알영 두 성군을 낳았을 것이라고 말하는 부분 다음에 있는 내용이다. 얼핏 보아서는 앞서 논의한 바 있는 '2) 金富軾

---

37) 박상란, 앞의 논문, 24쪽.
38) 一然, 『三國遺事』, 卷第5, 感通第7, '仙桃聖母 隨喜佛事'條.

의 仙桃聖母에 대한 記錄과 怪異' 조항의 예문 (B)와 (C)[39]의 내용과 흡사해 보인다. 하지만 위의 예문 '(A),②'에는 앞서 제시한 바 있는 金富軾의 '2).(B).④'의 "옛날 어느 제왕가의 딸이 남편 없이 임신해 사람들의 의심을 받게 되었다"[40]는 내용은 빼버렸다. 그리고 위 예문 '(B).①'다음에는 앞서 제시한 김부식의 '2).(C).②'의 "동신성모가 선도산의 지선인 것은 알겠으나 그의 아들이 어느 때에 왕노릇하였는지는 모르겠다"고 한 부분이 전혀 기록되지 않았다.[41] 一然은 선도성모에 대한 자신의 '인식적 사실'로서의 사유를 드러내면서 이를 뒷받침하는 자료로 儒者인 金富軾의 기록을 인용하였으며 그 과정에서 自集團에 불리한 내용은 삭제하였다.

이러한 自集團 중심의 기록은 金富軾에게서도 발견된다. 차이가 있다면 一然은 먼저 기록된 『삼국사기』의 기록 중에서 자신이 필요한 부분만 골라서 인용했다면, 金富軾은 애초에 자신이 『삼국사기』를 편찬하면서 儒家的 사유에 맞지 않는다고 생각되는 요소들을 과감하게 축소하거나 생략했다고 생각된다. 『삼국사기』가 정통 역사서라는 점에서 『삼국유사』와는 어느 정도 그 성격을 달리할 수밖에 없지만, 혁거세와 알영 신화의 神異素들이 대폭 축소된 것은 그의 개인적이고도 自集團 중심의 가치관이 반영되었다고 본다. 또 경순왕조의 論 부분에서 혁거세와 김알지가 天降卵에 의해 출생하였다는 것을 怪異하게 여기고, 仙桃聖母의 정체를 애써 부정하는 그의 태도도 이와 같은 성격이라고 판단된다.

이와 같이 自集團의 이념이나 이해득실에 따라 변화하는 仙桃聖母의 성격 변모는 대상 주체가 기록 주체에 의해 얼마든지 재가공 될 수

---

39) 각주 19번에 해당하는 인용문 참조.
40) 각주 19번에 해당하는 인용문 참조.
41) 천혜숙도 一然의 이러한 기록 태도에 대해서 지적한 바가 있다. 천혜숙, 앞의 논문, 190쪽 참조.

있음을 시사한다. 그래서 특정 대상은 기록자에 의해 새로운 내용으로
생성되기도 하고 기존의 내용에서 첨삭되거나 확대되기도 하면서 변모
하게 된다. 그 과정에서 동일 집단의 다른 기록자에 의해 그러한 내용에
대한 믿음이 강화되기도 하고 타 집단의 기록자에 의해 歪曲되거나 부
정될 수도 있다.

自集團 중심의 이 같은 기록 정신은 김부식이 경순왕조의 論 부분에
서 소개하고 있는 神母에 대한 중국측의 기록이나 徐兢의『고려도경』에
도 나타난다. 金富軾과 대화하고 있는 송나라 王黼의 말에 나타난 語
氣를 분석하여 정리해 보면 다음과 같이 할 수 있다.

> ① 송나라 우신관에 있는 선녀의 화상은 고려의 신인데 당신은 알고 있느냐?
> ② 그 여선은 중국 어느 제왕가의 딸인데, 남편없이 임신해 사람들의 의
>   심을 받게 되자 바다를 건너 辰韓으로 가서 아들을 낳았다.
> ③ 그가 해동의 첫 임금이 되었으며, 그녀는 地仙이 되어 오랫동안 仙桃
>   山에서 살았다.

王黼의 이러한 말에는 해동의 첫 임금이 중국에서 건너간 어느 제왕
가의 딸이라는 것에 대한 우월감이 나타나 있다. 그래서 그는 김부식에
게 당당한 어조로 이야기하고 있다. 다만 중국 어느 제왕가의 딸인지는
밝히지 않음으로써 구체적으로 확인할 수는 없게 했다.

이러한 애매성은 徐兢의『고려도경』東神祠에 대한 기록에서도 발
견된다. 물론 王黼가 말하는 우신관의 女仙과 徐兢의 東神祠에 등장
하는 神母가 일치하는지의 여부는 알 수 없다. 다만 정황상으로 볼 때
송나라에 있던 여선상이 고려에도 있었고, 그 사당에 송나라 사신이 가
서 제를 올리는 것으로 보아서 어느 정도의 유사성은 인정된다. 그렇다
면 서긍의『고려도경』도 중국 사신의 고려 풍물에 대한 견문을 넘어서
는 自集團 중심의 인식이 내재해 있는 것으로 볼 수 있다. 실제로 서긍

은 다른 부분에 비해 이 동신성모에 대한 기록에서는 어떤 폄하성 발언
도 하지 않는다. 이런 점에서 그의 이 저서도 自集團 중심의 기록 정신
이 반영되어 있다고 하겠다.

Ⅲ. 中世 東아시아의 記錄精神과 民族意識

金富軾이나 徐兢이 살았던 12세기는 대내·외적으로 그 정세가 매우
복잡하였다. 이 시기는 高麗와 宋, 遼, 金의 국제적인 역학 관계에 큰
변화가 일어나던 때이다. 특히 여진이 1115년에 金을 건국한 이후, 遼가
金에 의해 멸망(1125년)하고 북송 또한 金에 의해 멸망(1126년)하기까지
高麗와 이들과의 관계는 매우 복잡하게 진행 된다. 이로 인해 대외적인
관계에서 민족의 자존이 어느 때보다 필요한 시기였다. 그리고 이들보다
후대의 인물인 一然이 활동하던 13세기는 金나라를 멸망(1234년)시킨
몽고에 의해 고려가 간섭을 받고 있었기 때문에 민족적 자존과 함께 대
내적인 결속의 구심점이 필요로 하였다고 본다.42)

따라서 『삼국사기』(고려 인종 23년, 1145년), 『삼국유사』(충렬왕 7년,
1281년), 『고려도경』(1124년)은 모두 이러한 시대적 상황에서 집필된 것
이기 때문에 그러한 대내·외적인 상황이 어느 정도 반영되어 있다고 본
다. 이를 金富軾은 유학적 입장에서 『삼국사기』를 저술하여 민족의 자
존감을 드러내었다고 추측된다. 또 一然은 神異를 바탕으로 한 민족의
식을 반영하여 『삼국유사』를 찬술하였고, 徐兢은 宋나라가 高麗에 대
한 지원과 협조를 바라는 처지에 있으면서도 민족의식을 담은 『고려도

---

42) 12, 13세기의 국제정세와 대외 관계에 대해서는 이기백의 다음 저서를 참고하여
   작성하였음을 밝힌다. 李基白, 『韓國史新論-新修版』, 一潮閣, 1997, 175~
   180쪽.

경』을 찬술하였다고 생각된다. 또『삼국사기』에 등장하는 송나라쪽 관리들은 힘으로는 중국을 완전히 장악하지 못했지만 해동의 첫 임금이 중국 제실의 딸이라는 논리를 폄으로써 나름대로의 체면을 차리고 있는 것으로 보인다.

특히『삼국사기에』담긴 金富軾의 민족의식은 그가 인종에게 올린 <進三國史記表>를 통해 얼마간 찾아볼 수 있다. 이를 확인해 보면 다음과 같다.

> … 우리 海東의 삼국은 나라를 세워 지나온 자취가 장구하와, 마땅히 그 사실들이 서책에 드러나 있어야 할 것입니다. …(필자 생략)… 성상께서는 堯임금의 文思를 타고나시고 禹임금의 근검을 본받으사 새벽에 일어나 밤늦게까지 정사를 돌보시는 사이에도 널리 옛일을 섭렵하시어 신에게 이르셨나이다. "오늘날 학사들과 대부들이 五經이나 諸子의 서책과 진·한시대 이래의 역대 중국 사서에는 간혹 넓게 통달해 자세히 말하는 이가 있지만, 우리나라의 일에 이르러서는 갑자기 망연해져서 그 시말을 알지 못하니 매우 한탄할 일이다. 하물며 저 신라와 고구려와 백제는 나라를 열고 솥의 세 발처럼 서서 예로써 중국과 교통할 수 있었기 때문에, 范曄의『漢書』와 宋祁의『唐書』에는 모두 삼국의 열전이 실려 있는 것이다. 그러나 그 경우 중국의 일은 자세히 하고 외국의 일은 간략히 하여, 삼국의 사실이 다 갖추어 실리지 못하였다. 또한『古記』는 문자가 거칠고 졸렬하며 史蹟이 빠지고 없어져서, 임금의 善惡과 신하의 忠邪와 나라의 安危와 인민의 治亂을 다 드러내어 勸戒로 드리우지 못한다. 이제 마땅히 박식하고 뛰어난 재사를 얻어 一家의 歷史를 이루어 만세에 전해 해와 별처럼 밝게 할 일이다."[43]

위 인용문의 서두에는 김부식의 민족의식이 강하게 드러나 있다. 또 이후에 서술되고 있는 내용들 또한 인종의 말인 것처럼 되어 있지만 실상은 인종의 말을 빌려서 김부식 자신의 생각을 드러낸 것이라고 볼 수

---

43) 서거정, 양성지 外 篇,『東文選』第44卷, 表箋. 進三國史記表. 번역은 이강래 역,『삼국사기 I』, 한길사, 1998, 59~61쪽을 참고로 하였음을 밝혀 둔다.

있다. 이 내용을 통해서 볼 때 金富軾은 유가적이면서 自集團的인 차원에서 『삼국사기』를 저술하였음을 알 수 있다. 그리고 이러한 면은 一然의 경우에도 유사하게 발견된다. 다만 一然의 경우에는 불교와 神異를 바탕으로 한 민족의식을 드러내었다는 차이점이 있다. 이것은 『삼국유사』紀異 第1에 잘 나타나 있다.[44] 또 徐兢의 『고려도경』에도 宋나라 혹은 중화 중심의 민족의식이 곳곳에서 발견된다. 이를 몇 가지만 소개하면 다음과 같다.

① 高麗는 箕子가 들어오면서부터 德을 베풀어 諸侯에 책봉되었는데, 후세에는 점점 쇠퇴해졌다.[45]
② 四夷의 군장들은 山谷에 의지하다가 水草로 나아가는 경우가 많으며 수시로 옮겨 다니는 것을 편리하며 적절하다고 여긴다. 따라서 애초부터 國邑 제도가 있다는 것을 알지 못했다. …(필자 생략)… 하지만 高麗의 경우는 그렇지 않아서 宗廟社稷을 세우고 邑州에는 집과 거리를 만들었으며 높은 성첩으로 주위를 둘러 中華를 본받았다(卷3, 城邑, 번역서 70쪽).
③ 고려의 門闕 제도 역시 옛 제후의 禮를 따르기는 하였으나, 여러 차례 上國을 방문하여 무턱대고 모방하였기 때문에 자질이 부족하고 기술이 졸렬하여 결국 투박하고 누추하다고 한다.(卷4, 門闕, 번역서 88쪽)
④ 臣이 듣기에 東夷의 풍속은 머리를 자르고, 文身을 하며, 이마에 그림을 새기고 양반 다리를 한다. 고려에서는 箕子가 봉해지면서부터 이미 밭 갈기와 누에치기의 이로움을 가르쳤으므로 마땅히 服飾 제도가 있었을 것이다. …(필자 생략)… 우리 宋에 이르러 해마다 사신을 보내므로 자주 평상복을 내렸다. 점차 우리 중국풍에 젖게 되면서 천자의 총애를 입어 복식 제도가 개선되어 우리 宋의 제도를 한결같이 따르게

---

44) 一然의 『삼국유사』紀異 第1의 내용은 잘 알려져 있고 또 그 성격은 이미 일반화되어 있다고 생각하여 포괄적으로만 그 성격을 제시하고 따로 인용문을 옮기지는 않기로 한다.
45) 徐兢, 『高麗圖經』卷1, '建國'. 조동원, 김대식, 이경록, 이상국, 홍기표 공역, 『고려도경』, 황소자리, 2005, 47쪽. 이하 예문에서는 일일이 각주를 달지 않고 인용문 옆에 해당 출처를 밝히고, 본고에서 참고로 하고 있는 번역서의 페이지를 옆에 병기하기로 한다.

되었으니, 변발을 풀고 섶을 바꾸는데 그친 것만이 아니다.(卷7, 冠服, 번역서, 121쪽)

⑤ 우리 宋이 크게 통일하여 만방에 임하므로 중국이 앞서고 오랑캐가 따르지 않는 경우가 없었다. 비록 高麗 땅이 바다 너머에 위치하여 큰 파도가 막고 있어 九服의 땅 안에 있는 것은 아니지만, 正朔(역법제도)을 받고 유학을 받들며 음악은 한결같이 조화롭고 도량형은 그 제도가 똑같다(卷40, 同文, 번역서 465~466쪽).

⑥ 臣이 보건대 고려인들이 중국을 섬겼는데 존호를 하사하고 정삭을 반포에 해달라고 청하는 것이 정성스럽고 간절하여 입에서 끊이지 않았다. …(필자 생략)… 하지만 건릉 사이에 신하노릇을 다하기를 원하여 감히 조그마한 나태함도 없이 지금까지 이르렀다(卷40, 正朔, 번역서 468~469쪽).

⑦ 성스러운 宋을 섬기게 되자 한결같이 간절하고 충직하였으며 견제 때문에 원하는 바와 같을 수 없을 때에도 정성스런 뜻이 金石처럼 견고하였다(卷40, 正朔, 번역문 471쪽).

⑧ 箕子가 조선 땅에 봉해졌으니 그 습속은 八條의 가르침을 평소에도 잘 익히고 있다. …(필자 생략)… 음식은 豆籩에 담아 먹고 길을 오가는 사람들은 서로 양보하니 다른 오랑캐와는 정말 다르다. …(필자 생략)… 송이 처음 일어나서 교화가 널리 퍼지자 머리를 숙이고 중국에 들어와 번신이 되기를 청하였다(卷40, 儒學, 번역서 474~475쪽).

위 예문은 徐兢의 『고려도경』에서 발견되는 中華 혹은 宋나라 중심의 인식을 담은 내용의 일부를 발췌한 것이다. 이 책은 그가 고려에 사신 일행으로 와서 고려의 풍속과 풍물에 대한 견문을 기록한 내용이라 할 수 있다. 하지만 그러한 견문의 내용에 자기 민족 중심의 우월성이 분명하게 드러나고 있어서 견문록의 수준을 넘어서는 민족의식이 내재해 있고 할 수 있다.

徐兢의 高麗에 대한 이러한 민족적 우월성에 대한 기록은 12세기 초 宋나라 입장에서는 적절하지 않은 것이라 생각된다. 왜냐하면 12세기 宋의 입장은 高麗에게 도움을 청해야 할 만큼 상황이 좋지 않았기 때문이다. 이러한 상황에서 徐兢이 고려에 대하여 민족적 우월을 드러내는 것은 적절하지 않은 행동인 것이다. 이것은 『고려도경』이 완성된 지 2년 후에 北宋이 金나라에 의해 멸망(1126년)한 것을 통해서 짐작할 수 있다. 그럼에도 불구하고 徐兢이 민족적 우월감을 드러낸 것은 그러한 국가적 시련기에 이와 같은 문화적 자존감이 필요했기 때문일 것이다. 현실적으로는 高麗의 협력이 절대적으로 필요한 치욕적인 상황이지만 그 정신만큼은 우위에 서고자 하는 민족정신이 드러나 있는 것이다.

이를 통해서 볼 때 중세 동아시아의 주요 기록들은 그것이 개인의 취향에 의해 기록되었던 왕명에 의해 기록되었던 간에 민족주의적 색채를 강하게 드러내고 있음을 알 수 있다. 그래서 이 시기 作者의 주요 기록들은 어떤 식으로든지 민족의식에서 자유로울 수 없었다고 본다.

IV. 結論

이상에서 『삼국유사』, 『삼국사기』, 『고려도경』에 나타난 神母 기록을 통하여 중세 동아시아의 기록정신을 살펴보았다. 필자는 이들 사서의 기록자들이 神母에 대하여 가지고 있는 神異와 怪異, 그리고 自集團을 중심으로 한 민족의식을 드러내고 있음을 구체적인 문면을 통하여 논의하였다. 이하에서는 지금까지 논의된 내용을 요약하는 것으로 결론을 삼고자 한다.

필자는 세 사서에 내재해 있는 기록 정신을 추출하기 위해 임의로 세 가지 개념을 상정하였다. 그것은 '인식적 사실', '인식적 객관', '自集團'이라는 용어이다. 이 세 가지 개념을 통해 세 사서 편찬자의 생각을 보다 용이하게 정리할 수 있었다. 그리고 이와 함께 세 사서에 나타난 작자의 식을 규명할 수 있는 도구적 개념으로 神異와 怪異이라는 용어를 사용하여 一然, 金富軾, 徐兢 등이 神母에 대해서 가지고 있는 생각을 탐

색해 보았다.

그 결과 一然의 『삼국유사』 기이편의 <赫居世神話>와 감통편의 <仙桃聖母隨喜佛事>에 나타난 仙桃聖母는 神異의 대상으로 형상화되고 있음을 알았다. 일연은 이 두 항목에서 각각의 神異素들을 결합하여 새로운 이야기를 만들어 내고 한편으로는 그러한 과정에서 仙桃聖母의 神異性을 극대화하고 있었다. 그리고 仙桃聖母를 神異한 대상으로 형상화하고 있는 一然의 태도는 '인식적 사실'에 근거한 것이라고 보았다. 이와 달리 金富軾의 仙桃聖母에 대한 인식은 자신이 보거나 들은 범위 내에 한정되어 있었다. 이것은 구체적 典據가 없고 합리적이지 않은 것에 대해 부정적이었던 그의 신념에 의한 것으로 보았다. 이러한 그의 신념에 의해 나타난 仙桃聖母는 怪異의 대상이며 이를 필자는 '인식적 객관'에 의거해 설명했다. 徐兢의 경우에는 神異와 怪異로 단언하기 어려운 점이 있으나 전체적인 語氣를 통해서 보았을 때 徐兢의 東神聖母에 대한 인식도 神異에 가까운 것이라고 보았다.

이와 같이 선도성모와 같은 神母에 대한 '인식적 사실'과 '인식적 객관'에 의한 수용을 통해 그 대상이 '사실적'이라거나 '객관적'이라는 사실 그 자체보다 작자의 기록 정신이 중요하다는 것을 확인할 수 있었다. 필자는 그 증거로 『삼국유사』와 『삼국사기』의 味鄒王과 竹葉軍에 대한 기록을 제시하였다. 또 이러한 '인식적 사실'과 '인식적 객관'에 의한 기록은 넓은 의미에서 自集團 중심의 인식이며 기록이라고 보았다. 그래서 같은 인물이나 사건에 대해서 自集團에 유리한 방향으로 삭제하거나 첨가하여 선도성모에 대한 내용이 재구성되었으며, 이러한 自集團 중심의 이념이나 이해득실에 따라 선도성모라고 하는 대상 주체는 작자라고 하는 기록 주체에 의해 얼마든지 재가공 될 수 있다고 보았다. 그리고 경우에 따라서는 이러한 自集團 중심의 인식과 기록은 시대적 상황에 따라 민족의식을 드러내기도 하는데, 그 예로 김부식의 '進三國史記

表'와 徐兢의 『고려도경』에서 발견되는 몇몇 사례를 제시하였다. 그 결과 중세 동아시아의 기록들은 그것이 개인에 의해 기록되었거나 왕명에 의해 기록되었던 것과 상관없이 민족의식에서 자유로울 수 없었다고 보았다.

參 考 文 獻

1. 資料集

金富軾,『三國史記』

민족문화추진회 편,『東國李相國集Ⅰ』, 민족문화추진회, 1981.

朴性鳳·高敬植 譯,『三國遺事』, 瑞文文化社, 1987.

서거정, 양성지 外 篇,『東文選』

徐兢 著,『高麗圖經』

이강래 역,『삼국사기Ⅰ』, 한길사, 1998.

이규보,『東國李相國集』

一然,『三國遺事』

조동원·김대식·이경록·이상국·홍기표 공역, 『고려도경』, 황소자리,
2005.

2. 論著

金杜珍,「신라 건국신화의 신성족 관념」,『한국학논총』11집, 국민대학
교 한국학연구소, 1988, 13~46쪽.

金俊基,「神母神話研究」, 경희대학교 대학원 박사학위 논문, 1995, 50~
76쪽.

金鉉龍,『韓國古說話論』, 새문사, 1984, 56~68쪽.

朴大福,「超越性의 二元的 認識과 天觀念-李奎報와 一然을 中心으로」,『
語文學』제75집, 한국어문학회, 2002, 174쪽.

박상란,「신라·가야 건국신화의 체계화 과정 연구」, 동국대학교 대학원
박사학위논문, 1999, 14~119쪽.

서영대,「水路夫人 설화 다시 읽기」, 서영대·송화섭,『용, 그 신화와 문
화』, 민속원, 2002, 207쪽.

윤미란, 「선도성모 서사의 형상과 그 의미 – 선도성모수희불사<삼국유
　　　사> 권5 감통 제7을 중심으로 – 」, 『한국학연구』 제16집, 인하
　　　대학교 한국학연구소, 2007, 89～105쪽.

李基白, 『韓國史新論-新修版』, 一潮閣, 1997, 175～180쪽.

李志暎, 『한국신화의 신격 유래에 관한 연구』, 태학사, 1995, 160～168쪽.

李志暎, 『한국 건국신화의 실상과 이해』, 월인, 2000, 288～314쪽.

丁天求, 「삼국유사 글쓰기 방식의 특성 연구」, 서울대학교 대학원 석사
　　　학위논문, 1995, 85쪽.

조이옥, 「삼국사기에 나타난 김부식의 국가의식」, 『동양고전연구』 제
　　　11집, 동양고전학회, 1998, 224쪽.

조현설, 『우리 신화의 수수께끼』, 한겨레출판, 2006, 179쪽.

천혜숙, 「한국신화의 성모상징」, 『인문과학연구』 1집, 안동대학교 인문
　　　과학연구소, 1999, 245～247쪽, 254쪽.

천혜숙, 「서술성모의 신화적 정체」, 『동아시아고대학』 제16집, 동아시
　　　아고대학회, 2007, 173～201쪽.

천혜숙, 「선도성모 담론의 신화학적 조명」, 『구비문학연구』 제26집, 한
　　　국구비문학회, 2008, 185～212쪽, 190쪽.

河廷鉉, 「삼국유사 텍스트에 반영된 '神異' 개념에 관한 연구」, 서울대
　　　학교 대학원 석사학위 논문, 2002, 1～113쪽.

黃浿江, 「박혁거세 신화 논고」, 황패강 저, 『한국서사문학연구』, 단국대
　　　학교출판부, 1972, 132～167쪽.

일기를 통해본 조선 중기 사대부들의 기록정신*

송 재 용**

I. 머리말

日記는 광의의 일기와 협의의 일기로 나눌 수 있다. 광의의 일기는 관청에서 주로 政事(특히 왕의 재위 기간 동안의 사실)나 공무 등과 같은 국가적 차원의 公的 事實을 후세의 자료로 남기기 위해서 기록한 『朝鮮王朝實錄』이나 『承政院日記』 등과 같은 公的 日記를 말하며, 협의의 일기는 개인이 국가적 차원의 公的 事實이나 자신의 私的 事實 등을 逐日 또는 부정기적 日字 順으로 기술한 개인 일기를 말한다.[1] 그런데 개인의 일기는 공적 사실을 사실 그대로 기록한 공적 일기와는

* 본고는 제39회 동아시아고대학회 학술발표대회(기획주제: '동아시아 세계의 기록문화와 학문정신', 고려대 일본연구센터 201호, 2009. 10. 6∼7.)에서 발표한 원고를 수정 보완한 것이다. 발표 시 토론자로 질의를 통해 문제점을 지적해주어 본고를 다듬는데 도움을 준 서영대 선생에게 이 자리를 빌려 고마움을 표한다.
** 단국대 교양학부 교수
1) 일기의 정의와 범위, 종류 등에 대해서는 졸고, 「한국 일기문학론 시고」(『小石李信馥敎授華甲紀念論叢』, 서울, 간행위원회, 1996, 410∼414쪽)를 참고할 것.

달리, 자신의 견해나 입장을 표명하기도 한다. 그 중에서도 정사나 사회·정치적 사건(특히 당쟁)의 경우 기록자 나름의 독특한 시각을 피력하기도 한다. 이것 때문에 후일 자료적 가치를 인정받기도 하고 인정받지 못하기도 한다.[2] 특히 조선시대 士大夫들이 쓴 일기가 그러하다.

본고에서 논의하고자 하는 일기는 조선 중기 사대부들이 기록으로 남긴 개인 일기이다. 필자가 이들의 일기를 주목하는 이유는 1500년대부터 사대부들이 일기에 대하여 큰 관심을 가졌고, 이 시기 이후 개인의 일기가 보편화되었다는 점,[3] 그리고 이들은 공적 기록뿐만 아니라 자신이 일상생활이나 체험 등을 통하여 보고 듣고 느낀 것을 충실하게 기록으로 남겼다는 점 등이다. 특히 조선 중기 사대부들은 일기를 통해 내용적 의의 측면에서 볼 때 외적으로는 현실세계의 실상을 진술(예를 들어 전쟁의 참상이나 사회부조리 등을 고발, 비판)하는 등 시대적 증언을 하거나 내적으로는 진솔한 자기고백을 통해 자신을 성찰하는가 하면, 기술태도에 있어 春秋大義의 정신을 계승하여 역사적 진실 등을 구명하는 한편 정확하게 기록하려는 자세에서 기록정신의 일면을 엿볼 수 있기 때문이

---

2) 정구복은 "조선시대 사대부들의 일기의 경우 자신을 속이는 것은 가장 큰 죄악으로 생각하는 儒學의 德目에 충실하였기 때문에 사실성과 진실성이 있다고 하면서, 다만 당시의 정치문제인 당쟁의 문제와 관련된 것은 주관성을 배제할 수 없지만, 이 경우도 필자의 주관적인 서술 목적에 기인한다기보다는 자신이 처한 상황과 주위의 사람들로부터 얻은 정보가 어느 당색의 한 편만의 견해이었던 데에 기인한 것으로 생각한다."고 하였다. 나름대로 일리가 있다고 본다(정구복, 「조선조 일기의 자료적 성격」, 『정신문화연구』 제19권 제4호 <통권 65호>, 성남, 한국정신문화연구원, 1996, 10쪽).

3) 장덕순, 『한국수필문학사』, 서울, 새문사, 1992, 158쪽. 장덕순은 1500년대를 일기문학의 번성기로 규정하고 있다. 그리고 정구복은 "조선시대 사관(특히 승정원의 승지)은 政院日記를 매일 매일 빠짐없이 기록하였다. 이러한 문화적 전통은 문인들이 자신의 일상생활 기록을 소상히 남기려는 의식을 고조시켰고, 일기가 문인들에게 보편화되었다. 아울러 16세기는 역사기록을 중시하는 분위기가 조성된 시기"라고 하였다(정구복, 앞의 논문, 5~6쪽).

다. 그런바 필자는 조선 중기 사대부들의 일기문학을 이해하기 위해서도 이들의 이러한 기록정신을 논의할 필요성이 있다고 판단하였다. 그럼에도 현재 일기를 통해본 조선 중기 사대부들의 기록정신에 대한 심도 있는 논의는 필자의 과문인지는 몰라도 거의 전무한 실정이다. 그러므로 본고는 여기에 주목하였다.

필자는 조선 중기 사대부들이 쓴 일기를 통해 그들의 기록정신을 구명하려고 한다. 이를 위해 기록물로서의 일기의 의의와 기술태도에 초점을 맞추어 논의하겠다. 기록물로서의 일기의 의의에서는 시대의 증언과 진솔한 자기고백, 기술태도에서는 춘추필법의 계승과 정확한 기록 순으로 살펴보겠다.

이상의 논의를 통해 일기를 통해본 조선 중기 사대부들의 기록정신의 실상이 밝혀질 것이며, 이는 조선 중기 사대부들의 일기문학을 파악하는 데도 일조를 할 수 있다고 본다. 뿐만 아니라 조선시대 일기문학의 이해, 나아가 일기문학사적으로도 나름대로 의의가 있다고 하겠다.

Ⅱ. 기록물로서의 일기의 의의

周知하다시피 조선 중기, 특히 16세기에 이르면 사대부들 태반은 일기를 썼다.[4] 그렇다면 이들이 일기를 쓰게 된 동기는 무엇일까? 앞에서 언급했듯이 1500년대는 뜻있는 사대부들이 일기에 큰 관심을 쏟았던 시기였다. 이는 중국의 영향과 더불어, 예로부터 우리 先人들은 글로 남기

---

4) 졸고, 「미암일기의 서지와 사료적 가치」, 『퇴계학연구』 제12집, 서울, 단국대학교 퇴계학연구소, 1998, 135쪽. 1500년대인 16세기에 이르면 소순, 권벌, 이황, 이문건, 유희춘, 이이, 노수신, 우성전, 정철 등과 같은 당대의 학자나 문인들이 일기를 썼으며, 무신인 이순신 장군, 승려인 사명당 등도 일기를 썼다.

려는 버릇5)이 있었다는 점에서 그 일단을 추측해 볼 수 있을 것 같다. 그리고 조선시대 사대부들은 고려의 문인들에 비해 실제적인 경험과 이념을 더 중시하였으므로, 견문과 實事를 기술하고 사물의 이치를 따지며 인물의 생애를 서술하는 등의 일에 좀 더 많은 관심을 기울였다. 아울러 조선 중기 이후의 사회·문화적 변화과정에서 시적인 절제와 함축의 언어보다 일상적 삶의 문제들을 세밀하고도 구체적으로 다루는데 적합한 산문의 필요성이 확대되면서6) 일기에 큰 관심을 갖게 된 듯하다. 이와 더불어 사대부들이 孔子의 春秋筆法의 정신과 朱子의 治史精神7)을 본받아 역사적 사실이나 당대 현실의 모순 등을 밝히고 자신의 일상생활 기록 등을 소상히 남기려는 의식의 고조8) 등으로 인해 일기를 쓰게 된 것 같다. 그리고 家風9)도 일기를 쓰게 된 동기가 된 듯하다. 이러한 동기들이 조선 중기 사대부들로 하여금 일기를 쓴 계기가 된 것으로 보인다.

　그러면 시대의 증언과 진술한 자기고백 순으로 살펴보기로 하자.

---

5) 장덕순, 앞의 책, 157쪽.
6) 김홍규, 『한국문학의 이해』, 서울, 민음사, 1988, 114쪽.
7) 민두기 엮음, 『중국의 역사인식 하』, 서울, 창작과 비평사, 1985, 71～80쪽.
8) 정구복, 앞의 논문, 5쪽.
9) 예를 들어 柳希春(1513～1577)의 경우를 살펴보자. 그의 『眉巖日記』 가운데 <1568년 1월 7일>의 내용을 보면, '伏覩先君日記八册', '伯氏乙亥日記'라는 구절이 있다. 특히 <1571년 5월 22일>의 기록에는 "頃閱先君子日記 辛巳年夏云 喜孫者始讀通鑑 一日之受 僅只二張 然時以其意論古今人物 出人意表 … 不勝感激"이라는 내용이 있어 주목된다. 이로써 보건대 아버지와 형의 일기가 있었던바, 유희춘 역시 이들에게 영향을 받고 일기를 쓴 것으로 보인다. 이 같은 가풍과 함께 당대인들의 일기에 대한 관심 또한 유희춘에게도 예외는 아니었던 것 같다. 이 또한 그가 일기를 쓰게 된 동기 중의 하나로 짐작된다.

1. 시대의 증언

일기는 개인의 역사요, 삶의 증언이다. 나아가 개인의 시각을 통해 당시의 시대상황을 고찰해 볼 수 있는 글이기도 하다. 특히 자신이 직접 보거나 체험한 전쟁의 참상이나 사회부조리 등을 솔직하게 사실적으로 기록한 내용들은 시대의 증언이라 할 수 있다. 이를 제시하면 다음과 같다.

① 전라우수사 이억기가 오지 않으므로 혼자 여러 장수들을 거느리고 새벽에 떠나 곧장 노량에 이르러 미리 만나기로 약속한 곳에서 경상우수사와 만났다. 왜적이 있는 곳을 물으니 적은 지금 사천 선창에 있다고 하였다. 그래서 바로 거기 가보니 왜인들이 벌써 상륙해서 산 위에 진을 치고, 배는 그 산 밑에 벌여 놓았는데 항전 태세가 아주 튼튼했다. 나는 모든 장수들을 독전하며 일제히 달려들어 화살을 빗발치듯 퍼붓고 각종 총통을 바람 우레같이 쏘아 보내니 적들은 두려워 물러나는데, 화살에 맞은 자가 몇 백 명인지 알 수 없고 왜적의 머리도 많이 베었다. 군관 나대용이 탄환에 맞았으며, 나도 왼편 어깨 위에 탄환을 맞아 등으로 뚫고 나갔으나 중상에는 이르지 않았다. 활군과 격군 중 탄환을 맞은 사람이 또한 많았다. 적선 13척을 불태우고 물러나왔다(난중일기).[10]

② 수사 원균이 거짓말로 공문을 만들어 돌려서 대군이 동요했다. 군중에서도 이렇게 속이니, 그 음흉하고 어지러운 것을 이루 말할 수가 없다(난중일기).[11]

③ 河陽은 본래 방어사의 소속이었으므로 …(중략)… 물러가 방어사의 지휘를 받게 했다. 용궁 현감 유복룡이 막 길가에서 식사를 하고 있다가 하양의 군사들이 후퇴하여 돌아가는 것을 보자, 그들이 왜적의 선봉이 된 게 아닌가 하고 의심하여 …(중략)… 대장이 사실대로 대답하였으나, 유복룡은 몰래 자기 군중에 호령하며 '이들이 왜적의 앞잡이가 아니면 틀림없이 도망 하는 군사들이다.'라고 말하고는 …(중

---

10) <1592년 5월 29일>(이은상 풀이, 『난중일기』 <현암신서 34>, 서울, 현암사, 1993, 36쪽)
11) <1593년 5월 21일>(李民樹 譯, 『亂中日記』, 서울, 汎友社, 1979, 45쪽)

략)… 포위해 잡아다가 점검을 가장하고 깡그리 죽여 버리니 흘린 피
가 개울을 이루었다. …(중략)… 유복룡은 곧 토적을 잡아 목 베었다
고 방어사에 사후 보고를 내었다(난중잡록).[12]

④ 오늘날의 사태는 군인이나 백성들이 무너져 흩어진 것뿐만이 아니요,
누구도 윗사람을 위하여 죽을 마음을 가진 사람이 없다는 것이다. 대
개 모든 고을의 수령들은 거의가 자기 한 몸만 빠져나와 숨어 머리를
처박고 살아남기를 발버둥칠 뿐 아무도 의를 부르짖고 무리를 통솔하
려는 사람이 없다. 방백과 도사, 순변사, 방어사 등도 모두 각처로 흩
어져 머무는 곳이 일정치 않아 위로 統領하는 사람이 없어 마치 亂麻
와도 같다. 그런 가운데 왜적을 토벌하는데 뜻을 둔 사람이 있은들 그
가 어디에 의지하여 그 뜻을 펼 수 있겠는가? 나라의 사정이 이 지경
에 이르렀으니 망하지 않고 또 무엇을 기다리겠는가?(임진왜란일
기)[13]

⑤ 臣이 鍾城에서 귀양살이를 19년이나 했는데, 富寧·會寧·鍾城·穩城·慶
源·慶興의 六鎭은 땅이 아주 북쪽에 치우쳐 있어 몹시 춥습니다. 9월
부터 2월까지의 추위는 남쪽보다 배나 더합니다. 특히 10월부터 정월
까지의 혹한은 아주 심한데. 그 지방에는 목화가 없어 입을 것이 없으
니 종종 얼어 죽는 사람이 있습니다. 지난날에 비록 핫옷과 가죽옷을
가끔 들여보내기는 했지만 활 잘 쏘는 군사에게만 주었을 뿐이고, 모
든 백성들에게는 두루 주지를 못했습니다. …(중략)… 주상께서 '아뢴
일을 마땅히 該曹에 명하여 마련하여 시행하도록 하라' 하셨다. 臣이
일어나 땅에 엎드려 사은을 했다. 六鎭에 綿布를 보내는 일은 이 해 겨
울부터 시작되었다(미암일기).[14]

⑥ 이미 농사철이 지났으니, 영남으로부터 경기에 이르기까지 백성들이
살 수가 없어 모두 도망하여 숨어서 호남, 호서에서 걸식하는 자 그

---

12) <1592년 4월 21일>(『국역 대동야승 Ⅵ : 난중잡록 1』, 서울, 민족문화추진회,
  1982, 337~338쪽)

13) <1592년 7월 5일>(『趙靖先生文集』, 서울, 趙靖先生文集刊行委員會,
  1977, 169쪽)

14) <1568년 4월 29일> "臣竊謫鍾城十有九年 富寧會寧鍾城穩城慶源慶興
  六鎭 地居極北 風氣極寒 自九月至二月 寒冽倍於南方 而自十月至正
  月 凍寒太甚 土無木綿 人無所衣 往往有凍死者 前日衲衣狗皮衣 則雖
  或入送 而給善射軍士而已 未能徧於齊民 …(中略)… 上答曰 所啓事
  當令該曹磨鍊施行 臣起而伏地以謝 六鎭送綿布 至是年冬乃送"

수를 알 수 없고, 굶주려 쓰러져 있는 자 또한 그 수를 알지 못한다. 농사의 때를 잃었으니, 명년 봄을 기다릴 것도 없이 兩道의 백성은 필연 남지 않을 것이다. 그렇건만 누구 한 사람 발분하여 이를 구원하려 않는다. …(중략)… 督運御史는 명나라 군사의 양곡을 운송함을 재촉하여 여러 고을을 순행하면서 독촉을 성화같이 하고, 계속해 매를 때려 목숨을 잃는 자도 또한 많다. 여러 고을의 창고는 바닥이 났고, 또 해마다 주는 환자도 주지 않으니 生民들이 어찌 곤궁하여 유리치 않으랴!(쇄미록)15)

　위의 인용문 ①과 ②는 李舜臣(1545～1598)의 『亂中日記』에 기록된 내용이다. ①은 1592년 5월 29일에 있었던 노량해전의 일부분으로, 항전태세가 매우 견고한 적진을 뚫고 들어가 왜적을 무찔렀다는 記事이다. 당시의 전투상황과 사상자, 그리고 이순신 장군 자신이 왜적의 탄환을 맞아 부상당한 사실을 기록으로 남기고 있다. 전투 현장에서 겪은 실제 상황을 상세하게 기록하고 있는 이 기사에서 당시 노량해전의 전투상황이 어떠했는지를 이순신은 증언하고 있는바, 이 같은 기록은 노량해전의 전투상황을 듣고 기록한 다른 여타의 기록물보다 더 신빙성이 있다고 하겠다.

　②는 1593년 5월 21일 기사로, 전쟁 중에 원균이 거짓으로 공문을 만들어 돌리는 바람에 대군이 동요했다는 사실과 함께 원균의 이 같은 간악하고 비열한 행태를 비난하고 있는 내용이다. 수사 원균의 간교함으로 인해 대군이 동요했다는 내용은 전란 중에 군영에서는 있을 수 없는 일로, 이 또한 기록자가 목도한 사실을 증언한 것이다.

　③은 趙慶男(1570～1641)의 『亂中雜錄』에 있는 내용으로, 왜적과 전투 중에 의병들이 아군에게 억울하게 죽음을 당한 기록이다. 전란 중에 관군과 의병이 합심하여 왜적을 물리쳐야 할 상황에서 오히려 의병들

---

15) <1593년 4월 8일>(李民樹 譯, 『瑣尾錄 上』, 서울, 海州吳氏楸灘公派宗中, 1990, 160쪽)

이 왜적의 앞잡이로 몰려 관군에게 살해를 당해 피가 개울을 이루었다는 참혹한 사실을 목격하고, 기록자는 관군과 의병 간의 군사 지휘체계의 문란, 의병들의 억울한 죽음, 지휘관의 공명심 등을 고발 증언하고 있다.

④는 趙靖(1555～1636)의 『壬辰倭亂日記』에 기록된 내용이다. 임진왜란이 발발하자 관리, 군인, 백성 할 것 없이 모두 제 한 몸 살아남기에 급급할 뿐 나라나 왕을 위해 나서는 자는 아무도 없고, 게다가 관찰사나 순변사, 방어사 등 왜적을 물리쳐야 할 지휘관들조차 우왕좌왕 할 뿐 統領하는 사람도 없는 실정이다. 이 같은 상황에서도 왜적을 토벌하려는데 뜻을 둔 사람들이 있지만 이 지경까지 이르다보니 어떻게 해야 할지를 모른다. 이러한 참담한 사실을 목도한 기록자는 이를 증언하면서 준엄하게 비판하고 있다. 급기야 나라가 이 지경에 이르렀으니 망할 수밖에 없다고 울분을 토로하고 있다.

⑤는 柳希春(1513～1577)의 『眉巖日記』에 실린 기사로, 유희춘은 종성에서 19년간 유배생활을 할 때, 鍾城府民들이 혹한으로 고생하는 것을 목도한바 있었다. 위의 내용은 그가 解配 復官되어 宣祖에게 六鎭에 사는 백성들의 구제를 건의하여 허락받은 사실을 기록한 것이다. 유배생활 19년 전이나 복직된 지금이나 조정에서는 백성들이 어떻게 생활하고 있는지도 모르고, 간혹 보내주는 겨울용 옷도 일부 군사에게만 지급될 뿐이다. 상황이 이 지경에 이르렀는데도 목민관이나 조정에서는 실태 파악은 하지 않고 안일무사주의로 일관하고 있음을 보고, 그 잘못됨을 시정하고 기록으로 남겼다. 여기서 유희춘은 혹한으로 고생하는 종성부민들의 참혹한 삶의 모습을 증언하고 있다. 유희춘이 이 같은 현실사회의 실상을 목격하고 경험하지 않았다면 증언할 수도 없었을 것이다.

⑥은 吳希文(1539～1613)의 『瑣尾錄』에 실린 내용으로, 임진왜란 피난 도중에 목도한 사실을 기록한 것이다. 오희문은 피난 도중 유리걸식하는 백성들의 참혹한 생활상과 백성 구제에 한 사람도 나서지 않는

관리들, 그리고 명나라 군사들의 양곡 운송 책임을 맡은 어사의 횡포와 어사에게 매 맞아 죽은 백성들, 지방 관아의 텅 빈 창고 등, 전쟁으로 인한 당시의 실상을 목격하고 이를 사실 그대로 고발 증언하고 있다.

이상에서 보듯, 시대의 증언은 전쟁의 참상이나 현실사회의 부조리 등을 기록자가 직접 보거나 체험을 통해 기록으로 남기고 있는바, 듣고 기록한 기록물들과는 사실여부나 진실성 등에서 그 차원이 다르다. 그런바 기록물로서의 일기의 의의가 여기에 있다고 하겠다. 그리고 조선 중기 사대부들은 특히 전쟁일기를 통해 전쟁의 참상을 증언하고 있는데, 이는 다른 여타의 일기에서는 보기 힘든 그 시대의 증언으로서 자료적으로나 문학적으로도 가치가 크다고 하겠다. 뿐만 아니라 내용적 의의 면에서 볼 때, 시대의 증언에서 조선 중기 사대부들의 기록정신을 엿볼 수 있다. 시대의 증언은 외적 측면에서 논의한 것이다. 다음은 내적 측면인 진솔한 자기고백에 대하여 살펴보기로 하자.

2. 진솔한 자기고백

일기는 주로 자기 위주로 쓰게 되는바, 그 날이나 지난날에 있었던 일이나 체험, 처신, 신변적인 기록 등을 기술하는 가운데 자기 자신의 내면을 진솔하게 고백하고 성찰하게 된다. 여기서 기록자의 인간적 면모도 엿볼 수 있다. 24년간의 방대한 일기 『欽英』을 쓴 兪晩柱(1755~1788)가 "일기는 이 한 몸의 역사로 소홀히 할 수 없다."[16]라고 한 말은

---

16) 안대회, 『선비답게 산다는 것』, 서울, 푸른역사, 2007, 27쪽 재인용. 조선시대 들은 '日新工夫'를 하였다. 일신공부는 현재의 나에 머무르지 않고 날로 새로워지려는 자기혁신의 공부를 말한다(윤사순 외, 『조선시대, 삶과 생각』, 서울, 고려대학교 민족문화연구원, 2000, 79쪽). 자기 발전을 위한 부단한 노력은 이상적 인격에 도달하려는 사대부들이 갖추지 않으면 안 되는 중요한 자세이다. 이의 근본 바탕이 되는 것이 일기를 통한 진솔한 자기고백이라 할 수 있다.

의미하는 바가 크다. 유만주도 조선 중기 사대부들처럼 일기를 통해 진
솔하게 자신을 고백했다고 본다.

그러면 진솔한 자기고백에 대하여 살펴보자.

① 주상께서 어제 大夫 種(越王 句踐의 大夫)의 성을 자상하게 아시고자
하여 安自裕에게 물으셨는데 自裕가 대답을 못했다. 오늘 또 下問하시
기를 '種의 姓을 알 수 없소?' 하시기에, 희춘이 착각하고 대답하기를
'그 당시에 그 성을 기록한 것이 없어져서 지금은 참고할 길이 없습니
다.' 하자, 주상께서 '十九史略의 註에 姓은 文氏요, 字는 子禽으로 나와
있소.' 하시므로, 臣 등은 황송하고 부끄러웠다(미암일기).[17]

② 지난번에 사헌부에서 關字(公文)가 왔는데 쓰였기를, '서울의 생원 李
璘의 아들 枝가 제소하기를 담양의 奴 光希는 자기 집 종인데 옥과로
잡아다가 가두고 一次의 拷問을 한 것은 나의 잘못이라며 그를 풀어주
게 해달라고 한다.'는 것이다. 그리고 오늘 許太輝(曄)도 심히 불가한
일이라고 한다. 본시 이 橫逆한 奴를 당초 내가 一次의 刑訊을 가하게
한 것은 실수를 한 것이다(미암일기).[18]

③ 제주목사 李戩이 먹을 것을 보내왔다. 지난달 24일에 보낸 것이다. 柑
子一白介·全鰒一貼·搥鰒十五貼·鹿脯二貼·鹿尾五介·鹿舌五介·紅馬粧
一部·鹿子皮來金靴一雙·書案二介·油分套一部·白童靴二部·黑鞋三部·
繩床一·鹿角棋子一部·山柚子棋板一·鹿皮方席二坐·皮箱子 하나가 왔
다. 너무 많다고 하겠다(미암일기).[19]

---

17) <1568년 9월 5일> "上昨欲詳大夫種姓 于安自裕自裕不能對今日又下
問種之姓 其不可知耶 希春錯對曰 其時失記其姓 今無可考矣 上曰 十
九史略註 姓文字子禽 臣等 驚服慚惶"

18) <1571년 5월 14일> "頃日 司憲府關子來 京中生員李璘子枝 以潭陽奴
光希 爲其家奴而以移囚玉果 刑訊一次 爲我所失 令解放而相訟 今日
許太輝亦以爲甚不可 蓋此橫逆之奴 當初余行下 刑訊一度 則固失之
不思"

19) <1569년 12월 21일> "濟州牧使李戩饋遣來 去月二十四日所出也 柑子
一白介·全鰒一貼·搥鰒十五貼·鹿脯二貼·鹿尾五介·鹿舌五介·紅馬粧
一部·鹿子皮來金靴一雙·書案二介·油分套一部·白童靴二部·黑鞋三
部·繩床一·鹿角棋子一部·山柚子棋板一·鹿皮方席二坐·皮箱子一來
可謂過多矣"

④ 더위를 먹어 설사병이 생겨 두 번이나 측간에 갔다. 처음에 잠방이를
   망쳐 玉石을 시켜 측간 처마아래서 씻게 하였다(미암일기).20)
⑤ 해남에서 온 편지를 보니 부인이 血淋(피오줌이 나오는 임질)을 앓는
   모양이다. 이는 前日 나의 淋疾에서 감염이 된 것이다(미암일기).21)
⑥ 숙길이의 赤痢가 아주 잦아, 얼굴이 수척해지고 황백색이 되었다. 항문
   이 막히고 뭔가가 내려 쌓여, 붉은 고깃덩이 같은 것이 가끔 보였다.
   똥을 눌 때마다 우니 불쌍하고 불쌍하다. 무당을 불러다 고사를 지냈
   으니, 숙길이를 위한 것이다. 점치는 곳에다 물어보니, 숙길이의 어미
   가 금년에 액운이 들어있다고 하였다. 그래서 남쪽에 있는 집으로 나
   가서 따로 거처하게 하였다(묵재일기).22)
⑦ 端兒는 지난밤 初更 후에 다시 두통이 시작되어 아침까지 아프다고 소
   리친다. …(중략)… 새벽이 지난 뒤로부터 병세가 몹시 더해진다. 내
   가 들어가 보니, 인사를 차리지 못하고 애태우고 몹시 괴로워한다. …
   (중략)… 끝내 말 한 마디 하지 못하고 巳時에 奄然히 가버렸다. 붙들
   고 통곡하나, 그 망극함을 어찌하랴! …(중략)… 가장 통한스러운 것
   은 객지에 있기 때문에 醫藥을 전혀 쓰지 못하고 오직 천명만 기다리
   고, 사람이 할 일을 하지 못함이라. 더없이 애통하다. 저녁에 목욕을
   시키고 殮襲을 하는데, 유리하는 중에 의복을 갖출 수 없어, 다만 평시
   에 입던 옷 한 벌을 입혔으니 슬프고 슬프다. 내 딸이 가난한 집에 태
   어나 의복과 음식을 남처럼 해주지 못하다가 죽어서도 좋은 옷 하나를
   얻어 염습하지 못하니, 하늘에 닿는 남은 한이 그지없다(쇄미록).23)

　①~⑤는 유희춘의 『미암일기』에 있는 내용이다. 이 얼마나 적나라
한 기록인가? 여기서 유희춘이 자신을 얼마나 진솔하게 고백하고 있는지
쉽게 확인할 수 있다. 위의 인용문에서 보듯, 유희춘은 자신의 실수를 숨

---

20) <1570년 6월 16일> "中暑患痢 再如厠 初度則汚褌 令玉石浣于厠簷下"
21) <1571년 8월 26일> "見海南書 知夫人患血淋 乃前日染我之淋疾"
22) <1551년 9월 24일> "吉孫赤痢甚數 瘦且黃白 肛門滯 下赤肉 選見 每
　　不必啼 可怜可怜 以蘇感元 更細作丸 和粥水與服 則能食之矣 困而久
　　宿矣 招巫告事 爲吉兒爲之也 問卜處 吉兒母氏今年有厄云 故令出南
　　舍異處"
23) <1597년 2월 1일>(李民樹 譯, 『瑣尾錄 下』, 서울, 海州吳氏楸灘公派宗
　　中, 1990, 139쪽)

김없이 솔직하게 기록하고 있다. 인용문 ①은 進講 때 宣祖의 질문에 잘못 답변을 하여 이를 宣祖가 지적하자 솔직히 인정한 내용, ②는 대사헌으로서 잘못 판단하여 죄 없는 노비에게 刑訊을 가한 실수를 인정한 내용, ③은 뇌물 받은 것을 기록한 내용, ④는 설사병으로 옷을 망친 내용, ⑤는 자신이 淋疾 걸린 사실, 심지어 부인의 임질 감염 사실까지 기록한 내용이다. 이처럼 유희춘은 부끄럽고 창피한 줄을 알면서도 자신의 실수나 잘못을 하나도 숨기지 않고 진술하게 고백하고 있다. 여기서 그의 진솔, 담백한 인간적 면모와 기록정신을 알 수 있다.

⑥은 李文楗(1494~1567)의 『默齋日記』에 실린 기사이다. 이문건은 손자 숙길이의 병(이질인 듯)이 차도가 없자, 안타까운 심정을 토로하는 한편, 무당을 불러 굿을 하고, 점쟁이에게 병의 귀추와 치병의 방도를 물었다. 사대부가 무당이나 점쟁이를 부르는 것은 당시로서는 보기 드문 일이다. 유학을 숭상하던 당시의 상황에서 사대부가 무당과 점쟁이를 부르는 것은 비난받을 일인데도, 이문건은 사랑하는 손자를 위해 무당과 점쟁이를 부르는 것도 서슴지 않았으며, 이들을 통해 손자의 병을 치료하려고 노력하였다, 그리고 이문건은 이러한 사실을 솔직하게 기록으로 남기고 있는바, 그의 기록정신의 일면을 감지할 수 있다.

⑦은 오희문의 『쇄미록』에 실린 내용이다. 오희문은 피난 도중 사랑하는 어린 딸이 병으로 죽자, 이때의 비통한 심정을 기록으로 남겼다. 사랑스런 귀여운 딸이 고통스럽게 죽어가는 광경과 피난 중이라 의약 한 번 제대로 쓰지도 못하고 죽어가는 딸을 속수무책으로 망연자실하며 바라보기만 하는 아버지의 안타깝고 애절 애통한 심정, 그리고 가난한 집에서 태어나 남들처럼 좋은 음식과 옷도 해주지 못했는데, 염습할 의복조차 없음에 아버지로서의 미안함과 한스러움을 진술하게 고백하고 있다. 여기서 오희문의 父情과 기록정신을 엿볼 수 있다.

이상에서 보듯이, 조선 중기 사대부들은 주로 일상생활에서 겪었던 일들을 일기를 통해 진솔하게 자신을 고백하고 있다. 이 같은 진솔한 자기 고백의 기록 자세에서 기록정신을 엿볼 수 있다. 특히 『미암일기』를 보면, 유희춘은 한 점의 거짓도 없이 진솔 되게 자신을 고백하고 있어, 그의 인간됨과 기록정신을 엿볼 수 있다. 유희춘은 체면이나 격식을 따지는 당시의 사대부들과는 격이 다른 인물이었다. 이 같은 사실을 기록한 『미암일기』야말로 삶의 진실 된 증언이라 할 것이며, 바로 이 점이 문학적 감동을 불러일으킨다고 하겠다. 조선 중기 사대부 일기 중 적나라하게 자기 자신을 고백한 가장 대표적인 일기는 유희춘의 『미암일기』이다.

Ⅲ. 기술태도

1. 춘추필법의 계승

일기는 진솔한 기록을 생명으로 한다. 일기 형성의 근원을 제공한 孔子의 『春秋』는 이른바 春秋筆法으로 '正名實'·'辨是非'·'寓褒貶'을 그 목적으로 한다. 『춘추』는 유교적 역사의식의 전형을 형성해 왔다. 권력에 굴하지 않고 공정하게 역사를 기록하는 것, 이것이 『춘추』의 정신이다. 이를 춘추필법이라 한다. 춘추필법은 거창하지 않았다. 옳은 것을 옳다 하고 그른 것을 그르다 하고, 선한 것을 선하다 하고 악한 것을 악하다 하고, 현명한 사람을 현명하다 하고 어리석은 사람을 어리석었다고 했을 뿐이다. 이 평가가 후대에 전해져서 큰 영향을 끼쳤던 것이다. 그래서 역대 왕들이 가장 두려워했던 것은 역사였다. 자신의 행위가 남김없이 기록되어 후대에 영원히 전해지고 있다는 사실에 초연할 수 있는 왕은 없었다.[24]

　조선시대는 유교를 국시로 했기 때문에 당연히 유교적 역사의식의 전통을 형성해온 『춘추』의 정신을 계승했다. 유교에서 바라보는 역사는 단순히 사건을 나열하거나 기록을 모아서 과거를 재구성하는 행위가 아니었다. 역사란 지나간 일의 선악과 시비를 평가하고, 나아가 이 평가를 현재와 미래의 교훈으로 삼는 것이었다. 지나간 일을 평가하고 이를 통해 교훈을 얻으려면 역사는 공정하게 기록되어야 한다. 그런데 공정한 역사기록을 방해하는 것은 언제나 권력이었다. 공정하지 못한 역사기록은 우리에게 결코 어떤 교훈도 줄 수 없다. 권력에 굴복하지 않고 공정하게 역사를 기록하는 것이 바로 춘추필법이다.

　조선 중기 사대부들 역시 춘추필법을 본받아 일기를 썼다. 특히 역사적 사실이나 정치적 사건에 있어서 그러하였다.25) 그러면 춘추필법의 계승에 대하여 살펴보기로 하자. 관련 기록을 제시하면 다음과 같다.

　　① 傳旨를 내리시기를 '부족하고 어린 내가 여염집에서 생장하여 듣고 아는 것이 없었는데, 우리 皇考 明宗大王께서 깊이 宗廟社稷을 생각하시어 나에게 맡기실 뜻을 두시었다. 하늘이 무심하여 너무나도 빨리 세상을 뜨심으로 우리 聖母 王大妃께서 유지를 받들어 나에게 대통을 이어 받게 하여 祖宗의 어렵고도 큰 業을 지키게 하셨던 것이다. 나는 덕도 적고 일에도 어두운 사람으로서 두렵고 두려워 마치 살얼음을 밟듯

---

24) 졸저, 『조선시대 선비이야기-미암일기를 통해 과거와 현재를 보다』, 서울, 제이앤씨, 2008, 127쪽.
25) 그런데 역사적 사건이나 정치적 사건(특히 당쟁)의 경우, 기록자가 자신이 처한 상황이나 소속된 당파의 입장에서 기록하거나, 또는 주위 사람들로부터 얻은 정보가 어느 당색의 한 편만의 견해로 이를 듣고 기록했다면 사실성과 진실성에서 문제가 된다. 그러므로 이러한 기록물들은 자료적 가치를 인정받기 어렵다. 그럼에도 불구하고 집권 당파(서인, 그 중에서도 특히 노론) 소속의 사대부가 쓴 기록물들이 후일 자료로 활용되기도 하였다. 조선 중기에도 이러한 사례가 있었다 [『선조실록』과 『선조수정실록』 편찬 시 참고한 일부 개인 일기나 문집 등이 그 대표적인 예이다(졸고, 「미암일기의 서지와 사료적 가치」, 앞의 논문, 137~139쪽 참조)].

범의 꼬리를 밟는 것 같았다. 다행히도 慈聖의 정숙·근엄하신 자질과 아름다우신 덕에 힘입어 임시 聽政을 하시어 모든 정사를 다스려서 人心을 順하게 하고 天意에 응하였다. 그리고 先王께서 펼치고자 하시다가 미처 못 하시고 가신 것을 차례로 이어 처리하시어 바야흐로 生民은 생업에 안심하고 나라는 걱정이 없게 되었다. 나 小子는 영원히 명령을 받들고 행여 罪戾를 면할까 했는데, 금년 2월 24일에 聖教를 엎드려 받았던바, 변괴가 심상치 않다 하여 놀라시고 자책을 하시며 갑자기 발(簾)을 거두신다는 명을 내리시니 軍國의 모든 일이 나 혼자의 결단에 맡겨지게 되었다. 나 小子는 놀라고 근심스러워 몸 둘 바를 몰라 간곡하게 사양을 청하였으나 윤허하시지를 않으셨다. 이는 비록 慈聖께서 겸손·온화하시어 천고에 없는 미덕을 갖추신 탓이지만 나의 방황하고 의탁할 곳 없는 심정을 어떻게 형용하리오. 하물며 나의 얇은 식견이 이미 배운 바도 없는데다가 一日에 萬機가 달린 중임을 맡아 어찌 미흡함이 없으리오. 이에 더욱 조심하고 더욱 가다듬어 몸을 닦고 현인에게 맡겨 행여 祖宗의 한없는 아름다움이 변함이 없도록 하려 하노니 대소 신료들은 또한 나의 지극한 생각을 헤아려 각기 맡은 직무에 충실하여 함께 치적을 이룩하도록 하라.' 하셨다(미암일기).[26]

② 들으니 장흥부사 조희문의 선조는 고려 말에 문관으로 부여현감을 지냈는데, 장차 역성이 될 것을 짐작하고 벼슬을 버리고 물러나 하나의 기(記)를 지었다. '우·창 두 왕이 공민왕의 자손인데, 정도전이 신씨(신돈)가 간음해서 낳았다고 무함을 한 것이라고 애통하게 말을 하며 자손들에게 열어 보지 말라.'고 경계했다. 그 후 자손이 함양에 살면서 열어 보고 후환을 두려워하여 태워버렸다고 한다(미암일기).[27]

---

26) <1568년 2월 25일> "傳旨 藐予沖人 越在閭閻 無所聞知 惟我皇考明宗大王 深惟宗廟社稷之計 實有託付之眷 天之不弔 降割斯亟 我聖母王大妃 克遵遺旨 以予入纂大統 俾守祖宗艱大之業 予以寡昧 慄慄危懼 春氷虎尾 如涉如蹈 幸賴慈聖淑愼之資徽懿之德 權同聽斷 丕釐庶政 以順人心 以答天意 至於先王之所欲開而止者 次第紹述 將見生民安業 邦國無虞 予小子永荷成 庶免于戾 乃於今年二月二十四日 伏蒙聖教 以變異尋常 驚惕矧咎 遽發撤簾之命 軍國機務 委予獨斷 予小子惶駭憂迫 若無容措 懇辭固請 未見察允 此雖慈聖謙恭沖挹 度越千古之美 而予之傍徨無依之懷 何可云喻 矧予涼薄 既無所承 一日萬幾 寧無不逮 慈欲益虔益勵 修身任賢 庶不替祖宗無疆之休 大小臣僚 其亦體予至懷 各勤乃職 同底于理"

③ 북부 참봉 김천서는 점필재 김종직의 증손자인데 나를 찾아 왔다. 내
가 그에게 묻기를 '점필재가 어느 해에 나서 어느 해에 급제하였는가?'
하니 그가 대답하기를 '신해년(1431)에 나서 29세 되던 기묘년(1459)
에 급제하였으며, 족계(族系)는『이존록』에 자상히 나타나 있는데,『이
존록』이 지금 장원급제한 정곤수의 집에 있다'고 한다. 무오년(1498)
에 이극돈·유자광이 일으킨 사화에 김일손이 옥에서 국문을 당하여
그의 옥사가 마침내 점필재를 부관 참시하는 지경에 까지 이르게 되
었는데, 한양에 있는 제자들이 급히 밀양 본댁에 알려 미리 시신을 옮
기고 다른 시신으로 대치하여 참형을 면하게 되었다고 한다. 내가 일
찍이 허봉에게 이 말을 들었는데, 지금 다시 들어 보니 과연 헛말이 아
니라 얼마나 다행인가! 그때에 후실부인이 연좌되어 운봉으로 귀양 가
고, 아들 윤은 나이 10세로 너무 어려서 화를 면하게 되었다고 하는 것
이었다(미암일기).[28]

④ 2월에 명하여 반정한 날에 입직한 승지 윤장, 조계형, 이우 등의 功券
을 追削하게 했다. 靖國功臣은 대개 모두 姻婭로서 권균은 문밖에서
누웠고, 강혼과 유순은 조복을 입고 대궐로 나가다가 軍門에 잡혔으
니 모두 공신의 명부에 실렸었다. 이 세 사람은 廢主가 곤궁한 것을 보
고 몸을 던져 목숨을 부탁했던 자들로서 도리어 속이고 꾀어내서 달
아났던 것으로 世論의 비웃는 바가 되었다(음애일기).[29]

⑤ 윤임의 사위 이덕응의 공초 안에, 나숙은 말하기를 '윤원로는 간사하
니 제거하는 게 옳다.'고 하였고, 곽순은 말하기를 '어진 사람을 골라서
왕으로 세워야 하니 어찌 미리 왕을 정해 놓을 수 있겠는가? 등등의

27) <1567년 12월 24일> "聞長興府府使趙希文先祖 麗末以文官爲扶餘縣
監 知將易姓 棄官而退 著一記 痛辦禑昌二王之爲恭愍子孫 而鄭道傳
誣以辛氏之姦 戒子孫勿開 其後孫居咸陽開見 慮後患而焚之云"

28) <1576년 10월 4일> "北部參奉金天瑞 佔畢齋宗直之曾孫也 來謁 余問
佔畢齋何年生而何年及第 對曰 生於宣德辛亥 二十九天順己卯登第
族系詳見彝尊錄 今在於鄭壯元崑壽家云 弘治戊午 李克墩柳子光所起
史禍 金馹孫被鞫詔獄 獄事至於將剖棺戮屍 在洛門弟子 急通密陽本
宅 得移置屍體 以他屍代之 得免慘刑云 余曾因許篈 聞此聞 今更問之
果不虛矣 追幸追幸 其時後室夫人 以緣坐 付處雲峯 男綸년十歲 以幼
弱得免云"

29) <1507년 2월>(『국역 대동야승 Ⅱ : 음애일기』, 서울, 민족문화추진회, 1982,
166～167쪽)

말을 하였습니다. 이휘가 제게 말하였기에 제가 들었던 것입니다.'라
고 하였다 한다. 이휘가 저녁에 체포되었는데, 문초하는 관리가 이와
같은 말들에 대하여 물었다. 이휘가 나식의 말이라 대답하고 나숙의
말이라 대답하지 않았다. 다시 물은 후에야 나숙의 말이 곽순의 말과
같다고 말하며 모른다고 대답하였다. 그러자 두 차례의 형벌이 가해졌
고 이에 바른대로 진술하였다. 그 진술인즉, 곽순의 말이 대윤과 소윤
에 관한데 이르게 되었을 때, 곽순이 말하기를 '대윤 소윤에 관한 말은
입에 담을 필요조차 없다.'고 했으며, 곽순이 말하기를 '어진 사람을 골
라서 왕으로 세우는데 무슨 미리 정해진 게 있을 것인가?'라고 하였는
데, 이 말들을 이덕응에게 전했던 것이라는 내용이었다고 한다. 참으
로 말 많은데 따른 화이다(묵재일기).[30]

　①～③은 유희춘의 『미암일기』에 수록된 기사이다. ①은 宣祖가 明
宗으로부터 왕위를 이어받아 親政할 때의 일을 기록한 내용이다. 유희
춘은 解配·復官된 후, 弘文館 應敎로 있을 때, 국가의 막중한 대임을
맡은 宣祖의 下敎를 있는 그대로 충실히 기록함으로써 당시의 정황을
사실적으로 보여주고 있다. 이처럼 『미암일기』는 단순히 一個人의 私
的 日記라기 보다는 『선조실록』의 편찬에 基本史料가 되었던 만큼 중
요한 기록으로써 公的 日記의 성격도 띠고 있다. 이 대목 역시 『미암일
기』의 그러한 성격을 보여주는 한 부분이라 하겠다. ②는 우왕과 창왕이
공민와의 자손이라는 내용이 그 핵심으로, 이 내용은 元天錫의 『耘谷
行錄』, 李德泂의 『松都記異』, 『증보문헌비고』, 任輔臣의 『丙辰丁
巳錄』등에도 전하고 있다. 뿐만 아니라 趙希文의 先代에서 부여현감
을 지낸 선조의 記를 불살라 버렸다는 내용과 원천석의 증손이 야사 6권

30) <1545년 9월 6일> "任塙李德應招內 有羅淑言 尹元老奸邪除去可也
　　郭珣言 擇賢而立 有何定乎等言 李輝言於臣 臣得以聞之云云 輝乃乘
　　暮逮繫 推官問此等言 輝答以羅湜之言 不對羅淑之說 更問然後 言淑
　　之所言 若郭珣之言 以不知答之 乃用刑訊二度次 直招曰 見郭珣言及
　　於大小尹之說 珣言曰 大小之說 不足置齒牙間云云 珣曰 擇賢以立之
　　有何定乎云云 以此傳于德應云云 此正多言之禍也"

을 불태워 버렸다는 내용이 유사하다. 그리고 『미암일기』에 유희춘이 예문관 地庫에서 『고려실록』을 보았는데, 우왕은 공민왕의 아들이라 했다.31) 위의 사실은 역사적으로도 의미가 있다. ③은 『미암일기』에만 기록되어 있는데, 역사적으로 중요한 사실이다. 현재까지 우리는 김종직이 부관참시를 당한 것으로 알고 있었다. 그러나 위의 기록에는 제자와 부인에 의해 이를 모면한 것으로 되어 있다. 유희춘은 이 사실을 몇 차례에 걸쳐 확인하고 기록으로 남겼다.32) 이처럼 유희춘은 『미암일기』에 이같은 사실들을 기록하여 진실을 밝히고 있다. 이와 같은 사실기록의 진실성 때문에, 후일 『宣祖實錄』 편찬 시 『미암일기』가 史草처럼 채택되고(宣祖 원년~10년), 또 그 편찬에 핵심적인 몫을 담당하게 되었던 것으로 짐작된다. 여기서 유희춘의 역사의식과 기록정신을 알 수 있다.

④는 李耔(1480~1533)의 『陰崖日記』에 기록된 내용이다. 이자는 중종반정 때 공도 세우지 않은 일부 관리들의 功券을 追削한 일을 사실 그대로 기록하였다. 그리고 그는 이들 중 일부는 중종반정의 1등공신인 박원종의 사돈이나 동서들로 세상 사람들의 비웃음의 대상이 되고 있다는 사실과 함께 이들을 비판하고 있다.

⑤는 이문건의 『묵재일기』에 실린 을사사화 관련 기사이다. 이문건은 을사사화의 단초를 이룬 이덕응의 공초 내용과 장조카 이휘가 국문 당한 사실을 듣고 이를 상세하게 사실 그대로 기록으로 남겼다. 그런데 그 내용을 보면, 이휘가 인종의 후계 문제에 대해 동료 간에 함부로 입을 놀린 것 때문에 당한 것이지, 당시의 소윤파의 모함대로 무슨 반역을 꾀했던 것은 아님을 알 수 있다. 이문건 스스로가 '말 많은데 따른 화'라고 진단하고 있듯이 말이다. 그런데도 당시 집권 세력들은 이휘가 윤임의 사주

---

31) 졸고, 『미암일기 연구』, 서울, 제이앤씨, 2008, 358~359쪽.
32) 앞의 책, 359쪽. 永同 地方의 전설에는 金宗直의 棺을 머리만큼 위를 길게 비워서 짜게 했던 때문에 斬屍를 免했다고 전한다(永同 金東杓 談).

를 받아 계획적으로 그런 말을 퍼뜨려 여론을 탐문하려 한 것으로 몰아
갔고, 급기야 고문에 못 이겨 자백한 것을 근거로 극형(이문건도 추후 연
루되어 귀양 가게 된다)에 처해진다.33) 이문건은 이 같은 사실을 『묵재
일기』에 기록하여 진실을 밝히고 있다. 여기서 이문건의 기록정신의 일
면을 엿볼 수 있다.

　이상에서 보는 바와 같이, 조선 중기 사대부들은 일기를 통해 역사적
사실이나 정치적 사건 등에 있어 가식 없는 역사기술과 함께 진실을 밝
히고자 노력하였다.34) 위에서 제시한 내용들이 바로 그렇다. 사실을 밝
히고 진실을 구명한다는 것은 춘추필법의 기록정신을 계승한 것으로, 특
히 유희춘의 『미암일기』는 그런 점에서 높이 평가된다.

2. 정확한 기록

　일기는 정확하게 기록해야 한다. 정확하지 못한 기록은 사실성과 객관
성, 신뢰성을 인정받을 수 없다. 그런바 기록의 정확성은 매우 중요하다.
조선 중기 사대부들 역시 일기에 정확한 기록을 남기고자 하였다. 이에
대하여 살펴보기로 하자.

　　① 黃澗縣을 지나가니 縣宇 邑店이 모두 불타서 없어지고 현 앞 길가에
　　　큰 나무가 줄지어 서있는데, 세 구의 시체가 널려져서 걸려 있었다. 그
　　　들 시신은 모두 손과 발이 묶인 채 장대 끝에 거꾸로 매달려 있었으며,
　　　사지가 찢어져 결박되었고, 복부가 쪼개져 있었다. 몸뚱이와 팔다리는
　　　반쯤 썩어서 문 들어져 있었다. 그런데 그러한 소행은 전일 왜놈들이
　　　본현에 들어왔을 때 저지른 것이라 한다. 쳐다보니 너무도 처참한지

---

33) 이복규, 『묵재일기에 나타난 조선전기의 민속』, 서울: 민속원, 1999, 25쪽.
34) 春秋筆法은 褒貶, 즉 사실에 대한 가치 판단에 重心이 있으며("一字之褒
　　榮於華袞 一字之貶 嚴於斧鉞") 이를 통한 권선징악에 목적이 있다. 본고의
　　논의도 여기서 벗어나지 않는바 오해 없기 바란다.

라, 눈으로 차마 볼 수가 없었다(임진왜란일기).35)

② 彦明에게 들으니, 한산도의 여러 장수가 진치고 있는 곳에 흉적이 밤에 습격해 와서 모두 함몰당하고, 통제사 원균과 충청수사 등이 모두 죽음을 당했다 한다. 놀랍고 한탄스러움을 이기지 못하겠다. 한산도는 호남의 울타리로서 적들이 오래도록 침범해 오지 못한 것은 한산도에서 막았기 때문인데, 이제 적에게 빼앗겨 점령당했다고 하니, 만일 이로 인하여 바로 호남을 침범한다면 누가 막으리오. 그러나 올바른 소식을 알지 못하겠다(쇄미록).36)

③ 追錄. 入侍했을 때, 이미 災異에 응하는 道를 진술하고 이어서 내가 말씀드리기를 '臣이 지난해 10월 초닷새에 夜對를 할 적에 大學에 '此謂修身在正其心'의 한 대목을 강의하면서 臣이 풀이하기를 「몸 닦음이 그 마음 바름에 있나니라.」 했던바, 주상께서 풀이하시기를 「그 마음이 바름에 있음이니라.」 하셨는데, 臣이 그때에는 분간을 하지 못했사오나 물러나와 생각을 해보니 신의 풀이는 소활하고 주상께서 하신 풀이는 정확하셨습니다.' 하였다(미암일기).37)

④ 歐天使가 禮로 주는 명주 베 30필을 頭目·通事에게 모두 나누어 주었으며 자신은 깨끗하게 갔다고 하며, 탐욕 많고 더러운 太監과는 함께 머무르지 않았다는데 비록 경솔한 것이 병이라 하겠으나 나름대로 儒者의 風이 있었다. 다시 알아보았더니 禮로 준 50필에서 歐가 15필을 받아 행장에 담고 그 나머지를 通事와 醫員에게 나누어 주고, 모피물건을 받아가지고 갔다 하니 청렴한 사람이라고 할 수 없다(미암일기).38)

①은 趙靖의 『임진왜란일기』에 있는 내용이다. 조정은 피난 도중 황

---

35) <1592년 8월 7일>

36) <1597년 7월 29일>(李民樹 譯, 『瑣尾錄 下』, 서울, 海州吳氏楸灘公派宗中, 1990, 195쪽)

37) <1568년 2월 24일> "追錄 入對之時 旣陳應災之道 繼言曰 臣於去年十月初五日夜對 講大學此謂修身在正其心一段 臣釋ヽ尼乙溫身修乎未 其心正乎ケヽヽ王ヒ厶 御釋以爲 其心正乎ケヽ收未ヒ厶 臣其時未及分析 退而思之"

38) <1568년 2월 7일> "歐天使 受禮遺紬三十匹 盡分於頭目通事 潔身而去 不與貪汚太監同留 雖有輕率之病 亦可謂有儒者之風 更審則禮遺紬五十匹內 歐受各十五匹 納于裝 其餘分與通事醫員 受皮毛物而去 可謂不廉"

간현에서 백성들의 시체를 보고 이를 사실 그대로 정확하게 기록하고 있다. 왜적에 의해 잔인하게 죽음을 당한 세 구의 우리 백성의 시체는 너무나도 참혹하였다. 그래서 그는 현장에서 목격한 처참한 광경을 상세히 정확하게 기술하는 한편, 왜적의 잔인성을 기록으로 남겼다. 상세하면서도 정확한 기술태도에서 기록정신의 일면을 감지할 수 있다.

②는 오희문의 『쇄미록』에 실린 기사로, 오희문은 통제사 원균과 충청수사의 죽음, 그리고 왜적의 한산도 점령소식 등을 전해들은 사실을 기록화 하였다. 그런데 그는 이 같은 사실에 대하여 기록 시 신중을 기하고 있다. 그것은 전해들은 사실이기 때문에 정확하다고 판단하지 않은 것 같다. 그래서 말미에 '올바른 소식을 알지 못하겠다.'라고 적었다. 이처럼 정확하게 기록하려는 자세에서 오희문의 기술태도와 기록정신을 엿볼 수 있다.

③과 ④는 유희춘의 『미암일기』에 수록된 내용이다. ③은 유희춘이 3개월 전 경연에서 잘못 강의한 부분에 대해 뒷날 宣祖에게 말씀드려 바로잡고, 이를 記錄으로 남긴 내용이다. 유희춘은 『미암일기』에 주로 日常事나 公的 事實을 철저하고도 정확히 기록하였다. 그런데 추후에 들어서 알게 된 사실이나 누락되거나 잘못 기록한 부분에 대해서는(대개 추후에 들어서 알게 된 사실이지만) 이를 확인한 당일에 반드시 추가하거나 수정했다는 점을 주목할 필요가 있다. 그러므로 『미암일기』를 보면 追錄이니 追記니 하는 단어들을 도처에서 접하게 된다. 위의 인용문에서 보듯, 3개월이나 지난 일을 시정하고 추가로 기록한다는 사실, 여기서 그의 기술태도와 기록정신의 일면을 넉넉히 짐작할 수 있다. ④는 중국 사신을 좋게 평가했다가 나중에 알아보니 청렴하지 못한 사람이라고 평한 내용으로, 유희춘은 일기를 쓸 때, 當日의 사실을 그날 저녁 시간이 있을 때 한꺼번에 기록한 것이 아니라, 매일 시간이 날 때마다 틈틈이 기록한 것으로 보인다. 이는 중국사신을 좋게 평가했다가 곧 바로 고친 위

의 대목을 보면 알 수 있다. 이처럼 유희춘은 공적 사실 뿐 아니라 사적 사실이나 대수롭지 않은 일, 심지어 夢事까지도 追記하고 있다.[39] 뿐만 아니라 유희춘은 公的 事實이나 선물 등과 같이 실상 그대로를 仔詳히 기록한 경우를 제외하고는 간결한 문체로 철저하고도 정확히 솔직하게 기록하였다. 그의 철저하고도 정확히 기록하려는 자세에서 기록정신의 일면을 엿볼 수 있다.

이상에서 보듯, 조선 중기 사대부들은 보고 들은 공적 사실이나 사적 사실, 체험 등에 대하여 정확하게 기록하고자 하였다. 이 같은 정확한 기록을 통해 기술태도와 기록정신을 엿볼 수 있다. 특히 유희춘의『미암일기』는 기록의 철저성과 정확성 등에서 그 가치가 높이 평가된다.『미암일기』가 훗날『선조실록』편찬 시 그 진가를 발휘하게 된 것도 이러한 이유 때문인 듯하다. 조선 중기 사대부 중 정확한 기록을 일기에 남긴 대표적 인물은 유희춘이다.

Ⅳ. 맺음말

본고는 지금까지 일기를 통해본 조선 중기 사대부들의 기록정신에 대하여 살펴보았다. 앞에서 논의한 사항들을 종합하여 결론으로 삼겠다.

필자는 조선 중기 사대부들의 기록정신을 기록물로서의 일기의 의의와 기술태도로 나누어 논의하였다. 기록물로서의 일기의 의의는 내용적 측면에서, 기술태도는 형식적 측면에서 기록정신을 살펴본 것이다. 이를 항목별로 요약 제시하면 다음과 같다.

시대의 증언은 전쟁의 참상이나 현실사회의 부조리 등을 기록자가 직

---

39) 졸고,「미암일기의 글쓰기 방식 일고찰」,『동양고전연구』제30집, 서울, 동양고전학회, 2008, 47쪽.

접 보거나 체험을 통해 기록으로 남기고 있는데, 이러한 기록들은 듣고 기록한 기록물들과는 사실성이나 진실성 등에서 그 차원이 다르다. 특히 조선 중기 사대부들은 전쟁일기를 통해 전쟁의 참상을 증언하고 있는데, 이는 다른 여타의 일기에서는 보기 힘든 그 시대의 증언이라 하겠다. 그 런바 시대의 증언에서 기록물로서의 일기의 의의와 함께 조선 중기 사대 부들의 기록정신을 엿볼 수 있다.

진솔한 자기고백은 주로 일상생활에서 겪었던 일들을 통해 표출되고 있다. 이 같은 진솔한 자기고백의 기록 자세에서 기록물로서의 일기의 의의와 함께 조선 중기 사대부들의 기록정신의 일면을 엿볼 수 있다. 특 히 조선 중기 사대부 가운데 유희춘의 『미암일기』를 주목할 필요가 있 다. 유희춘은 『미암일기』를 통해 한 점의 거짓도 없이 진솔 되게 자신을 고백하고 있는바, 그는 체면이나 격식을 따지는 당시의 사대부들과는 격 이 다른 인물이었다. 조선 중기 사대부 중 일기에 적나라하게 자기 자신 을 고백한 가장 대표적인 사대부는 유희춘이다.

춘추필법의 계승은 주로 역사적 사실이나 정치적 사건 등을 기술할 때 나타난다. 보고 들은 역사적 사실이나 정치적 사건 등에 대하여 가식 없 는 역사기술과 함께 진실을 구명하고자 하는 조선 중기 사대부들의 기술 태도, 이는 춘추필법의 기록정신을 계승한 것이다. 특히 유희춘의 『미암 일기』는 그런 점에서 높이 평가된다.

정확한 기록은 보고 들은 공적 사실이나 사적 사실, 체험 등에서 엿볼 수 있다. 이 같은 정확한 기록을 통해 조선 중기 사대부들의 기술태도와 기록정신의 일면을 감지할 수 있다. 특히 유희춘의 『미암일기』는 기록의 철저성과 정확성 등에서 그 가치가 높이 평가된다. 조선 중기 사대부 가 운데 정확한 기록을 일기에 남긴 대표적 인물은 유희춘이다.

이상의 논의를 통해 일기를 통해본 조선 중기 사대부들의 기록정신을 파악할 수 있었다. 이는 조선 중기 사대부들의 일기문학과 조선시대의 일기문학을 이해하는데도 나름대로 도움이 된다고 판단되는바, 그 의미가 있다고 하겠다.

參 考 文 獻

『默齋日記』
『眉巖日記』
『壬辰倭亂日記』
『趙靖先生文集』, 서울, 趙靖先生文集刊行委員會, 1977.
『국역 대동야승 Ⅵ:난중잡록 1』, 서울, 민족문화추진회, 1982, 284~653쪽.
『국역 대동야승 Ⅱ:음애일기』, 서울, 민족문화추진회, 1982, 135~183쪽.
李民樹 譯, 『亂中日記』, 서울, 汎友社, 1979, 1~127쪽.
李民樹 譯, 『瑣尾錄 上』, 서울, 海州吳氏楸灘公派宗中, 1990, 1~790쪽.
李民樹 譯, 『瑣尾錄 下』, 서울, 海州吳氏楸灘公派宗中, 1990, 1~755쪽.
이은상 풀이, 『난중일기』(현암신서 34), 서울, 현암사, 1993, 1~401쪽.

김홍규, 『한국문학의 이해』, 서울, 민음사, 1988, 1~241쪽.
민두기 역음, 『중국의 역사인식 하』, 서울, 창작과 비평사, 1985, 1~435쪽.
송재용, 「한국 일기문학론 시고」, 『小石李信馥敎授華甲紀念論叢』, 서
    울, 간행위원회, 1996, 393~431쪽.
송재용, 「미암일기의 서지와 사료적 가치」, 『퇴계학연구』 제12집, 서울,
    단국대학교 퇴계학연구소, 1998, 117~151쪽.
송재용, 「미암일기의 글쓰기 방식 일고찰」, 『동양고전연구』 제30집, 서
    울, 동양고전학회, 2008, 43~67쪽.
송재용, 『미암일기 연구』, 서울, 제이앤씨, 2008, 1~421쪽.
송재용, 『조선시대 선비이야기-미암일기를 통해 과거와 현재를 보다』,
    서울, 제이앤씨, 2008, 1~312쪽.
안대회, 『선비답게 산다는 것』, 서울, 푸른역사, 2007, 1~299쪽.
윤사순 외, 『조선시대, 삶과 생각』, 서울, 고려대학교 민족문화연구원,
    2000, 1~324쪽.
윤원호, 『근세일기문의 성격연구』, 서울, 국학자료원, 2001, 1~587쪽.

이복규, 『묵재일기에 나타난 조선전기의 민속』, 서울, 민속원, 1999,
　　　1~298쪽.
이우경, 『한국의 일기문학』, 서울, 집문당, 1995, 1~337쪽.
이채연, 「임진왜란 포로 실기문학 연구」, 부산대박사학위논문, 1993,
　　　1~181쪽.
장덕순, 『한국수필문학사』, 서울, 새문사, 1992, 1~335쪽.
정구복, 「조선조 일기의 자료적 성격」, 『정신문화연구』 제19권 제4호
　　　(통권 65호), 성남, 한국정신문화연구원, 1996, 3~24쪽.
황패강, 『임진왜란과 실기문학』, 서울, 일지사, 1992, 1~231쪽.

이야기의 서승(書承)에 대한
근대적 관심과 기록정신

최 원 오*

Ⅰ. 문제제기 : 이야기 전승과 문자매체 출현의
상호 맥락

주어진 논제를 해명하기 위해서는 필시 두 가지 문제를 미리 언급하지 않을 수 없다. 그것은 바로 '이야기 전승'과 '문자매체(literal media) 출현'이 갖는 상호 맥락이다. 주지하다시피 이야기 전승의 최초 형태는 구비 전승이었다. 즉 이야기는 입에서 입으로 전달·전승되어 온 것이 본질적 형태였다. 또한 이야기 또는 '이야기하다'라는 언어행위는 일상적인 대화 또는 '말하다'라는 언어행위와는 근본적으로 다른 내용, 그러니까 사회적으로 전승할 만한 가치가 있는 비교적 고정되어 있으면서도 완성되어 있는 내용을 지향하였다. 그런 점에서 이야기는 애초부터 전달·전승을 전제로 하여 만들어졌던 구술매체(oral media)의 하나였다고 말할 수 있다.[1] 또한 문자매체가 발명된 이후, 구비 전승되던 이야기가 기록

---

* 고려대 아세아문제연구소 HK연구교수

1) 구술매체로서의 이야기에 대한 논의는 최원오, 「미디어융합의 점증에 따른 구비문학 연구의 확장 지점 모색 – 문학적 연구, 미디어적 연구에서 구술문화비평까

의 대상이 된 것도 이야기가 갖고 있는 근본적 성격과 무관하지 않다. 구비 전승될 가치가 있는 것은 또한 기록 전승의 가치가 있는 것이기도 했기 때문이다. 새로운 매체가 출현했다고 하여, 이전의 매체가 담고 있던 내용까지 폐기되는 것이 아니라는 점은, 아날로그의 디지털화라는 현대 매체문화의 현상에서도 확인되고 있는 것이다. 따라서 문자매체 출현 이후의 이야기 전승에 대한 주요한 관심사 중의 하나는 본래부터 구비 전승되어 오던 이야기가 어떻게 기록화의 과정을 밟아갔으며, 그러한 과정에서 보여준 시대적 관심과 기록정신은 무엇이었는가라고 할 수 있을 것이다.

그런데 본래부터 구비 전승되어 오던 이야기의 기록화 과정을 밝힌다는 것은 거의 불가능에 가깝다. 기록화가 되기 이전의 구비 전승을 구체적으로 확인할 수 없기 때문이다. 그럼에도 우리는 기록된 이야기를 구비 전승되던 것의 단순 기록 또는 변개(變改) 과정의 결과라고 추정하는 데는 대체로 동의하여 왔고, 그러한 시각에서 기록된 이야기에 대한 연구를 진행해 왔다. 이와 관련하여 연구자의 가장 주목을 받은 것이 조선시대의 야담(野談 또는 野譚)이었고, 현재 연구 성과도 다수 제출된 상황이다. 그러나 조선후기 들어 특징적으로 나타나고 있는 현상 중에 '기록된 이야기들의 재기록화(再記錄化)'가 확인되며, 이러한 현상은 근대에 들어와서도 지속되었다는 점에서 이것 자체가 의미하는 바가 무엇일까에 대해 탐구할 필요가 있다고 본다. 특히 그 의미를 구비문학적 시각 (viewpoint by oral literature)에서 밝혀내는 것이 요청된다고 보는데, 이것 이야말로 그러한 현상의 시대적 관심이나 기록정신을 해명하는 가장 주요한 방법이라고 생각하기 때문이다. 왜 그런가 하면, 문자를 수단으로 하여 책에서 책으로 전승되는 과정[서승]에서 보여준 반복성, 변개성은

지 ─, 『우리말글』 제47집, 우리말글학회, 2009.12, 341~363쪽.

말을 수단으로 하여 입에서 입으로 전승되는 과정[구승]에서 보여준 반복성, 변개성과 하등 다를 바 없기 때문이다. 이야기는 구승 과정에서 시대성을 반영하기 마련인데, 그것은 전적으로 화자의 구승정신(口承精神)에 입각한다. 마찬가지로 서승 과정에서도 시대성을 반영하기 마련이고, 그것은 전적으로 책 편찬자의 기록정신(記錄情神)에 입각해 있는 것이다. 특히 조선후기에 방각본의 출현 이후 인쇄물로써의 이야기가 상업적 대상으로 인식되었고, 그것이 본격화되는 근대에는 이전과는 판이하게 다른 현상을 집중적으로 보여주고 있다는 점에서 더욱 주목을 요한다. 이후의 논의에서 밝혀지겠지만, 근대에 확인되는 이러한 현상은 구승이나 기록, 구승정신이나 기록정신 모두에 심대한 변화를 가져왔다고 생각되기 때문이다. 따라서 본 논문은 구승되던 이야기의 기록화가 아니라, '서승(書承)의 서승(書承)' 과정을 구비문학적 시각에서 고찰하여 그것이 의미하는 바는 무엇이며, 그것의 서승정신 또는 기록정신은 무엇인가를 근대라는 시기에 초점을 맞춰 논의하고자 한다.

Ⅱ. 서승(書承)의 구비문학적 특징과 그에 대한 근대적 관심의 표출 양상

1. 서승의 구비문학적 특징

서승은 문자를 수단으로 하여 책에서 책으로 전승되는 것을 말하며, 여기서는 특히 이야기의 전승에 관심을 두고자 한다. 고정된 이야기가 구비 전승의 과정을 거쳐 전해져 내려오듯 책을 통해서도 고정된 이야기의 전승을 확인할 수 있는바, 이는 구술에 의한 것인가 또는 문자에 의한

것인가라는 매체의 차이만 존재할 뿐 그 전승 원리는 기본적으로 동일하
다고 볼 수 있다. 이것은 서승이 구비문학적 특징을 보여주는 것이라고
정리할 수 있겠는데, 여기에 더하여 구승의 과정에서 변이가 발생하는
것처럼 서승의 과정에서도 변이가 발생하고 있는 것을 감안하여 보면,
서승의 과정은 분명 구비문학에서의 전승과 변이라는 현상과 동일하다.

그런데 여기서 문제 삼고 있는 서승의 현상은 비교적 일찍부터 발생했
던 것임은 주지의 사실이다. 예를 들면, 고조선이나 고구려 등 고대국가
의 건국신화가 문헌을 통해 전승되었는데, 고조선의 건국신화인 <단군
신화>가 문헌에 따라 그 내용의 상이성을 보인다든지, 고구려의 건국신
화인 <주몽신화> 역시 문헌에 따라 그 내용의 상이성을 보인 것은 각기
다른 구비 전승의 기록 때문일 수도 있겠지만, 그것보다는 서승의 과정에
따른 개변과 재편 현상에서 그 직접적 원인을 찾을 수 있을 것이다. 건국
신화는 특히 국가의 계승문제, 왕통의 권위문제 등과 긴밀하게 관련되어
있었기에, 그것을 문자로 기록하여 놓는 것은 필수적으로 요청되었으며,
그런 과정 속에서 개변과 재편이 의도적으로 시도되었기 때문이다.[2] 또
한 신화뿐만 아니라 민담도 비교적 일찍부터 구승에서 서승의 과정을 밟
으면서 단순 전승에서부터 소설로의 개작에 이르기까지 다양한 전승의
양상을 보여주었다. 이것을 대표적으로 보여주는 예가 신라시대에 편찬
되었다고 전해지는 설화집『수이전』(殊異傳)이다. 이 설화집은 고려시대
에 들어와서도 지속적으로 증보되었으며, 거기에 기록되었던 작품이 다
른 책에도 기록되는 등의 서승 과정을 잘 보여주고 있기 때문이다.

이러한 서승의 양상은 조선시대에 들어와서 더욱 풍부한 양상을 보여
주었다. 특히 조선후기 들어 야담의 본격적 장을 열었다고 평가되는 노
명흠(盧命欽, 1713~1775)의『동패락송』(東稗洛誦)의 출현과 이것이

---

2) 조현설,『동아시아 건국신화의 역사와 논리』, 문학과지성사, 2003.

출현하는 과정에 가장 중요한 역할을 한 기문총화계(紀文叢話系) 작품
집의 등장은 이러한 양상을 잘 보여준다.[3] 기문총화는 그 권수에 약간의
차이가 있으나 서승과 관련한 대체적 견해는 이전의 문헌을 잘 수용하여
형성된 야담집이라는 평가이다. 1권의 경우만 예로 들면 총 183편의 수
록 작품 중 116편이 전대 문헌에서 취하였음을 밝히고 있다. 이후 기문
총화계의 작품집에 수록된 작품들은『동패락송』으로 그 서승의 과정을
밟아가면서 본격적인 야담의 시대를 열게 되는 것이다. 그 과정에서 전
재(轉載), 탈락, 첨가, 변개 등 다양한 서승 양상을 보여주는바, 이는 구
승 과정에서 나타나는 다양한 변이나 변이형의 출현 양상과 일맥상통하
는 것이라고 하겠다.

여기서 책의 출전을 밝히려고 하는 것에 대해서는 더 주목할 필요가
있다. 이와 관련하여 우선 생각나는 점은, 서승이니까 당연히 책의 출처
를 밝히려고 했을 것이라는 점이다. 그러나 야담으로 소개되는 작품들을
보면, 이전의 문헌에서 수용한 것이 아니라 당대의 누군가로부터 직간접
적으로 들은 이야기라는 것도 또한 밝히고 있는 것을 심심찮게 확인할
수 있다. 이것이 무엇을 암시하는가 하면, 출처를 밝히려는 욕망의 기원
이라는 점에서는 적어도 두 가지 현상은 보편적이라는 점이다. 다시 말
해서 이 두 가지 현상, 즉 이전에 참고한 책의 출전을 밝히려는 것이나
들은 이야기의 출처를 밝히려는 것은 근본적으로 동일한 기원을 갖는다
는 것이다. 구승의 원리가 구승에 참여하는, 무수한 주체와 객체의 연속
적 순환으로 이루어지듯, 그래서 '이것은 누구로부터 들은 이야기인
데…'[소위 傳承歷]라는 구승의 전통이 확립되듯, 서승에서도 이러한
구승원리가 그대로 적용되어 아주 자연스럽게 출처를 밝히려는 의식이
표출되었다고 보는 것이다. 따라서 서승에서 보여주는 출처를 밝히려는

---

3) 김준형,「기문총화의 전대문헌 수용양상 - 기문총화 1권 필기·패설 수용을 중심
    으로 -」,『한국문학논총』제26집, 한국문학회, 2006, 57~83쪽.

욕망의 기원은 구승에 있다고 보는 것이 맞겠는데, 이는 '청각언어의 시각언어화'로 다시 설명될 수 있다고 본다. 구승에서의 청각언어가 서승에서의 시각언어로 정착되고 나서도, 청각에 의존하여 대상에 대한 정보나 지식을 받아들이는 방법은 여전히 시각언어의 표현 방식으로 살아남았기 때문이다.

이와 관련하여 조선후기 야담집(野譚集)의 성립 과정에서 작품의 출전이 선행하는 책에 있건, 그렇지 않건 간에 모두 '문(聞)'이나 '담(談, 譚)'으로 표현하려는 욕망, 더욱이 서승에 한정되는 것임에도 불구하고 '문(聞)'이나 '담(談, 譚)'으로 표현하려는 욕망이 나타난 것은 서승의 구비문학적 성격을 더욱 잘 나타내 주는 현상이라고 할 수 있을 것이다. 이러한 표현들은 모두 '(이야기를) 듣다', '이야기하다'와 같은 구승언어 행위를 단적으로 나타내 주는 것들이기 때문이다.

2. 서승에 대한 근대적 관심의 표출 양상

조선후기 들어 야담집의 대거 출현은 구승의 서승화, 서승의 서승화라는 현상을 집중적으로 보여주었다. 특히 서승의 서승화는 그 표면적 현상으로만 보면 구비문학의 전승과 이질적인 것처럼 보이나, 그 기본적 서승 원리는 구비문학에서의 구승 원리와 전혀 동질적이라는 것을 알 수 있다. 따라서 서승에 대한 근대적 관심의 표출 양상은 이런 점을 염두에 두고 고찰되어야 할 것이다. 본 논문에서는 이와 관련하여 두 가지 현상에 주목하고자 한다. 하나는 '기담(奇談, 奇譚), 또는 기문(奇聞)'이라는 제명의 출현 현상이고, 다른 하나는 '재담(才談)'의 출현 현상이다.

먼저, '기담(奇談, 奇譚), 또는 기문(奇聞)'이라는 제명의 출현 현상에 대해 살펴보기로 한다. 역사적으로 볼 때, 구비 전승되던 설화가 기록되어 소개되고 있는 조선 전후기의 문헌은 대개 '기언(記言)', '야언(野言)', '야담(野談, 野譚)', '야서(野書)' 등의 제명으로써 그 출처가 구비전승에 있음이 간접적으로 암시되었다. 그러다가 대략 16세기 중엽에 등장한 『을사전문록』(乙巳傳聞錄)(1518~1547)에서부터 제명에 '문(聞)'이 등장하는 것을 볼 수 있다. 이것은 중요한 의미를 갖는다고 본다. 비록 기록되었음에도 불구하고 그 출처 내지는 이야기의 성격이 구승에 있다는 것을, 또는 구승에 의한 것과 동질적인 것임을 암시해 주기 때문이다. 다시 말해서 '문(聞)'은 '누구로부터 (이야기)를 듣다'라는 이야기의 구승 과정을 암시하는 어휘이기 때문에, '문(聞)'이 제명으로 사용된다는 것은 서승의 구승적 성격을 훨씬 명료하게 나타내기 위한 표현법이 되는 것이다. 구체적으로 보자면 『일사기문』(逸史記聞, 미상, 광해군 무렵), 『부계기문』(涪溪記聞, 金時讓, 1581~1643), 『관북기문』(關北紀聞, 金時讓, 1581~1643), 『백야기문』(白野記聞, 趙錫周, 1641~1716), 『기문총화』(奇聞叢話, 미상, 19세기 무렵) 등이 그러한 예이다. 또한 이와 함께 제명에 등장하고 있는 것이 '이(異)' 또는 '기(奇)'인데, 후자가 압도적으로 많다. 즉 『송도이기』(松都記異, 李德泂, 1566~1645), 『야담기문』(野談奇聞, 미상, 17~18세기 무렵), 『해동기화』(海東奇話, 미상, 19세기 무렵), 『아동기문』(我東奇聞, 미상, 19세기 무렵), 『기문』(奇聞, 미상, 19세기 무렵), 『해동기어』(海東奇語, 미상, 19세기 무렵) 등이 그것이다.

여기서 사용되고 있는 '기(奇)'를 어떻게 이해할 것인가? 특히 19세기에 들어서서 신문, 잡지, 책 등에 다수 등장하고 있는 '기(奇)'는 무엇을 의미하는가? 그리고 그러한 '기(奇)'는 어떤 내용을 포괄하고 있는 것인가? 지금까지 살펴본 바에 의하면, 20세기 들어 '기(奇)'에 대한 관심이 폭발적으로 증가하였음을 알 수 있다. 그 폭발적 관심의 한 가운데에 잡지가 있었는데, 『태극학보』(제8호부터 18호, 1907. 3. 24~1908. 2. 24)

가 해저여행기담(海底旅行奇譚)을 연재한 게 그 시초였던 것으로 보인다. 이후 『대동학회월보』, 『개벽』, 『별건곤』, 『동광』, 『삼천리』, 『농민』, 『신문계』, 『혜성』 등의 잡지에서 '기담'이라는 기사를 싣거나 고정 코너를 마련하여 '기담'이라고 생각되는 각종 내용을 소개하였다. 또한 대한매일신보는 '편편긔담', 매일신보는 '경천읍신 만고기담'(驚天泣神 萬古奇談, 1913년 9월 6일부터 아라비안나이트를 번역하여 연재한 것임), 동아일보는 '기담·애화·진문·일사'(奇談·哀話·珍聞·逸事), 중앙일보는 '기담, 십이야화'(奇談, 十二夜話)라는 고정 코너를 마련하였다. 또한 소설이나 소화류, 장편가사 등의 책도 '기담'이라는 제명을 달고 다수 출간되었다. 즉 『오옥긔담』(1906/소설), 『편편기담경세가』(보문사, 1908/장편가사), 『절세기담 나빈손표류기』(의진사, 1908/번역소설), 『됴션냐셜구긔담』(조선서관, 1912/소화), 『오백년기담』(개유서관, 1913/소화), 『만고기담처세가』(신구서림, 1914/장편가사), 『강도긔담』(구을리서관, 1922/소화), 『반만년간 조선기담』(조선도서주식회사, 1922/소화), 『고금기담집』(회동서관, 1923/소화), 『만고기담』(1924/소화), 『옥련긔담』(1925/소설) 등 발간 연대가 밝혀져 있는 책을 비롯하여, 『권선기담』(소화), 『공전절후 세계긔담』(소화), 『허풍선이 긔담』(소화) 등 발간 연대가 불명확한 책들이 다수 출간되었다. 한 마디로 1930년대까지 근대 출판 시장이 관심을 가졌던 화두 내지는 자본 창출의 소재가 '기(奇)'였다는 것을 단적으로 말해주고 있다.

그렇다면 이 시기 제명에 등장하는 '기(奇)'는 무엇을 의미하는 것일까? '기(奇)'란 말 그대로 '기이한 것'을 의미하는 것으로 볼 수 있다. 도저히 일상적이지 않은, 그러니까 비현실적인 것을 의미하는 것이다. 그러나 그것이 현실 세계에서 발생한 것이라도, 그 발생 자체가 일상적이지 않은 것으로 인식되었다면, 그것 또한 '기(奇)'로 인식될 수 있다. 어떻게 보면 현실과 비현실의 중간 지점에 위치하여 있는 것이 '기(奇)'로 인식될 수 있을 것 같은데, 사실 이 시기의 '기(奇)'에 대한 인식 역시 이와 크게 다르지 않은 듯하다. 일례를 들어보기로 한다.

> 「神出鬼沒 奇談篇, 壬辰亂時의 痛快奇談, 騎牛老翁」(尹白南), 「神出鬼沒 奇談篇, 復讎奇談·報恩奇談 片戀處女의 魂」(壽春山人), 「神出鬼沒 奇談篇, 世界奇談, 醫學的 怪談, -奇談篇其三-」, 「神出鬼沒 奇談篇, 中國奇談·艶聞, 情冤鬼·花麗春, -奇談篇其四-」, 「職業奇談, 想像도 못 할 珍奇한 實話, 죽은 美人에게 面刀식혀」, 「職業奇談, 想像도 못 할 珍奇한 實話, 死刑囚十二人 살린 實話」, 「職業奇談, 想像도 못 할 珍奇한 實話, 트레머리협잡」, 「職業奇談, 想像도 못 할 珍奇한 實話, 女店員·怪常한 小包」, 「碧骨池上에 白衣老人, 金堤 趙氏家에 傳해 오는 奇談, -奇談篇其 5-」

위의 예는 잡지 중에서 '기담'을 가장 활발하게 소개하였다고 평가되는 『별건곤』 제22호(1929년 8월 1일자)에서 간추린 것이다. 하나하나를 살펴보면 역사 소재, 직업 소재, 전설 소재 등에서 기이하다고 생각되는 것을 '기담'이라는 이름으로 소개하고 있음을 알 수 있다. 전설이야 원래부터 비현실에 가까운 내용으로 구성되어 있는 것이 다반사여서, 보기에 따라서는 '기담'에 포괄될 수 있었을 것이다. 그런데 여기에 역사 소재나 각종 직업에 종사하는 사람들의 경험적 괴담(怪談)도 '기담'에 포괄됨으로써 '현실과 비현실의 중간 지점에 있는 이야기'라면 그 어떤 것을 막론하고 모두 '기담'으로 포괄되었음을 알 수 있다. 위에서 든 예 중 <죽은 美人에게 面刀 식혀>의 실제 내용을 보면, 이 점을 더 분명하게 파악할 수 있을 것이다.

> 경성 안국동 속 골목으로 드러가려면 초입 어구에 동창이발관이 잇다. 그 리발소에 잇든 리발사 이기영 씨가 실디로 격근 기담의 하나이다.
> 『내가 삼 년 전에 河橋 어느 리발소에 잇슬 때이다. 하로는 손님도 업고 심심하기에 신문을 안고 낮잠을 자노라니까 딸깍딸깍 일본 나묵신 소리가 별안간 나의 꿈나라를 습격하면서 「黃芩町 三丁目 00번지 00집으로 지금 급히 리발하러 오라」는 주문이다. 불시로 주인아들을 불러내여 집을

보게 하고 나는 리발 긔계를 싸서 들고 그 하녀의 뒤를 딸어섯더니 그 집
문턱에서 하녀는 먼저 쏜살가티 드러가면서 나더러 잠간만 기다리란다.
우둑커니 서서 그 집을 살펴보니 영창에「忌中」이라고 써서 붓첫다. 엇잔
지 기미가 조치 못하엿다. 조곰 잇스닛가 그 집 객실(＝座敷)로 불러 드
려 안치더니 차와 과자가 나아온다. 담배함도 압헤 갓다 놋는다. 意外의
優待이다. 동정을 살펴보니 몬쯔기 하오리(＝紋付羽織)입은 인근 친척들
이 굽실 ― 들낙날낙 숙덜 ― 아무리 보아도 초상난 집인데 나를 엇재서 여
긔다 잡어다 노앗슬ㅅ가 의아하든차에 어떤 젊은 일본 신사가 내 압흐로
닥어와서「당신네 조선서는 어떠케 하는지 모르나 우리의 풍속은 사람이
죽으면 반듯이 남자는 이발 여자는 면도를 식히는 법인대 이 집 따님이
오늘 아츰에 죽엇스니 어렵지만은 당신이 좀 수고해 주어야 하겟다.」는
간청이다.
　「그러커든 일본 리발쟁이를 불러 올 것이지 왜 나를?」이러케까지 야
속하게도 생각해 보앗스나 절에 간 색시라 이왕 왓스니 엇지 하랴. 그
만 內室로 드러가서 면도를 시작하려니까 얼골은 샙파래젓스나 아직 열
칠팔 밧게 안되는 未婚前의 색시이엿다. 그 젓통이 그 뺨! 엇지나 애석한
지 남의 일이라도 정말 내마음에 안탁가웟다. 눈을 딱 감고 면도라고 대
충 ― 얼는 해치우고 나니 신세自歎이 다 나온다. 팔자가 글러서 내가 리발
쟁이가 되엿든가 나희는 아직 젊은 놈이 세상에 원 별일을 다 격는구나!
이런 팔자 타령이 다 쏘다진다. 맛치고서 客室로 나아오니 악가 그 사람
뒤로 딸아오면서 열 번이나 댁아리를 끔뻑 ―「수고하섯습니다!」를 불러낸
다. 무서운줄 몰라도 똥만 싸더라고 아무럿치도 안은데 등맥이에는 땀이
흠신 얼는 ― 리발긔계를 싸서 엽헤 끼고 도라나아온 즉 그 사람 봉투를 한
장 가슴으로서 끄집어 내면서「넘우 약소하나 바더두라」고 한다. 집에 와
서 뜨더보니 일금 오 원也이다. 세상에 별의 별꼴을 다 격거 보앗다.」[4]

　위에서 예화로 든 이발사 이기영의 경험담은, 조선인의 경험치고는 특
이한 경험을 내용으로 하고 있다. 일본과 조선의 장례 풍속(葬禮風俗)
이 다른 데서 그 경험의 기이함이 더욱 두드러지게 얘기되고 있기 때문
이다. 이처럼 이전부터 전승되어 오던 설화에, 현실과 비현실의 경계 지
점에서 벌어졌을 법한 다양한 이야기들이 모두 '기담'에 포괄됨으로써,

───────────

4)「理髮師 李基泳의 경험담」, 『별건곤』 제22호(1929. 08. 01), 54~55쪽.

이 시기 '기담'은 허구적인 이야기이건 경험적인 이야기이건 모든 '이야기'를 대변하게 되었다. 그래서 경험담, 외국의 풍속, 번역소설, 고소설, 구전설화(신화, 전설, 민담) 등 이야기로 취급될 수 있는 것들은 모두 '기담'이 되었다. 滑稽奇談(『대동학회월보』 제18호, 1909), 職業奇談(『별건곤』 제22호, 1929), 結婚奇談(『별건곤』 제28호, 1930), 胎中奇談(『별건곤』 제67호, 1933), 文人奇談(『삼천리』 제6권 제9호, 1934), 家乘奇談(『별건곤』 제72호, 1934), 傳統奇談(『별건곤』 제72호, 1934), 西班牙奇譚(『별건곤』 제53호, 1932), 金鰲新話奇談(『동광』 제25호, 1931), 珍事奇談(『동광』 제32호, 1932) 등의 예에서 확인할 수 있듯이, 무엇이든지 간에 거기에 '기담'이라는 어휘만 덧붙이면 되는 식이었다.

19세기에는 야담이나 소설에만 '기(奇)'라는 어휘를 사용하여 표제를 삼았는데,[5] 20세기에 들어서서는 '기담'의 하위갈래가 마치 이미 분류되어 있기라도 한 듯 여러 종류의 '기담'이 출현하고 있는 것이다. 또한 19세기에도 '기담'이라는 표제가 <절화기담(折花奇談)>[6]이라는 소설에 사용된 용례가 있었지만, 대개는 '기문(奇聞)'이라는 표현이 사용되었다. 그러던 것이 20세기에 들어서서는 '기담'이라는 표현이 압도적으로 많이 사용되었다. 즉 '기(奇)'를 중심 내용으로 하되, 그 전달 방식이 '문(聞)'에서 '담(談)'으로 이동되고 있음을 볼 수 있는 것이다. 이것은 무엇을 말해 주는가? 19세기에는 구승이든 서승이든 간에 이미 전승되었던 것을 '기문(奇聞)'으로 수용하였던 반면, 20세기에는 이전부터 전승되었던 것

---

5) 박지원이 스스로 '방경각외전(放璚閣外傳)'이란 제목으로 묶어 놓은 한문단편 9편이 『기담총화』(奇談叢話)[서울대 규장각 소장]라는 제명으로도 서승되고 있다. '기담총화'라는 표제가 박지원이 달아놓은 것인지는 알 수 없으나, 박지원의 한문단편이 당시로서는 새로운 인간상을 주인공으로 설정하였기 때문에 '기담'으로 인식되었던 듯하다.

6) 이 소설은 김경미·조혜란이 『19세기 서울의 사랑 : 절화기담, 포의교집』(도서출판 여이연, 2003)이라는 제목으로 초역하여 출간하였다.

이든 새로운 소재를 찾아내어 창작한 것이든 막론하고, 그것을 전달하는 자에 초점을 둠으로써 '기담(奇談)'의 그럴듯함, 즉 어느 정도의 객관성 확보를 위한 시도가 감행되지 않았는가 하는 점을 추론케 한다. 그런 의미에서 20세기의 '기담'은 출판 쪽에 종사하는 사람들의 자본 창출의 의지가 작용한 결과였던 것은 아닐까?

19세기까지는 필사(筆寫)나 방각(坊刻)에 의해 서적이 유통되었는데, 20세기에 들어서면서 연활자(鉛活字) 인쇄라는 근대적 출판 방식이 출현함으로써 서적의 대량 생산이 가능하게 된다. 이것은 물론 20세기 이전부터 소설이 상업적 유통물로써 성장을 거듭해 오면서 마련한 출판·유통의 기반이 있었기에 더욱 활기를 띠었을 것임은 분명하다. 실제로 민영 인쇄소나 유통망인 서포(書鋪)가 20세기 들어 전폭적으로 증가하였다.[7] 그런데 19세기와는 달리 일제의 정치 검열을 피하면서도 상업적 이윤을 확보할 방책이 요구되었다.[8] 그 결과 19세기부터 점차 대중의 관심을 끌어 왔던, 끌기 위해 사용되었던 이야기의 상징적 겉 표제인 '기(奇)'를 '담(談)'의 표현 형태를 통해 보다 적극적으로 제시할 필요가 있었다. 이 점을 파악하기 위해 다음의 자료를 살펴보기로 하자.

> 공정한 언론으로 민족의 방향을 인도하는 指導機關으로서만 행세할 시대가 아니고 요새 유행하는 라듸오 보다도 만혼 「인터레스트」를 방송하는 「마이클로폰」과도 가튼 任務를 하야 人生享樂에 迎合하여야 되는 것이 요새 신문기자의 職務인 이상 別乾坤의 珍談奇談欄쯤이야 혼자서 능히 채울만한 재료를 腦裏에 담어 가지고 다니는 것이 名記者라는 슴名을 휘날리련만 至鈍한 두뇌의 탓이라 注文대로 需應할 수는 도저히 업다. 하도 蔡君의 독촉이 성화갓다. 만일 債鬼의 追窮이 정녕 이렇다 할진대 세상에 빗지고 목숨을 보존할 사람이 업슬가 한다. 此日彼日 넘어도 속여 온 듯

---

7) 이에 대해서는 다음의 책을 참조. 김봉희, 『한국 개화기 서적 문화연구』, 이대출판부, 1999.
8) 안춘근, 「일제하의 언론·출판」, 『한국출판문화론』, 범우사, 1981, 202쪽.

하야 미안한 代償으로 멧 마듸(밑줄 필자).

　위의 자료는 『별건곤』 제27호(1930. 03. 01)에 김동진(金東進)이 <내가 본 三不可思議>라는 제목으로 게재한 글의 일부이다. 여기서 김동진은 "人生享樂에 迎合하여야 되는" 글을 작성하는 것이 신문기자의 직무인데, "別乾坤의 珍談奇談"이 그런 글에 해당되며, 그런 글을 소개하는 "欄쯤이야 혼자서 능히 채울만한 재료"를 뇌리에 담고 있어야 명기자(名記者)로 이름을 날릴 수 있다고 보았다. 즉 20세기 들어 '기(奇)'로 포괄되었던 이야기는 신문기자의 펜을 빌어 '말해져야[說]' 할 필요성이 있는 것으로 보았던 것이다. 이것은 잡지, 책 등을 발간하는 사주(社主)에게 있어서도 크게 다르지 않았을 것이다. 위의 인용에서 지적하고 있듯 이 시기의 대중은 '인터레스트(interest)'에 익숙해 있었기 때문이다. 그러고 보면 '기(奇)'만큼 '인터레스트'한 것이 있겠는가.

　그런데 '기(奇)'가 '기(奇)'로 머물지 않고 점차 '괴(怪)'로 변질되는 상황으로 전개되자, 이를 곱지 않은 시선으로 바라보면서 통렬한 비판을 가하는 사람도 있었다. '기(奇)'가 대중의 '인터레스트'에 영합하기 위해서는 더 자극적인 내용으로 변질될 것이 요청되는데, 이것은 예나 지금이나 마찬가지여서 어쩔 수 없는 것이겠지만, 시대가 시대였던 만큼 그것을 그냥 묵과할 수 없었던 모양이다. 무슨 소리인가 하면, 『별건곤』 제27호(1930.03.01)에 백릉(白菱)이라는 사람이 게재한 글을 두고 하는 말이다. <알 수 업은 일>이라는 전체 제목 밑에 몇 편의 단편적인 글이 딸려 소개되고 있는데, 그 중 <怪奇한「怪奇」>라는 소제목이 붙은 글에서 백릉은 다음과 같은 말을 하고 있다.

　　그러나 설마 이러한 기사를 쓰란 말은 아니겠지.
　　가령 예를 들면 이러한 것이겠지.
　　六堂 崔南善선생님이 奇怪라는 個人雜誌를 발간하는 것 …

　　이거야말로 참 알 수 업는 일이다.

　　지금의 조선 사람이 그러한 야릇한 刺戟을 요구하는 바도 아니겟고 또 설마하니 선생님이 그런 야릇한 취미를 가질 변태심리는 아니겟는데 …

　　참 알 수 업는 일이다.

　　그러한 종류의 서적이나 잡지가 갓가운 일본만 가도 만히 발간이 되는 것은 그만큼 일반의 요구가 잇기 때문이겟지만 조선에서 「그로테스크」類의 「奇怪」는 그 존재의 이유를 아모리 하여도 알 수가 업서!

　　그게 또 나오는게 야릇하겟다.

　　월간이라면서 일년에 한 號씩 그야말로 「奇怪」가 망칙하게 나오니 선생님! 참 알 수가 업슴니다.

　　前가티 선생님이 갓가히나 게섯스면 물어나 보겟지만 지금은 그럴 수도 업고.

　　참 알 수 업은 일이다.

　아마도 당시에 일본에서는 '기(奇)'의 수준을 훨씬 뛰어넘은 '괴(怪)'의 단계로 넘어간 이야기, 즉 '기괴(奇怪)'의 내용을 담은 이야기가 대유행했던 모양이다.[9] 그런데 그것은 야릇한 자극(刺戟)을 원하는 일본인의 요구가 있었기 때문에 가능한 것이지만, 조선은 그런 전통이 없었기에 잡지에서 그런 '기괴'한 이야기를 소개하는 것 자체가 야릇하고 망측스런 일이라는 것이다. 신문이나 책에 비해 잡지에서 그런 '기괴'한 이야기를 많이 소개했던 것 같은데, 이것은 당시 구전설화가 취사선택되어 문자로 정착되는 데 일부 영향을 끼쳤던 것으로 보인다. 최초의 한글설화

---

9) 일본에서의 '괴(怪)'는 '요괴(妖怪)'라는 말로 통칭되고 있으며, 요괴학이라는 학문이 성립되어 있을 정도로 전통뿐만 아니라 내용이 풍부하다. 일본의 요괴학에 대해서는 다음의 책들을 참조할 만하다. 柳田國男, 『妖怪談義』, 講談社, 1977 ; 井上円了, 『妖怪學全集』 제1집(1999), 제2집(1999), 제3집(1999), 제4집(2000), 제5집(2000), 제6집(2001), 栢書房 ; 澤史生, 『鬼の大事典-妖怪・王權・性の解讀』(上, 中, 下), 彩流社, 2001 ; 小松和彦 編, 『日本妖怪學大全』, 小學館, 2003 ; 중앙대학교 한일문화연구원 편, 『일본의 요괴문화』, 한누리미디어, 2005 ; 고마쓰 가즈히코, 『일본의 요괴학 연구』, 박전열 옮김, 민속원, 2009.

집인 『조선동화집』에 소개되어 있는 호랑이설화를 보면, 대부분의 호랑이가 공포감을 불러일으키는 동물로 설정되어 있기 때문이다. 이를 두고 『조선동화집』의 발간 주체인 조선총독부의 정치적 의도를 지적하기도 하지만, 구전되던 이야기 또한 '기(奇)', 더 나아가 '기괴(奇怪)'의 시각으로 포섭하려 했던 당시의 분위기를 반영한 것일 수도 있을 것이다. 그러나 이것은 전반적 현상은 아니었다.

요컨대 20세기의 '기담'은 전 시기, 그러니까 19세기의 수준을 크게 뛰어넘은 것 같지는 않다. '기담'이 포섭하는 범위만 더 넓어졌을 뿐, 실은 내용이 전혀 '기(奇)'와 어울리지 않은 것들이 상당수를 차지하였기 때문이다. 예를 들면 강효석(姜斅錫)이 편찬한 『대동기문』(大東奇聞, 한양서원, 1926)의 경우, 조선 태조 때부터 고종 때까지의 역대 인물들의 전기나 일화를 소개하고 있는 데 그치고 있다.10) "우리나라 사람은 우리나라 일을 알아야 한다."(大東之人當識大東之事)고 서문에서 밝히고 있듯, 이 책은 '기(奇)'로써 독자를 유인하여 '역사 이야기'를 하려는 데 그 목표가 있음을 알 수 있다.11) 비단 이것은 대동기문에만 한정되었던 것은 아닐 것이다. 아마도 대다수의 잡지, 신문, 단행본이 앞서 지적했던 것처럼 상업적 목적 때문에 의도적으로 '기(奇)'를 강조했다고 보는 것이 타당할 것이다. 그것이 일부 잡지나 작품의 선택에서만 '괴(怪)'의 단계로 나아갔을 뿐, 전반적 경향은 역시 '기담'이었다고 보아야 할 것이다. 이미 본 바와 같이 '기담'의 사용 용례가 절대 다수를 차지하고 있기 때문이다. 이것은 '기문(奇聞)'보다는 '기담(奇談)'이 독자를 끌어들이는 데 훨씬 더 매력적 표현이었다는 점을 상기시킨다.

---

10) '기(奇)'의 분류법으로 보자면, 일사기문(逸事奇聞)에 해당한다. 그러나 이 책에 소개되어 있는 내용 중 상식적 의미에서의 '기(奇)'에 포괄될 수 있는 것은 그렇게 많지 않다.

11) 학민문화사에서 1993년에 영인한 판본을 참조함.

이것은 두 번째 현상으로 지적하려는 것과 밀접한 관련을 갖는다. '재담'(才談)이 '기담'(때로는 '기문')에 포섭되어 제시되고 있기는 해도, 내용상 '재담'은 '기(奇)'와 관련을 맺기가 상당히 어렵기 때문이다. 더욱이 20세기의 대중 관심사가 '인터레스트'에 있었다면, 굳이 '재담'을 '기담'으로 표현할 이유가 없다. '재담' 자체가 '인터레스트'에 초점을 둔 내용으로 짜여 있기 때문이다. 그럼에도 '재담'이 '기담'의 범주에 포괄된 것은, '재미나 웃음'도 '기담'의 형식으로 제시되지 않으면 안 되었기 때문일 것이다. 재미나 웃음마저도 '기(奇)', 또는 '기담'에 포괄되어야 할 만큼, 20세기 전반기는 적어도 '기(奇)', 또는 '기담'의 시대였던 것이다.

재담이 기담이라는 표제로 제시되고 있는 첫 책은 『강도기담』(구을리서관, 조선야소교서회, 1922)이지만, 잡지는 상당히 이른 시기부터 재담을 '기담(奇談)'으로 표현해 왔던 것으로 보인다. 『대동학회월보』제18호(1909. 07. 25)에 '滑稽奇談'(골계기담)이라는 표제가 등장하고 있기 때문이다. 따라서 일찍부터 재담이 기담의 범주로 포착되었다고 볼 수 있겠는데, 단행본의 형태로 제작되어 출판·유통되기 시작한 것은 이보다 좀 늦은 1920년대 초에 와서야 가능했다. 그런데 『강도기담』은 설교를 위해 제작된 것으로써 상업적 이윤을 목적으로 한 것이 아니었기에, 상업적 의미에서의 최초 사례는 『고금기담집』(회동서관, 1923)으로 볼 수 있을 것이다.

무료흠을 익이지 못흐야 여년을 소견홀 싱각으로 사면에 광고를 붗쳐스되, 누구던지 지미잇ᄂᆫ 이약이만 잘ᄒᆞᄂᆫ 자ㅣ 잇스면 상등에는 미일에 빅미 흔 셤, 중등에ᄂᆫ 당목 흔 필, 흐등에ᄂᆫ 권련 흔 갑이라 ᄒᆞ엿ᄂᆞᆫ듸, 말마디ᄂᆞ ᄒᆞ고 이약이기ᄂᆞ ᄒᆞᄂᆞᆫ 사롬은 풍(風) 디감의 광고를 보고 아모쏘록 밋쳔 업ᄂᆞᆫ 쓸셥이ᄂᆞ 어더 갈가 ᄒᆞ고, 풍디감의 별쟝 안에 좌악 느러 안자 돌녀가며 이약이를 시작ᄒᆞᄂᆞᆫ듸, 진실로 만고긔담 형형식식이라. 진″ 흔 지미가 가히 말년 소견에 족ᄒᆞ도다. 중등 하등의 이약이는 그 수를 능히 헤아리기 어려오ᄂᆞ, 상등으로 입격된 격언과 긔담으로 지미잇ᄂᆞᆫ 이약이 빅여 종을 이 칙에 긔록ᄒ엿ᄂ디, 일홈ᄒ야 가라디 고금긔담집이라.
이것으로 ᄒ야금 풍더감만 쇼견이 되얏슬ᄯᆞᆫ 안이라, 이 칙을 보시ᄂᆫ 졔공
도 능히 수심ᄒᄂᆫ 자의 위로가 되고, 심〃ᄒᆫ 자의 양우가 되고 슯흔 자의
우음이 될가 ᄒ노라.

위의 내용은 『고금기담집』의 서문의 일부인데, 구비 전승되는 이야기
중 '재미있는 이야기'를 '기담'으로 인식하였음을 분명히 하고 있다. 그
러나 대다수의 재담은 책에서 책으로 전승되는, 즉 서승의 형태로 전승
되는 것이었다. 즉 20세기 이전의 소화집인 『태평한화골계전』, 『촌담해
이』, 『어면순』, 『명엽지해』, 『파수록』 등에서 이야기를 선택하여, 약간
의 개변을 거쳐 재담집에 싣고 있음을 볼 수 있다.[12] 또한 이전의 잡지
에 실려 있는 것을 취사선택하여 재담집에 싣기도 했다. 그 과정에서 역
시 약간의 개변이 이뤄지기도 했는데, 전체 내용을 바꿔버릴 정도는 아
니었다. 아래에 그러한 예를 하나 들어보기로 한다.

(가) 〈家畜論功〉
　昔有一人이 爲客供饌ᄒ야 將宰家畜而設之홀시 牛馬鷄狗彘等이 惴惴而
懼ᄒ야 各言其功ᄒ니 牛ㅣ 穀觫趨進ᄒ야 俯首陳情曰 吾嘗稟受土精ᄒ야 力
能兼人ᄒ니 穿鼻受制ᄂ 所以忍其性也오. 橫角自衛ᄂ 所以防其害也라. 桃林
春草에 贊誦周王之德ᄒ고 莒城夜雨에 怒破燕軍之衆ᄒ니 實是當時偉功이
오. 豈非後世美談가 迨夫三之日四之日에 駕彼耒耜ᄒ고 上坪田下坪田을 盡
力深耕ᄒ니 東作之際에 陌이 開通ᄒ고 西成之後에 倉廩이 充溢이라 主翁
之安享溫飽之樂은 是誰之力歟아.
　馬ㅣ 昂然長嘶ᄒ고 擧首向前曰 我以地用之姿로 每懷報主之忱이라. 産於
冀野ᄒ야 曾蒙伯樂之惠顧ᄒ고 獵于平原ᄒ야 已經王良之善御로다. 蹴踏八
埏山河ᄒ니 英雄豪傑이 無非我背上人物이오. 掃除萬國兵塵ᄒ니 皇王帝伯
가 盡是我蹄間事業이라. 前後履歷이 昭載國史野乘ᄒ야 照人耳目ᄒ니 固不
可誣也어니와 關市遠程에 備嘗千辛萬苦ᄒ고 山谷險路에 未免十顚九倒ᄒ
니 念其勤勞면 合有報賞之義어늘 不圖今日에 遽就犧牲之供ᄒ니 竊爲主翁

---

12) 이에 대해서는 이홍우, 「일제강점기 재담집 연구」, 서울대 석사논문, 2006, 78~83쪽
　　참조

不取也로라.

鷄ㅣ喔喔一唱에 拍翼趨前曰 我雖微品이느 亦是化育中一物로 稟德惟五에 報時不貳라. 文或許以丹鳳ᄒ니 自愧過實之虛名이오 聲或比以蒼蠅ᄒ니 竊恐非時之亂聽이로다. 薰殿曉日에 贊成大舜之爲善ᄒ고 函關半夜에 解脫孟嘗之投困ᄒ니 雖不敢以顯功自處느 苟或使我로 不在於世則孝子問寢에 易致盥嗽之失期오. 商旅發行에 難免早晏之有差라. 若夫孤燈寒窓의 四顧無人ᄒ야 風雨凄凄ᄒ고 山川寂寂ᄒ며 五更遲遲ᄒ고 萬思耿耿ᄒ데 倚枕而臥ᄒ니 睡寐不成ᄒ고 推床而起ᄒ니 愁緖交亂이라 夜如何其오. 亥子時를 未分이오 坐而待之ᄒ니 庚申日을 如守로다. 于斯時也에 唱曉一聲이 喚起精神ᄒ니 其所爽豁이 亦復何如오. 以此以彼에 反覆思量ᄒ니 其有助於人이 顧不淺鮮이어늘 今此就戮은 曾所不意로다.

拘ㅣ 嗲嗲一吠ᄒ고 搖尾而乞憐曰 我本斗精所降으로 不忘飼養之恩ᄒ야 懸筒遠馳ᄒ니 不滯陸公之書信이오. 共牢群食ᄒ니 感服陳氏之家法이라 功著搏兎ᄒ니 不違發蹤之機ᄒ고 職在守盜ᄒ니 寧忠胠篋之變가 若使人家로 不曾有我러면 綠林豪客은 誰能防禦며 靑氈舊物을 焉可世守리오. 覬覦之人이 不絶於門ᄒ니 易致名望損傷이오. 姦淫之風을 莫遏其萌ᄒ니 其奈家行壞亂가 區區微忱이 期欲圖報ᄒ야 死而後已니 異日弊帷之報는 固不敢望이어니와 今朝湯鑊之施는 誠所冤抑이니 願其更思之어다.

豕ㅣ 蟄伏柵中ᄒ야 沈思良久曰 今日供客之料는 除我其誰오 沒知沒覺ᄒ니 未見絲毫之有補오 無思無慮ᄒ니 只患糠粥之不飽라. 以吾觀吾에 無辭可述이. 以我証我에 實合就烹ᄒ니 亟試芒刃이어다. 吾所甘受로라. 於是에 主人이 釋其牛馬與鷄狗ᄒ고 宰豕而烹之ᄒ야 與客同酌에 極其歡暢이러라.

逍遙子曰 吾欲使無寸功而食重祿者로 一聞之ᄒ노라.

(나) 〈김성이 특별 총회를 여러〉

손동지 집에 혼인 잔치가 갓가온잇가, 롱우가 좌상으로 안져서 닭으로 ᄒ야금 통문을 돌니고 특별 총회를 여럿더라. 소가 가로디 "우리 쥬인딕 아씨 혼일이 당두ᄒ니, 우리 중에 필경 ᄒ나가 죽을 모양이느, 느는 이 집의 롱ᄉ를 맛하 잇스니, 니가 업스면 롱ᄉ가 폐롱이 될 터이니 나는 죽을 니가 만무ᄒ다."

당느귀가 느안지며 '나는 쥬인이 사랑ᄒ야 항상 타고 단일 쑨 아니라, 혼일에도 후힝을 틔우고 갈 것이니 설마 나야 죽을느구.'

긔가 나안지며 '나는 밤중이라도 잠을 안니 자고 도젹을 직혀 쥬는디, 나를 잡을 리는 만무ᄒ지.'

고양이가 나안지며 '나는 불피풍우ㅎ고 사방으로 도라단이며 곡식 먹
눈 쥐를 잡아 쥬닛싸, 나는 죽지 안이홀 터이지.'

닭이 나안지며 '나는 깁흔 방중이라도 시를 차자 우러 주잇가, 나는 죽
지 아이홀 터이지.'

못은 김싱이 이와갓치 각〃 맛흔 직칙으로 변명을 ㅎ눈디, 다만 도야지
눈 아모말도 아니ㅎ니, 소가 무러 가로디 "너는 엇지 말이 업눈냐?"

도야지눈 쥬둥이를 너밀고 눈을 쌈쩍〃〃ㅎ며 '죽을 놈, 날밧게 업서.'

(가)는 『대동학회월보』 제18호(1909.07.25)에 '滑稽奇談'이라는 제명
하에 몇 편의 재담이 소개되어 있는데, 그 중 하나이다. 성악현(成樂賢)
이라는 사람이 필자로 소개되어 있지만, 창작 여부는 알 수 없다. (나)는
(가)에 비해 훨씬 축약되어 있고, 일부 세부 내용에 있어서도 차이가 있
다. 때문에 (나)와 같은 내용의 구전설화를 성악현이 (가)와 같이 개변했
다고도 볼 수 있다. 특히 마지막에 "吾欲使無寸功而食重祿者로 一
聞之ㅎ노라."와 같은 평을 더하고 있는 것으로 보아, 그런 혐의가 짙다.
그러나 현재 (나)와 같은 구전설화가 따로 전승되고 있지 않은 것으로 보
아, (나)는 시기상 앞서 출현한 (가)를 축약하고 개변한 것으로 보는 것이
타당하지 않을까 한다. 조선후기 들어 한 편의 야담이 여러 책에 두루 실
려 있는 것처럼 이 시기의 재담 역시 신문, 잡지, 재담집(단행본) 간에 얽
히고설킨 서승 과정을 활발하게 보여주었기 때문이다.

Ⅲ. 근대 이야기의 서승과정, 또는
서승화에 나타난 기록정신과 그에 대한 평가

19, 20세기에 들어서 구비전승뿐만 아니라 책에서 책으로 전승되는
서승이 활발하게 나타나고 있다. 서승은 구승과는 전혀 다른 것이지만,

그 기본적 원리는 유사한 것이었다. 일부는 당대의 구승에서 작품을 취하여 기록한 것도 있지만, 또 일부는 이전의 책에서 작품을 취사선택하고, 개변함으로써 이본을 생산해내는 과정이었기 때문이다. 이때 이전의 책은 구승에서의 제1 화자와 같은 역할을 하며, 그것을 새로 옮겨서 편집한 책은 새롭게 탄생한 제2 화자의 역할을 하게 되는 것이다. 그리고 그것을 독자는 읽게 되는 것인바, 독자는 이른바 청중이 되는 셈이다. 이러한 것은 서승이 구비문학적 성격을 보여주는 것으로 정리될 수 있겠는데, 표제에 제시되어 있는 '설(說)', '담(譚)', '문(聞)', '담(談)' 등은 이것을 '상징적'으로 나타내 준다.

여기서 '상징적'이라고 표현한 것은 서승이 의사구승(擬似口承)의 형식을 취하였다고 보기 때문이다. 문자를 이용하여 이야기를 기록하는 것은 '기록하다[錄]'나 '짓다[作, 記]'가 더 어울릴 터인데, 그렇게 하지 않은 것은 이야기의 생성 지점내지는 출발 지점이 어디에 있었는가를 나타내주기 위한 것이라 볼 수 있다. 그러니 19. 20세기의 서승이야말로 '의사구승'의 정신을 지향했다고 이해할 수 있다. 다시 말해서 '서승으로써 구승을 실현하려는 욕망', 그것이 이 시기에 성행한 서승의 기록정신일 것이다. 그리고 이러한 욕망은 박지원의 한문단편에서 잘 드러나듯, 때로는 창작기법으로 하나로 발전되기도 했다. '누구누구에게서 들은 것이다.'라는 표현은 구비전승에서 이야기가 전승되는 과정을 상기시키기 때문이다. 그만큼 19, 20세기는 '구승화된 서승'의 전성 시대였고, 그러한 형태로 등장한 각종 이야기는 출판 시장의 큰 축을 차지하였다.

그러면 이 시기의 기록정신, 즉 '의사구승'을 실현하려는 기록정신은 구체적으로 어떻게 실현되었는가? 그것은 어떻게 평가될 수 있는가? 첫 번째 질문과 관련하여 답하자면, 그것의 실현은 전통적인 의미에서의 구전설화뿐만 아니라 경험담, 인물담, 역사, 번안소설, 풍속, 소설, 재담 등 이야기꺼리가 될 수 있는 것은 모두 '기(奇)'로 포괄되는 방식이었다. 각

종 '이야기'를 마치 '뉴스 꺼리'로, '흥미꺼리'로 제공하였던 것이다. 이
것은 본래 구비전승의 형태가 담당했던 것이지만, 이제는 '읽음으로써
이야기를 듣고, 읽음으로써 소문을 듣고, 읽음으로써 흥미꺼리를 듣게'
된 것이다. 그러기 위해서는 독자를 끌어들일 수 있는 강력한 표제가 요
구되었는데, 그것이 바로 '기(奇)'였다. 그런데 구전설화, 재담을 제외한
나머지 것들은 '기(奇)'의 맥락에서 얘기될 수 있겠지만, 구전설화나 재
담이 '기(奇)'의 맥락에서 얘기된 것은 이것들의 본질을 훼손시키는 것이
었다고 평가할 수 있다. 구전설화에서는 대개 비현실적 상상력이 펼쳐지
는 게 예사여서 일부를 '기(奇)'의 맥락으로 포괄할 수는 있어도, 모든
구전설화를 '기(奇)'의 맥락으로 포괄할 수 있는 것은 아니기 때문이다.
재담은 더더욱 문제다. 재담은 다른 말로 표현하자면 소화(笑話)로, 청중
이나 독자에게 웃음을 선사하려는 게 목적이다. 그런데 이것을 '기(奇)'
로 포괄하여 전달함으로써 '웃음'마저도 기이한 것으로 취급해 버리고
있다. 따라서 각종 이야기의 서승 과정에서 드러나는, 19, 20세기의 기록
정신이 비록 의사구승을 실현하는 방식을 취하고는 있지만 이야기의 본
질까지를 유지하는 방식이었다고는 볼 수 없다는 것, 그것이 적절한 평
가일 것이다. 그러한 평가의 중심에 '기(奇)'가 자리하여 있었음은 부언
할 필요가 없겠다. 다만 들었던 이야기를 읽는 이야기로, 그리고 다시 읽
는 이야기에서 읽는 이야기로 서승 과정을 밟아나가면서도, 구비전승의
생동감을 표현하기 위해 '문(聞)', '담(談)'을 표제의 일부로 사용한 것
은, 구승과 서승의 조화를 꾀하려 했던 것이라는 점에서 긍정적 의의를
부여할 수 있을 것이다.

參 考 文 獻

고마쓰 가즈히코, 『일본의 요괴학 연구』, 박전열 옮김, 민속원, 2009.

김경미·조혜란, 『19세기 서울의 사랑: 절화기담, 포의교집』, 도서출판 여이연, 2003.

김봉희, 『한국 개화기 서적 문화연구』, 이대출판부, 1999.

김준형, 「기문총화의 전대문헌 수용양상-기문총화 1권 필기·패설 수용을 중심으로-」, 『한국문학논총』 제26집, 한국문학회, 2006, 57~83쪽.

안춘근, 「일제하의 언론·출판」, 『한국출판문화론』, 범우사, 1981.

이홍우, 「일제강점기 재담집 연구」, 서울대 석사논문, 2006, 1~161쪽.

조현설, 『동아시아 건국신화의 역사와 논리』, 문학과지성사, 2003.

중앙대학교 한일문화연구원 편, 『일본의 요괴문화』, 한누리미디어, 2005.

최원오, 「미디어융합의 점증에 따른 구비문학 연구의 확장 지점 모색 -문학적 연구, 미디어적 연구에서 구술문화비평까지-」, 『우리말글』 제47집, 우리말글학회, 2009. 12, 341~363쪽.

柳田國男, 『妖怪談義』, 講談社, 1977.

井上円了, 『妖怪學全集』 제1~3집, 栢書房, 1999.

井上円了, 『妖怪學全集』 제4~5집, 栢書房, 2000.

井上円了, 『妖怪學全集』 제6집, 栢書房, 2001.

澤史生, 『鬼の大事典-妖怪·王權·性の解讀-』(上, 中, 下), 彩流社, 2001.

小松和彦 編, 『日本妖怪學大全』, 小學館, 2003.

일제의 의병 '토벌' 기록과
주한일본군 헌병대(1907~1910)

이 승 희*

I. 머리말

　지금으로부터 100년 전인 1910년 8월 일제는 무력을 동원하여 한국을 병탄하였다. 이를 수행했던 것은 한국에 주둔하고 있던 일본군 수비대와 헌병대, 그리고 경찰이었다. 이들은 병탄에 이르기까지 끊임없이 계속된 한국 민중의 저항을 '치안유지'를 명분으로 총칼을 앞세워 철저히 탄압하였고, 또한 그러한 양상을 각종 보고서를 통해 기록으로 남겨두었다. 이들 기록물들은 각각 특정한 목적을 위해 작성되어 보관되어 왔다.

　일제 강점기를 연구하는데 있어 이러한 일제의 기록물들의 소재를 파악·분류하고 이를 치밀하게 분석하는 것은 매우 기본적이고 중요한 작업이다. 일제의 식민통치와 관련된 주요 기록물은 비밀관리체계의 강화 및 폐기 관례, 그리고 해방직후 총독부 관료의 공문서 무단 파기로 인해

* 중앙대학교 강사

현재 충분하게 남아있지 않기 때문이다.[1] 특히 일본육군은 "각 부대가
보유한 기밀서류를 속히 소각하라"는 지령을 통해 비밀문서를 폐기했
고, 이는 군사와 경찰과 관련된 "외사, 방첩, 사상, 치안 등의 관련문서,
국력 판단이 가능한 여러 자료"가 중심이 되었기 때문에 군사관련 기록
물의 수는 더욱 소수에 불과하다.[2] 일제가 남긴 기록에 대한 분석은 최
근 통감부, 조선총독부의 공문서를 중심으로 나오기 시작하고 있으나,[3]
일본군 특히 '무단통치'의 대명사로서 한국민 탄압의 최전선에서 활동
했던 헌병이 남긴 기록에 대해서는 아직 본격적인 검토가 이루어지지
않아, 기록 생성 및 보존에 관한 정확한 실상을 파악하기 힘든 실정이
다.[4]

　본 연구에서는 주한일본군 헌병대의 기록을 분석하기 위해 수비대와
경찰이라고 하는 명확한 비교대상이 존재하는 1907년~1910년, 각 기관
의 의병 '토벌' 관련기록에 대해 검토하고자 한다. 이를 통해 헌병대가
기록을 남긴 의도와 당시의 상황을 파악하여 일제의 헌병대 관련 기록의
특징을 이해하고 비판하는데 기초적 토대를 제공하고자 한다.

---

1) 박성진·이승일 저,『조선총독부 공문서 – 일제시기 기록관리와 식민지배 –』, 역
　사비평사, 2007, 14쪽, 311~314쪽 참조.
2) 加藤聖文,「敗戰と公文書廢棄 – 植民地·占領地における實態 – 」,『史
　料館研究紀要』33, 2002, 124쪽.
3) 박성진·이승일 저, 앞의 책.
4) 松田利彦 編·解說,『朝鮮憲兵隊歷史』全6卷, 不二出版, 復刻板, 2000
　에서는「解說」부분에서 일본 방위성 방위연구소 도서관에 소장되어 있는『朝
　鮮憲兵隊歷史』에 대한 해설과 함께, 기타 헌병 관련 사료에 대해서도 개관하
　고 있다.

Ⅱ. 일제의 각 '치안유지' 기관별 의병 '토벌' 기록과 그 특징

1. 주한일본군 헌병대

일본군 헌병대가 처음으로 한국에 파견된 것은 청일전쟁 직후인 1896 년이었으며, 이후 헌병대는 병과의 특징인 경찰권을 행사하며 일제의 한 국 '치안유지' 기구의 하나로써 의병탄압에 앞장서며 기구를 확장해 나 갔다. 그리고 한국병합 직전인 1910년 6월에 시행된 '헌병경찰제도'를 통해 일제의 대표적인 탄압기구로서의 위치를 확보하게 된다.[5] 이러한 주한 일본군 헌병대가 남긴 기록으로 가장 유명한 것이 조선헌병대사령 부에 의해 편찬된 『朝鮮憲兵隊歷史』로 모두 11책으로 구성되어 있 다.[6] 여기에는 한국에 일본의 '임시헌병대'가 파견된 1896년부터 일본의 패망을 앞둔 1944년까지 한국에 주둔한 일본군 헌병대의 역사와 관련 자료들을 수록하고 있다. 헌병대 자신의 손에 의한 기록으로 편년체로 서술되어 있으나, 일관된 편집방침이 유지되지 않고 시기별로 내용과 자 료의 분량 및 정확도에도 격차가 존재한다. 무엇보다 헌병대 자신을 서 술의 주체로 삼고 있어 임무와 업적에 대한 과장된 내용이 다수 눈에 띄 는 점이 특징이라 할 수 있다. 이러한 문제점에 대해서는 다음 장에서 자

---

5) 松田利彦,「朝鮮植民地化の過程における警察機構(1904~1910)」,『朝鮮 史研究會論文集』31, 1993 ; 海野福壽,『韓國併合の研究』, 岩波書店, 2000 ; 愼蒼宇,「憲兵補助員制度の治安維持政策的意味とその實態 - 1908~1910年を中心に」,『朝鮮史研究會論文集』39, 2001 ; 李升熙,『韓 國併合と日本軍憲兵隊』, 新泉社, 2008 참조.
6) 朝鮮憲兵隊司令部 編,『朝鮮憲兵隊歷史』 1~11(中央 部隊歷史 聯隊 515~525, 일본 방위성 방위연구소 소장, 松田利彦 編·解說, 위의 책에도 수록).

세히 살펴보도록 하겠다.

　내용은 부대의 편성, 배치, 활동과 함께 전국의 의병투쟁 상황과 그에 대한 헌병대의 '토벌' 행위도 구체적으로 서술되어 있다. 특히 의병 '토벌'과 관련된 각종 '성과' 및 '피해' 통계표 등이 다수 실려 있어, 한국병합 이전 주한 헌병대에 대한 기록이 거의 남아있지 않은 상황 속에서 헌병대의 구체적인 활동양상을 파악하는데 유용한 사료라 할 수 있다.

　한편 일본 방위성 방위연구소 도서관에는 『千代田史料』라고 하는 문서군이 존재하는데 이는 청일·러일전쟁을 전후하여 천황에게 상주된 일본군의 서류, 도서 등이다. 이 문서들은 우연히 궁내성 圖書寮로 이관·보관되어 있었던 관계로, 일본의 패망 당시 군부의 손에 의해 소각 처분되지 않고 궁중에 남아있게 된 군사기록물이다. 이 문서군 중에는 주한 헌병대가 작성한 기록물들도 상당수 존재하여, 1904년에 작성된 「憲兵勤務ノ景況及配置略圖」[7], 1907년에 작성한 「韓國駐箚憲兵ノ由來」[8] 등과 같은 개관적인 보고는 물론이고, 한국의 의병 '토벌'에 관한 보고서 등의 기록물도 눈에 띈다. 특히 주한 헌병대가 1909년에 작성한 「賊徒ノ近況」이라는 자료는 정미의병이 봉기한 1907년 11월부터 1909년 11월까지 헌병대의 입장에서 다수의 도표를 사용하여 자신들의 '토벌' 실적을 상부에 보고한 귀중한 자료이다.[9] 하지만 이 역시 상술한 『朝鮮憲兵隊歷史』의 경우와 마찬가지로 당시 헌병대에 대한 과장된 서술로 인해 정확성에 의문이 제기되는 기록이라는 점에는 주의가 필요하다.

---

7) 韓國駐箚憲兵隊,「憲兵勤務ノ景況及配置略圖」, 1904(『千代田史料』 621, 일본 방위성 방위연구소 소장).
8) 韓國駐箚憲兵隊,「韓國駐箚憲兵ノ由來」, 1907(『千代田史料』 621).
9) 韓國駐箚憲兵隊,『賊徒ノ近況』, 1909(『千代田史料』 623).

2. 주한일본군 수비대

주한일본군 헌병대와 함께 의병투쟁에 대한 무력탄압을 담당하며 일제의 한국 '치안유지' 정책의 일익을 담당했던 기구가 일본군 수비대이다. 이에 대한 대표적인 기록이 조선주차군사령부가 편찬한 것으로 추정되는『朝鮮駐箚軍歷史』라 할 수 있다. 이 자료에서는 "조선주차군 창립 전의 관계를 명료히 하기 위해" 부대의 한국파견부터 일제에 의한 한국병합까지를 대상으로 예하부대의 연혁, 편제, 활동을 중심으로 기록하였다.[10] 한국의 의병 및 반일운동의 동향에 대해서도 다루고 있으나, "폭도토벌은 주차군 역사 중 一大事歷에 속하므로 따로 朝鮮暴徒討伐誌를 편찬하였다"고 범례에서 밝히고 있듯이 의병탄압 기록을 중심으로 다루지는 않았다.

이에 비해 같은 시기 조선주차군사령부에 의해 편찬된『朝鮮暴徒討伐誌』는 1906년부터 1911년까지 한국병합을 전후한 시기 일제의 의병 '토벌' 기록을 대표하는 자료로, 연도별로 각 지방의 의병투쟁 동향과 함께 일본군 수비대, 헌병대, 경찰의 '토벌' 상황이 도표와 함께 상세히 정리되어 있는 것이 특징이다.[11] 특히 책의 마지막에 첨부되어 있는 부표2「暴徒討伐彼我損傷類別表」는 각 기관별로 의병과의 전투에 발생한 쌍방의 피해를 연도순으로 정리하였으며, 부표3「暴徒衝突回數及衝突暴徒數區分表」는 각 기관별로 의병과의 전투 횟수를 연도별로 정리한 정확도 높은 자료로서 각종 의병연구에서도 폭넓게 활용되고 있다.

---

10) 金正明 編,『日韓外交資料集成』別冊1, 巖南堂書店, 1967에 수록.『朝鮮駐箚軍歷史』의 표지가 누락되어 있는 관계로 저자 및 발행연도는 미상이나, 범례의 기술로부터 朝鮮駐箚軍司令部 編,『朝鮮暴徒討伐誌』, 朝鮮總督官房總務局, 1913와 같은 시기에 완성된 자료라고 추정할 수 있다.
11) 朝鮮駐箚軍司令部 編, 앞의 책.

이와 같이 2차적으로 종합·정리된 기록물 외에 그 근거가 된『戰鬪詳報』나『陣中日誌』와 같이 실시간으로 기록된 1차자료도 존재한다.『戰鬪詳報』는 일본 육해군 부대가 작전, 전투를 행한 후 순서 등을 정리해 상급의 사령부에 제출한 보고서로 전투현장의 상황을 극명히 기록하고 있다는 점이 특징이라 할 수 있다. 기재사항은 전투전 피아의 태세, 지형·기후, 피아 병력, 적 단체명 및 장수의 이름, 편성·장비·전법, 전투경과, 과실, 기타 참고사항 등이었고, 목적은 이후의 작전에 대한 참고자료 및 부대 및 개인의 공적을 판정하기 위한 소재로 이용하기 위해서였다.12)

『戰鬪詳報』의 문제점은 작성이 필연적으로 전투 직후에 이루어지는 관계로 경우에 따라서는 전투 중에도 작성하는 일이 있었으며, 그로 인해 정보를 집계·정리하는 단계 및 전보로 발송·수신하는 단계에서 오인된 내용이 들어갈 가능성이 커 정확성을 담보하기 어려웠다는 데 있었다. 하지만 그러한 문제점에도 불구하고 일본군에 의한 생생한 의병탄압의 양상을 파악할 수 있다는 이점이 더 크다고 할 수 있다.

주한일본군 수비대가 작성한『戰鬪詳報』는 육군성의『密大日記』에 1907년 8월부터 1908년 5월까지 상세히 수록되어 있으며,13) 그 이후는 주한 일본군 사령관인 하세가와 요시미치(長谷川好道)의 일반에 대한 '토벌보고 비밀' 조치에 의해서인지 누락되어 현재는 확인할 수 없다.14)

그리고『陣中日誌』역시『戰鬪詳報』와 함께 전투상황을 전하는 귀중한 1차자료라 할 수 있는데, '日誌'라는 명칭에서도 알 수 있듯이 부대

---

12) 陸達142號,『野外要務令草案』, 1889. 9. 30(陸軍省,『明治22年 陸達 別册』, 일본 방위성 방위연구소 소장).

13)『戰鬪詳報』第1~25號(陸軍省,『密大日記』M40-5~M41-5, 일본 방위성 방위연구소 소장).

14) "토벌보고 비밀 - 군사령관은 오늘부터 폭도토벌의 보고를 발표하지 않기로 했다. 이유는 排日派에게 이용되지 않게 하기 위해서이다."(『福岡日日新聞』, 1908. 5. 30).

에 관한 사항을 날짜별로 기록한 것이었다. 『陣中日誌』의 작성은 『戰鬪詳報』와 마찬가지로 '野外要務令'에 따랐는데, 『戰鬪詳報』와는 달리 전투기록뿐만이 아니라 각 부대 혹은 인물의 경력 및 사건의 실황 및 소견, 편제, 교육, 보충, 보급, 위생, 무기, 탄약, 재료, 피복 등 군사에 관한 사물의 경험을 기록하여, 부대 및 개인의 근무 및 공적 상황을 파악하고, 戰史를 편찬하는 등에 참고하였다.

이제까지 일본 및 한국에서는 주한일본군과 관련해 주로 청일전쟁기의 『陣中日誌』만이 일본 방위성 방위연구소 도서관에서 확인되어 이를 이용한 연구도 나왔다.[15] 러일전쟁 이후 시기의 『陣中日誌』의 존재는 이제까지 확인되지 않아 이용에 어려움이 많았으나, 최근 일본군 보병 제14연대의 『陣中日誌』 14책 2400여 쪽(1907년 7월~1909년 6월)이 발굴·공개되어 주한 일본군 수비대의 의병 탄압 기록에 대한 보다 구체적인 연구가 가능해질 것으로 예상된다.[16]

한편 이 밖에도 상술한 『千代田史料』에는 헌병대 관련 기록뿐만 아니라 주한일본군 사령부가 작성한 『暴徒討伐槪況』,[17] 『南韓暴徒大討伐槪況』,[18] 『參一發電報』[19] 등 수비대의 의병 '토벌'에 관련된 각종 보고서가 다수 존재한다. 이와 같이 수비대 기록의 특징은 군의 전투부대인 관계로 '토벌' 당시의 전투과정이 생생하게 묘사된 1차자료가 다수 존재하고 있다는 것이 특징이며, 또한 헌병대의 기록에 비해 상대적으로 과장된 서술이 적다는 차이점이 보인다.

---

15) 姜孝淑, 「第2次東學農民戰爭と日淸戰爭-防衛硏究所図書館所藏史料を中心に」, 『歷史學硏究』 762, 2002.

16) 한국토지공사 토지박물관 소장.

17) 韓國駐箚軍司令部, 『暴徒討伐槪況』, 1907. 8. 1~9. 27(『千代田史料』 623).

18) 臨時韓國派遣隊司令部, 『南韓暴徒大討伐槪況』, 1909(『千代田史料』 623).

19) 『參一發電報』 第340~417號, 1909.8.16~12.24(『千代田史料』 415).

3. 한국경찰

한국경찰은 군대조직인 일본군 헌병대와 수비대에 비해 무장 및 체제 등의 이유로 전투수행 능력이 떨어졌기 때문에 의병 '토벌' 실적은 3기관 중 가장 낮았다.[20] 하지만 일제 통감부의 감독은 받고 있어도 형식상으로는 한국정부의 內部에 속해 있는 행정기관이었던 관계로 군조직과는 달리 비교적 다양한 기록들이 생성되었으며,[21] 일본의 패전 시에도 많은 양이 소각 처분된 군 관련 문서에 비해 기밀도가 떨어지는 '토벌' 관계 경찰기록은 적지 않은 양이 국내에 잔존되어 왔다. 그중 가장 대표적인 기록은 경무국에 의해 편철된 『暴徒に關する編册』이라 할 수 있다.[22] 각 지역의 경찰서에서 작성된 의병관련 문서들을 취합한 것으로, 1907년부터 1910년까지 경찰을 중심으로 한 '토벌대'의 구체적인 의병탄압 기록들이 수록되어 있다. 국가기록원 수집본만 하더라도 89책에 달하는 매우 방대한 양으로, 일제의 경찰 및 의병연구의 기본자료로서 폭 넓게 활용되어 왔다.

이와 비슷한 자료로 경무국에서 편집한 『隆熙三年 暴徒史編輯資料』가 있다.[23] 1908년에서 1909년 사이 각도 관찰사와 경찰부 소속 일본인 경시들이 내부대신 박제순이나 경무국장 마츠이 시게루(松井茂)에게 보낸 의병봉기 상황과 그에 대한 '토벌' 기록이 중심이다.

이러한 직접적인 의병과의 전투기록 외에도 '토벌' 중에 사망한 한국인 및 일본인 경찰관들에 대한 기록들, 예를 들어 『隆熙二年 殉難者

---

20) 「暴徒討伐彼我損傷類別表」·「暴徒衝突回數及衝突暴徒數區分表」(朝鮮駐箚軍司令部 編, 앞의 책, 附表第2·附表第3).
21) 정부기록보존소 편, 『日帝文書解題 - 警務編 - 』, 2000 참조.
22) 警務局, 『暴徒に關する編册』, 1907~1910(국가기록원 소장).
23) 警務局, 『隆熙三年 暴徒史編輯資料』, 1909(국가기록원 소장).

名簿』[24]나 『隆熙貳年 殉職者遺族賜金關係綴』[25] 등을 통해서도 문서가 생산된 지역의 의병 '토벌' 양상을 파악할 수 있다. 거꾸로 『隆熙三年 警視以下功績調査綴 - 傳任ノ部』[26]와 같은 일제의 인사업무용 공적기록을 통해서도 경찰의 당시 의병투쟁 상황과 그에 대한 '토벌' 행위를 밝히는 것이 가능하다. 공적 사실의 대부분이 고종황제의 강제퇴위와 한국군대 해산 등에 반대하는 민중의 시위에 대한 진압활동, 해산된 한국군인에 의한 경찰기관 등 관공서 습격에 대한 응전, 일본군 '토벌대'에 대한 원조 활동, 경찰의 직접적인 의병 '토벌' 활동이었기 때문이다.

이 외에도 경무국이 의병투쟁에 대한 정세파악을 위해 관련 기록을 편철한 『隆熙二年一月 匪徒狀況月表綴』[27]을 통해서도 당시 의병의 활동 양상과 일제에 의해 진압되어 가는 양상을 파악할 수 있다. 경찰관련 기록들은 이러한 다양한 자료들의 비교를 통해 앞서 다루었던 헌병대의 기록과는 달리 어느 정도 정확성이 담보되어 왔다고 볼 수 있다.

이상에서 살펴본 바와 같이 당시 일제의 한국 '치안유지' 기관으로서 의병탄압을 담당했던 일본군 헌병대, 수비대, 한국경찰은 각기 자신들의 '토벌' 기록을 남겼다. 각 기록들은 일제의 공적조사 자료로도 이용되는 관계로 전체적으로 각 기관은 스스로의 공로는 과장되게 기술하고 과오는 축소시키고자 하는 모습을 보였다. 그러한 경향은 상대적으로 헌병대의 기록에서 특히 두드러지게 나타났다. 그렇다면 이 문서들이 가진 목적은 무엇이었는지에 대해 다음 장에서 구체적으로 검토해보고자 한다.

---

24) 警務局, 『隆熙二年 殉難者名簿』, 1908(국가기록원 소장).
25) 警務局, 『隆熙貳年 殉職者遺族賜金關係綴』, 1908(국가기록원 소장).
26) 警務局, 『隆熙三年 警視以下功績調査綴 - 傳任ノ部』, 1909(국가기록원 소장).
27) 警務局, 『隆熙二年一月 匪徒狀況月表綴』, 1908(국가기록원 소장).

Ⅲ. 의병 '토벌' 기록 속에 나타난 헌병대의 의도

1. '헌병 우위론'이라는 허상

1906년 통감부 설치 이후 강력한 무력으로 의병탄압의 주력을 담당하고 있던 주한일본군 수비대와, 통감 이토 히로부미(伊藤博文)의 경찰력 확충 정책에 의해 기구를 정비해 나가고 있던 한국경찰 사이에서 주한 헌병대의 입지는 나날이 약해지고 있었다. 일본 본국의 헌병체제로 편입되어 그 명칭도 기존의 '韓國駐箚軍憲兵隊'에서 '제14헌병대'로 바뀌고 기구 또한 축소되기에 이르렀다.28) 이에 대해 헌병대 측의 느끼고 있을 불안감은 쉽게 추측할 수 있을 것이다. 때마침 1907년 8월 이후 전국에서 의병투쟁이 격화되자 통감 이토는 정책을 변경하여 주한 헌병대를 확장시켜 의병투쟁에 대응하고자 하였고, 이를 계기로 헌병대는 대대적으로 그 인원과 조직을 확충해 나갔다.29) 그 확장 속도는 일본군 수비대나 한국경찰과 비교되지 않을 만큼 빨랐다. 그리고 기구 확장과 동시에 헌병대는 자신들에게 부여된 경찰권도 확대해석하여 한국경찰의 직무영역에 침범해 들어가는 일이 빈발하게 되었다. 의병투쟁의 격화를 계기로 '기사회생'한

---

28) 당시 일본 헌병제도의 전체적인 기구개편 움직임에 대해서는 飯嶋滿, 「戰爭‧植民地支配の軍事裝置－憲兵の活動を中心に」, 山田朗 編, 『近代戰爭の兵器と思想動員－【もの】から見る日本史－』, 靑木書店, 2006, 122~124쪽 참조.

29) 大江志乃夫는 러일전쟁 이후의 일본군의 사단재편 움직임으로 인해 추가로 해외에 파견할 병력이 없었다는 점을 주한 헌병대 확장의 이유로 들고 있다(大江志乃夫, 『日露戰爭と日本軍隊』, 立風書房, 1987, 380~383쪽). 한편 수비대의 한국민 학살문제와 통감의 헌병대 지휘권 문제를 확장의 이유로 들고 있는 연구도 있다(李升熙, 앞의 책, 87~93쪽).

헌병대는 급속히 조직과 권한을 확대하고자 서둘렀던 것이다.

　물론 이를 계속해 나가기 위해서는 나름대로의 '논리'와 가시적인 '성과'가 필요했다. 먼저 확장의 당위성을 위해 의병탄압 행위에 있어 헌병대는 자신들이 타 기관에 비해 우위에 있다는 주장을 내세웠다. 이른바 '헌병 우위론'이 그것이다. 헌병대 측의 기록인 『朝鮮憲兵隊歷史』에서는 이러한 경향의 논조가 두드러지게 나타났다. 당시 일제에 의한 한국군대 해산으로 인해 의병투쟁에 해산군인이 참가하여 의병의 전투력은 향상되고 동시에 게릴라화가 진행되고 있는 상황이었다.30) 『朝鮮憲兵隊歷史』는 이러한 투쟁양상의 변화에 대해 부대를 '집중배치'하여 대규모로 행동하는 방식의 일본군 수비대는 제대로 된 '토벌' 효과를 거두지 못했다고 비평하였다.31) 결국 수비대는 어쩔 수 없이 방식을 '분산배치'로 바꾸고 소규모 부대로 나누었지만, 兵科의 특성상 이에 적응하지 못하는 상황이었다고 지적하고, "생각건대 헌병은 그 병력을 세밀하게 배치할 수 있는 고유의 장점을 가지고 있기에 타 兵科의 단점을 메우고도 남는다"고 기술하였다. 또한 "특히 폭도의 토벌은 성질상 경찰업무의 범주에 속하고, 무력을 겸비한 경찰기관, 즉 우리 헌병대가 그 임무를 담당하는 것이 가장 적당하다"고 결론을 내리고 있었다.32) 즉 게릴라화한 의병에 대한 탄압에 있어 순수한 전투부대인 수비대에 비해 헌병대는 '세밀배치'가 가능한 '경찰기관'으로서의 특징으로, 그리고 문관기관인 한국경찰에 비해서는 군사기관으로서의 '무력'을 겸비한 특징으로 우위에 있었다고 주장하였던 것이다.

　당시 일본의 신문에서도 "헌병을 사용하는 것은 현시점의 한국 상황

---

30) 松田利彦, 앞의 글, 138쪽.
31) 「第十七節 憲兵隊活動ノ時機到來」(『朝鮮憲兵隊歷史』 1/11).
32) 앞의 자료. 헌병대는 30년식 기병총 및 총검과 26년식 권총, 그리고 32년식 군도 등으로 무장하여 경찰 보다 보유 화력은 우수했다(「韓國駐箚憲兵隊保管兵器表」, 陸軍省, 『密大日記』 M41-5, 일본 방위성 방위연구소 소장).

하에서는 그 효과가 적확함이 보통경찰관보다 훨씬 우위에 있다는 것은 각 당국자의 견해가 일치하는 바"라고 보도된 사실과 같이 일제의 정책 담당자 사이에서는 '헌병 우위론'이 큰 설득력을 가지고 있었던 것으로 여겨진다.33) 러일전쟁 시기부터 주한 일본군 사령관으로써 한국에 군정 을 실시하고 '치안유지'를 헌병에게 전담시켜야 한다고 주장해왔던 하세 가와 요시미치(長谷川好道) 대장,34) 헌병이 지니는 역할의 중요성을 강 조하는 '헌병론자'인 육군대신 테라우치 마사타케(寺內正毅) 대장,35) 주한일본군 헌병대장으로써 헌병기구 확장을 강력히 추진하던 아카시 모토지로(明石元二郎) 소장,36) 통감부 무관이었던 통감부 무관이었던 무라타 쥰(村田淳) 소장 등 군부의 인물은 물론이고,37) 문관 중시 입장 에서 한국경찰 정비를 서둘러왔던 통감 이토 히로부미 조차도 '헌병 우 위론'을 지지하는 자세를 나타내고 있었던 것이다.38)

이러한 '헌병 우위론'에 관한 인식은 현재에도 이어져 기존의 연구에 서도 헌병대는 그 우위성으로 인해 실제 의병 '토벌' 활동에 있어서 수 비대나 한국경찰보다 높은 성적을 올릴 수 있었고, 그 실적을 바탕으로 주한 헌병대는 확장을 계속했던 것이라고 믿어져 왔다.39) 하지만 정말로

---

33) 「駐韓憲兵隊增員」, 『福岡日日新聞』, 1908. 5. 17 3면.
34) 1905년 1월 9일 하세가와가 참모총장인 야마가타 아리토모(山縣有朋)에게 보 낸 보고, 韓駐參第24號(「明治38年1月~12月謀臨書類綴 大本營陸軍參 謀」, 大本營 『日露戰役』 M38-4-117, 일본 방위성 방위연구소 소장)
35) "테라우치씨는 예전부터의 주장에서 憲兵本位論을 이토 公에게도 소네 子爵 에게도 하루라도 빨리 이를 실행시켜야 한다고 재촉하고 있었다"(松井茂, 『松 井茂自傳』, 松井茂先生自傳刊行會, 1952, 267쪽).
36) 金龍德, 「憲兵警察制度의 成立」, 『金載元博士回甲論叢』, 金載元博士 回甲記念論叢編輯委員會, 1969, 395쪽.
37) 『朝鮮新報』, 1907. 10. 9.
38) 李升熙, 앞의 책, 95~99쪽.
39) 마츠다 토시히코(松田利彦)씨로 대표되는 기존의 연구에서도 세밀배치, 소집단 행동이 가능한 헌병대가 수비대보다 1907년 후기 이후 게릴라화한 의병탄압에

헌병대는 기록이 남아있는대로 의병탄압에 우수한 기구였는가? 그 실상과 허상을 밝히기 위해서는 헌병대가 내세운 당시의 논리를 그대로 받아들이기보다 그들이 남긴 기록에 대한 면밀한 검증작업이 필요하다.

2. 헌병대 측의 의도가 개입된 '토벌' 기록

헌병대는 계속적으로 확장을 하기 위해 '헌병 우위론'이라는 논리를 내세웠지만, 이를 입증하기 위해서는 '가시적'인 성과가 필요했다. 즉 실제로 수비대나 한국경찰보다 우수한 의병 '토벌' 실적이 요구되었던 것이다. 실제로 군부 및 헌병 상층부에서 일선의 헌병대에게 우수한 성과를 요구했는지는 확인할 길은 없다. 하지만 현재 남아있는 일제의 '토벌' 기록 속에서 그 단서를 찾을 수 있다. 일제가 1909년 9월부터 2개월간 실시된 동시기 최대 규모의 의병 탄압작전이었던 '남한대토벌작전'의 계획 및 실시보고서가 그 대표격이라 할 수 있다.

보고서에는 작전에 참가한 일선 헌병대원들이 의병 '토벌' 성적에 대해 과도한 집착을 보이고 있는 모습이 잘 나타나 있다. 예를 들어 "헌병 하급자는 토벌의 목적이 어디에 있는지 알지 못하고, 오직 자기의 공적을 얻는데 급급하여 군대의 토벌을 환영하지 않는 자 있어, 이따금 군대의 악감정을 유발하는 자 있음은 매우 유감스러운 일이다"라고 기술되어 있다.[40] 즉 이를 통해서 헌병대는 같은 '치안유지' 기구인 수비대를 라이벌로 인식하고 스스로의 공적을 올리는데 부심하고 있었다는 것을 알 수 있다.

또한 1910년 7월 12일 일본군 제2사단장이 행한 「경무기관 통일에 관

적합했기 때문에, 1908년 10월 이후, 의병과의 충돌회수 및 인원수라고 하는 탄압성적에 있어서 수비대를 뛰어넘는 '우수한 성과'를 올리고 치안유지의 중심기관이 되었다고 설명하고 있다(松田利彦, 앞의 글).

40) 「南韓暴徒大討伐實施報告」, 국사편찬위원회 편, 『統監府文書』 9, 1999, 408쪽.

한 훈시(警務機關統一ニ關スル訓示)」 중에서 "종래의 경험에 의하면 수비대와 헌병 사이에 혹은 의사소통이 되지 않고, 서로 제휴해야할 기관인데도 상호 적시하는 등의 기이한 광경을 보이는 자가 있다고 들었지만, 이제 그런 악풍은 점차 소멸해 가고 있어 본직의 마음이 든든해지는 바이다"[41]라고 말하고 있는 사실을 통해서도, 헌병대가 수비대와 공을 다투고 적시하는 태도를 가지고 있었다는 것을 알 수 있다.

이러한 헌병대의 과도한 집착은 자연스럽게 '토벌' 실적 통계수치에 반영되었다. <표1>은 의병투쟁이 격화된 1907년 9월부터 일제가 '남한대토벌작전'을 실시하는 1909년 10월까지를 대상으로 수비대, 헌병대, 한국경찰 각 기관별 의병과의 충돌 횟수와 그 충돌한 의병의 인원을 정리한 『朝鮮暴徒討伐誌』의 통계이다.

〈표 1〉 기관별 의병과의 충돌횟수 및 충돌 의병 인원수 표(1907년 9월~1909년 10월)

기관별 기간	수비대		헌병대		한국경찰	
	충돌 횟수	충돌 의병수	충돌 횟수	충돌 의병수	충돌 횟수	충돌 의병수
1907년 8~12월	307	41,871	10	1,145	6	1,100
1908년 1~4월	449	28,188	6	233	6	567
5~8월	433	19,875	144	5,723	36	1,102
9~12월	134	5,355	225	8,218	18	568
1909년 1~4월	97	3,747	232	7,866	22	1,036
5~8월	108	3,664	271	6,734	10	144
9~10월 남한대토벌시기	34	418	72	1,318	0	0

* 朝鮮駐箚軍司令部 編, 『朝鮮暴徒討伐誌』, 朝鮮總督官房總務局, 1913, 附表第3에서 작성

---

41) 吉田源治郎, 「日韓併合始末」, 1911(海野福壽編·解說, 『韓國併合始末關係資料』, 不二出版, 1998에 수록, 12쪽).

이 표를 보면 헌병대와 기존의 연구에서 주장하는 바와 같이 시간이 지날수록 헌병대의 의 실적이 점차 상승해 1908년 후반에 들어서면 의병과의 충돌 횟수와 인원수 모두 수비대의 실적을 넘어서게 된다. 마치 '헌병대 우위론'이 입증되는 듯하다. 상술한 바와 같이 조선주차군사령부가 편찬한 『朝鮮暴徒討伐誌』는 가장 대표적인 일제의 의병 '토벌' 기록이며, 그 부표도 지금까지 의심받지 않고 널리 이용되어 왔다. '헌병우위론'도 이 부표의 통계수치를 근거로 하는 바가 크다고 할 수 있다.

그러나 표의 통계치를 세밀하게 검토해 보면 문제점이 드러난다. 이 표에는 당시 최대의 의병탄압 작전이었던 '남한폭도대토벌'의 성과가 누락되어 있다. 주지하는 바와 같이 이 작전은 일본군 임시한국파견대, 즉 수비대의 주도로 수행된 대규모 군사작전이었는데, 그 성과가 『朝鮮暴徒討伐誌』의 부표에는 반영되어 있지 않아, <표1>의 맨 아래 줄과 같이 작전 기간인 1909년 9월에서 10월 시기 수비대의 의병과의 충돌회수 및 인원수는 헌병대보다 터무니없이 떨어지는 수치로 기재되어 있다. 실적 수치만 보면 마치 '남한대토벌작전'은 헌병대가 주도했던 것처럼 보일 정도이다. 이에 대해 작전에서 헌병대가 눈부신 '활약'을 한 것은 아니냐는 의문이 제기될 수도 있을 것이다. 하지만 '남한대토벌작전' 실시 보고서에 첨부된 통계가 그러한 의문에 대답해 준다. <표2>는 상술한 『千代田史料』에 포함되어 있는 「南韓暴徒大討伐槪要」[42] 및 「南韓暴徒大討伐實施報告」,[43] 그리고 「暴徒大討伐成績」[44]에 기재되어 있는 의병 '토벌' 성과기록을 『朝鮮暴徒討伐誌』의 부표 통계와 비교한 것이다.

---

42) 『千代田史料』 623.

43) 『統監府文書』 9, 389~423쪽에 수록.

44) 金正明 編, 『朝鮮獨立運動Ⅰ-民族主義運動編-』, 原書房, 1976, 74~77쪽.

〈표 2〉'남한폭도대토벌' 작전기간 중의 자료별 의병탄압 성과 비교

	수비대		헌병대		한국경찰	
	살해	포로	살해	포로	살해	포로
『朝鮮暴徒討伐誌』 1909년 9월~10월의 전국 (a)	62	33	123	22	0	0
'남한대토벌작전' 보고서 (8월 25일~10월 21일의 전라도내)(b)	380	1,100	47	405	1	325

(a) 『朝鮮暴徒討伐誌』의 附表2에서 작성
(b) 「南韓暴徒大討伐實施報告」 및 「暴徒大討伐成績」에서 작성

이에 따르면 같은 기간 '남한대토벌작전'의 대상지역인 전라도내의 '토벌' 성과가 『朝鮮暴徒討伐誌』에 기재된 전국의 성과를 상회한다. 즉 『朝鮮暴徒討伐誌』의 부표에는 어떠한 이유에선가 '남한대토벌작전'의 성과가 통계에서 완전히 누락되어 있다. 결국 이 자료의 통계에 의거하고 있는 '헌병 우위론'도 허상에 지나지 않는다는 것을 알 수 있는 것이다.

『朝鮮暴徒討伐誌』를 작성한 것은 헌병대가 아니다. 헌병대사령부가 작성한 「賊徒ノ近況」 부표의 '토벌' 성과 수치는 『朝鮮暴徒討伐誌』보다 더 부풀려 기록되어 있다.[45] 하지만 '가시적'인 성과에 집착하는 이러한 헌병대 측의 '의도'가, 의병 '토벌'의 종합보고서에 해당하는 『朝鮮暴徒討伐誌』에도 반영되었을 것이라는 추측은 가능할 것이다.

---

45) 「賊徒討伐成果表」, 韓國駐箚憲兵隊 編, 「賊徒ノ近況」, 附表第3號(『千代田資料』623).

Ⅳ. 맺음말

　이상으로 주한일본군 헌병대, 수비대, 한국경찰이라고 하는 일제의 한국 '치안유지' 기구가 남긴 정미의병 '토벌' 기록들의 종류와 특징에 대해 살펴보고, 그중 헌병대 관련 기록이 가지고 있는 문제점에 대해 고찰하였다. 일본군 수비대의 기록은 군의 전투부대인 관계로 '토벌' 당시의 전투과정이 생생히 묘사된 1차자료가 다수 존재하는 것이 특징이었고, 한국경찰이 남긴 '토벌' 기록은 행정기관의 특성상 다양한 형태의 자료가 존재했으며 군 관련 기록에 비해 현재까지 국내에 보존되어 있는 경우가 적지 않았다. 헌병대가 남긴 기록들은 수비대와 경찰이 남긴 다양한 기록들에 비해 그 수가 적고, 서술에 과장된 경향이 두드러지게 나타나는 점에 주의할 필요가 있는데, 이는 당시 헌병대가 놓여있던 상황과 관계가 있었다.

　1910년 6월의 '헌병경찰제' 실시를 통해 한국의 경찰을 지휘·감독하면서 '치안유지'를 한손에 장악하게 되는 헌병대이지만, 통감부 설치 초기에는 일본군 수비대, 한국경찰에 비해 그 역할이 크지 않았다. 하지만 1907년 후반기의 의병투쟁 격화를 계기로 헌병대는 급속하게 그 기구를 확장해 나가지만, 그것은 곧 다른 기구가 먼저 가지고 있던 역할을 침식하는 일이기도 했다. 그렇기 때문에 헌병대는 기구 확장의 당위성을 설명하기 위하여 이른바 '헌병 우위론'을 내세워 당면의 최대과제인 의병투쟁을 진압하는데 가장 적합한 기구는 자신들이라는 주장을 펼쳤고, 이를 증명하기 위해 수비대와 한국경찰을 견제해가면서까지 '토벌' 실적을 올리기 위해 집착하였다. '가시적'인 성과가 필요했던 것이다. 그러한 행태는 '토벌' 현장에서뿐만이 아니라 그 성과를 기록한 문서에도 반영되었다. 헌병대 스스로가 기록하여 상부에 올린 '토벌' 성과 보고서류는 물론이고, 『朝鮮憲兵隊歷史』와 같은 부대사 편찬에도 헌병대의 우위성과 뛰어난 성과를 어필하기 위한 기술이 행해졌던 것이다. 이러한 경향은 한국병합 후에 조선군사령부가 편찬된 '토벌' 관련 종합보고서에 해당하는 『朝鮮暴徒討伐誌』에도 영향을 끼쳐, 그 통계표에 헌병대에 유리하도록 성과 수치가 '누락'되는 일까지 나타났다. 일반적으로 널리 공인되어 이용되고 있는 기록물이라 할지라도 기록이 생성될 당시의 사회적 정황 및 작성자의 의도를 철저히 검증해야 할 필요성을 보여주는 사례라 할 수 있을 것이다.

參 考 文 獻

1. 사료

警務局,『隆熙貳年 殉職者遺族賜金關係綴』, 1908, 국가기록원 소장.

警務局,『隆熙二年一月 匪徒狀況月表綴』, 1908, 국가기록원 소장.

警務局,『隆熙二年 殉難者名簿』, 1908, 국가기록원 소장.

警務局,『隆熙三年 警視以下功績調査綴　－傳任ノ部』, 1909, 국가기록원
　　　소장.

警務局,『隆熙三年 暴徒史編輯資料』, 1909, 국가기록원 소장.

警務局,『暴徒に關する編册』, 1907~1910, 국가기록원 소장.

국사편찬위원회 편,『統監府文書』9, 1999.

吉田源治郎,「日韓倂合始末」, 1911(海野福壽編·解說,『韓國倂合始末關
　　　係資料』, 不二出版, 1998에 수록).

金正明 編,『朝鮮獨立運動Ⅰ -民族主義運動編』, 原書房, 1976.

「明治38年1月~12月 謀臨書類綴 大本營陸軍參謀」, 大本營『日露戰役』
　　　M38-4-117, 일본 방위성 방위연구소 소장.

步兵第十四聯隊,『陣中日誌』, 한국토지공사 토지박물관 소장.

臨時韓國派遣隊司令部, 『南韓暴徒大討伐槪況』, 1909,『千代田史料』
　　　623, 일본 방위성 방위연구소 소장.

『野外要務令草案』, 1889.9.30, 陸軍省,『明治22年 陸達 別册』, 일본 방위
　　　성 방위연구소 소장.

『戰鬪詳報』 第1~25號, 陸軍省,『密大日記』 M40-5~M41-5, 일본 방위
　　　성 방위연구소 소장.

朝鮮駐箚軍司令部 編,『朝鮮暴徒討伐誌』, 朝鮮總督官房總務局, 1913.

『朝鮮駐箚軍歷史』(金正明 編,『日韓外交資料集成』別册1, 巖南堂書店,
　　　1967에 수록).

朝鮮憲兵隊司令部 編,『朝鮮憲兵隊歷史』1~11, 일본 방위성 방위연구

소 소장(松田利彦 編·解說, 『朝鮮憲兵隊歷史』 全6卷, 不二出版, 復刻板, 2000에도 수록).

『參一發電報』 第340~417號, 1909.8.16~12.24, 『千代田史料』 415, 일본 방위성 방위연구소 소장.

韓國駐箚軍司令部, 『暴徒討伐概況』, 1907.8.1~9.27, 『千代田史料』 623, 일본 방위성 방위연구소 소장.

韓國駐箚憲兵隊, 「憲兵勤務ノ景況及配置略圖」, 1904, 『千代田史料』 621, 일본 방위성 방위연구소 소장.

韓國駐箚憲兵隊, 「韓國駐箚憲兵ノ由來」, 1907, 『千代田史料』621, 일본 방위성 방위연구소 소장.

韓國駐箚憲兵隊, 『賊徒ノ近況』, 1909, 『千代田史料』 623, 일본 방위성 방위연구소 소장.

『朝鮮新報』.

『福岡日日新聞』.

2. 저서

大江志乃夫, 『日露戰爭と日本軍隊』, 立風書房, 1987.

박성진·이승일 저, 『조선총독부 공문서 - 일제시기 기록관리와 식민지 배 - 』, 역사비평사, 2007.

李升熙, 『韓國併合と日本軍憲兵隊』, 新泉社, 2008.

정부기록보존소 편, 『日帝文書解題 -警務編-』, 2000.

海野福壽, 『韓國併合の硏究』, 岩波書店, 2000.

한국국가기록연구원 편, 『기록사료관리와 근대』, 진리탐구, 2005.

3. 논문

加藤聖文, 「敗戰と公文書廢棄 - 植民地·占領地における實態」, 『史料館硏究紀要』 33, 2002.

姜孝淑, 「第2次東學農民戰爭と日淸戰爭 - 防衛硏究所図書館所藏史料を中心に」, 『歷史學硏究』 762, 2002.

金龍德,「憲兵警察制度의 成立」,『金載元博士回甲論叢』, 金載元博士回
　　　甲記念論叢編輯委員會, 1969.
飯嶋滿,「戰爭·植民地支配の軍事裝置－憲兵の活動を中心に」, 山田朗 編,
　　　『近代戰爭の兵器と思想動員－【もの】から見る日本史』,　靑木書
　　　店, 2006.
松田利彦,「朝鮮植民地化の過程における警察機構(1904~1910)」,『朝鮮史
　　　研究會論文集』31, 1993.
愼蒼宇,　「憲兵補助員制度の治安維持政策的意味とその實態－1908~1910
　　　年を中心に」,『朝鮮史研究會論文集』39, 2001.

명대 말기 한 유학자의 사서 편찬과 기록정신*
- 절동사학의 계보와 유종주의 사서 편찬 -

신 현 승**

I. 머리말

일반적 의미에서 '記錄'이라 하면 어떤 사건이나 사실 혹은 정보를 정리하여 특정의 기호로 바꾼 후, 어떤 매체에 남기는 것을 의미한다. 인류의 기나긴 역사를 둘러볼 때, 이 특정의 기호는 꼭 문자나 숫자일 필요는 없으며, 매체가 반드시 종이나 평평한 판일 필요도 없었다. 하지만 종이의 발견과 인쇄술의 발달에 힘입어 동서양을 막론하고 문자를 이용한 기록이 유행하게 되었고, 역사적인 사건에 대한 기록이 체계화된 문자로 정리되었다. 결국 '記錄'이라는 것은 인류가 창출한 가장 훌륭한 지적 유산인 것이다.

* 이 논문은 2009년 11월 6일 고려대학교에서 東아시아古代學會가 개최한 제 39회 東아시아古代學會 學術發表大會 - 동아시아 세계의 기록문화와 학문 정신 - 에서 발표한 논고를 바탕으로 하여 약간의 수정을 가한 것임.
** 고려대학교 아세아문제연구소 HK연구교수

왜 기록하는가. 무엇을 기록하는가. 어떻게 기록하는가. 인류는 기록을 통하여 성장, 발전해 왔으며 더불어 다양한 문화를 창출해 왔다고 할 수 있다. 동서고금의 역사에서 보면, 이 '기록'이라는 인류 문화의 유형 가운데 '史書의 기록'이 대표적인 기록문화의 유산이기도 하다. 그래서 이 논고는 史書의 편찬, 그것도 개인에 의한 史書의 기록과 그 기록자의 정신세계를 살펴보고자 기획된 것이다. 시기적으로는 17세기 초·중엽의 중국 明朝 말기가 될 것이며, 고찰 대상은 이 시기에 활약한 대표적 유학자이자 사대부 관료였던 劉宗周(1578~1645)의 史書 편찬과 기록정신이 될 것이다. 이와 같은 논의를 통하여 사상사적 측면에서는 중국 先秦時代의 百家爭鳴에 비유되는 明末淸初期 思想界의 한 단면, 혹은 개인의 王朝 멸망이라는 위기감에 대한 자각의식의 양상 등을 확인할 수 있다고 사료된다.

지나온 역사에 대한 서술의 양상은 대개 기록자의 주관적 역사관과 기록정신이 내포되어 있지 않을 수 없다. 물론 역사의 기록자는 역사적 사실에 대한 객관적 기술을 지향하지만, 그렇더라도 주관적 평가와 논평이 들어가지 않을 수 없는 것이며, 어떤 지향성 혹은 목적을 가지고 기록하는 경우도 다반사이다. 이 논고의 주인공인 劉宗周라는 인물도 그러하였다. 그는 明朝 멸망이라는 자기 王朝의 위기에 봉착하여 올바른 王朝像(현대적으로 해석하면 國家像)과 君主像을 제시하고자 주관적 논평의 방법을 채택하여 지나온 역사를 기록하고 있다. 그것이 그의 인생 최후의 해에 편집한 『中興金鑑錄』(1645)이다.

그런데 이와 같은 劉宗周의 『中興金鑑錄』을 분석하기 전에, 劉宗周의 사상사적 위상, 내지는 劉宗周를 중국 '浙東史學의 開山'이라고 평가한 淸代 章學誠(1738-1801)의 劉宗周 평가를 살펴볼 필요가 있다. 그것은 지금까지 유학자, 주자학자, 양명학자 등으로 평가된 劉宗周의 색다른 이미지가 章學誠의 浙東史學 논의 등에 나타나 있기 때문이다. 즉 章學誠의 견해에 의하면 주자학과 양명학을 포함한 儒學은 역사학의 범주에 들어가는 가는 것이며, 심지어 "六經은 모두 史(역사)"라고 직설적으로 표현한 것에서도 짐작할 수 있다. 따라서 이 논고의 본문 가운데 첫 번째 논의의 대상은 劉宗周가 평생 동안 활동한 무대인 중국 浙東地域의 학술 풍경과 '浙東史學'이라는 용어 등에 관하여 章學誠과 후대 학자들의 논의의 실상을 파악해 보기로 한다.

II. 浙東學術과 浙東史學

1. 浙東學術과의 관계성

여기에서는 章學誠의 「浙東學術」[1]을 하나의 단서로 삼아 이 논고의 주인공 劉宗周와 浙東學術과의 관계에 초점을 맞추고 浙東學術史에서의 劉宗周 사상의 역사적 위상과 역사의 기록정신에 관해 그 한 단면을 살펴보기로 한다. 그것은 곧 劉宗周와 浙東學術 혹은 浙東學派와의 관계성을 규명하는 문제이다. 우선 浙東學派의 연구로 유명한 何炳松은 다음과 같은 의론을 전개하고 있다.

> '浙東學派'는 실제로 우리나라(=中國) 近代史에서 광채를 발한 하나의 학파이다. 이 일파의 학자들은 대체로 史學家였기 때문에 경제를 講究하고 실용을 중시했다는 점에서 道·佛 兩家(何炳松은 朱子의 학문을 道家의 발전이라 파악하고, 陸象山의 학문을 불교에서 유래하는 것으로 보고 있다)의 玄談과 다르다. 실질적으로 우리들이 연구할 만한 가치가 있는 학

---

1) 여기에서 말하는 「浙東學術」은 章學誠이 집필한 『文史通義』 內篇의 「浙東學術」에 한정한다. 章學誠의 사상 전반에 관해서는 '山口久和, 『章學誠의 知識論』, 創文社, 1998이 비교적 상세하다.

파이다. 그러나 이 一派의 학설의 연원이 어디에서 유래한 건지, 학파의 중심적 인물이 누구인지, 또 그 영향력이 어디에 있었는지, 지금에 이르기까지 아무도 상세히 연구한 자가 없었던 것 같다. 이것은 우리나라(= 중국) 學術史에서 하나의 결점일 것이다.[2]

何炳松은 이 문장 속에서 浙東學派의 실재성 유무와 그 본질적 측면에 관해 서술하면서 그 '浙東學派'의 본질을 단적으로 '史學'(혹은 역사학)으로 파악하고 있다. 그럼 이 '史學' 존중의 기풍은 도대체 어떠한 학문적 배경에서 유래한 것일까. 그는 그 자신의 專著 속에서 이것은 宋代의 유자 程頤의 학문에서 유래한 것[3]이라 주장하고, 黃宗羲의 문인 全祖望(1705~1755)이 陸九淵의 학문에 근거해 있다[4]고 기록하고 있다. 또 章學誠은 '朱子學과 陸王心學의 종합'이라는 측면에서 浙東 학문의 본질을 파악했다고 말한다. 특히 그 가운데 永嘉(陳傳良·陳亮 등)는 金華(呂祖謙 등)와 나란히 하여 南宋代 浙東學派의 근거지가 되었던 곳인데, 그 永嘉의 학문이 程頤의 학통을 계승한 것이었다는 사실을 何炳松은 중요하게 인식하였다. 그는 浙東學派를 北宋代 程頤의 학문의 정통 계승자라 간주하고, 宋代 이후의 근세사상사에는 朱熹의 道學 계통 및 陸九淵의 心學 계통과 병렬하여 제3의 계통, 즉 浙東學派라는 세 개의 사상 조류가 존재하고 있었다는 가설을 주장하고 있다. 이 문제야 어찌 되었든, 이와 같은 견해의 차이는 宋代 이후의

---

2) 何炳松,「第一章緒論·第一節浙東學派和程朱分家的關係」,『浙東學派溯源』所收, 中華書局, 一九八九年三月版, 2쪽. "浙東學派"在我國近代史上實在是很有光彩的一個學派. 因爲這一派學者大都是史學家, 講究経濟, 最切實用, 和道佛兩家的玄談大不相同. 實在値得我們去研究一下. 但是這一派學說的淵源從何而來, 中堅人物是那幾個, 風聲所樹在什麼地方, 好像到如今還沒有人去詳細研究過. 這不能不說是我國學術史上一個缺憾."
3) 山口久和, 앞의 책,「何炳松の程頤學派說」36쪽.
4) 앞의 책,「全祖望の陸學說」을 참조.

중국 근세사상사를 어떻게 이해할 것인가라는 보다 더 큰 문제와 밀접하게 연관되어 있음은 확실하다.

그럼 章學誠의 『文史通義』와 그 책의 일부분인 「浙東學術」 연원 및 그의 '劉宗周觀'에 관하여 확인해 보도록 하자. 그는 자신의 역사학 관련 저서인 『文史通義』 내편의 「浙東學術」 속에서 그 자신의 학문을 중국 학술사 속의 어느 한 부분에 위치시키려는 시도뿐 아니라, 浙東 地域의 학술과 劉宗周에 관하여 다음과 같이 서술하고 있다.

> 浙東의 학문은 무원(婺源, 江西 德興縣 소재이자 朱熹의 탄생지)에서 나온 것이지만, 三袁(明代 때의 袁宗道, 袁宏道, 袁中道)의 계통을 시작으로 하여 江右(=江西)의 陸氏(陸九淵)를 宗으로 삼는 사람들이 많게 되었다. 하지만 浙東의 학문은 經典에 통달하고 고대의 학설에 공감했으며 [通經服古], 절대로 德性(尊德性, 즉 육구연의 주장)을 공언하는 일도 없었다. 그 때문에 주자의 가르침과 모순되는 일이 없었다. 陽明 王子(왕수인)에 이르러 맹자의 良知를 내세우면서 다시 朱子와 모순을 일으키게 되었다. 蕺山 劉氏(劉宗周)는 良知에 근거하여 愼獨을 발명하였고 朱子의 뜻과는 맞지 않았으나 결코 朱子를 비난하지는 않았다. 梨洲 黃氏(黃宗義)는 蕺山 劉氏의 문하에서 나왔으며, 萬氏 형제(만사동과 만사대)의 經學과 史學을 열어주었다. 계속해서 全祖望 등에 이르기까지 이들은 그 뜻(=蕺山의 뜻)을 보존하였다. 陸氏를 宗으로 삼으면서도 朱子의 뜻에 배치되지 않았다. 다만 西河의 毛氏(毛奇齡)만이 良知의 학을 발명하여 제법 얻은 것이 있었지만, 그도 門戶의 見(=자기 학파의 견해)에 충실하여 주자학을 지나치게 공격하였다. 그 때문에 같은 浙東地域 출신이라 해도 毛氏의 주장처럼 그렇게 심하지는 않았다. 요즘 세상에서는 顧氏(顧炎武)를 가리켜 開國(청나라의 성립)의 儒宗(유학자 중의 으뜸)이라 하지만, 그는 浙西의 학문이며 세상 사람들은 동시대에 黃宗義가 浙東으로부터 나왔다는 사실을 잘 모른다. 일반적으로 黃宗義와 顧炎武가 서로 쌍벽을 이룬다고 할지라도 黃氏의 쪽이 위로는 王守仁과 劉宗周를 宗으로 삼고 아래로는 만사동과 만사대에게 길을 열어주었기 때문에 顧氏와 비교해보면 그 근원이 심원하고 계통적 흐름이 길다. 顧氏는 朱氏(朱熹)를 宗으로 삼았고, 黃氏는 陸氏(陸九淵)를 宗으로 삼았다. 대개 이 두 사람은 講學의 전문가도 아니었고, 각자 문호(=문파)의 견해를 가지고 있

지도 않았다. 그러므로 그들은 서로를 존중하고 충심으로 믿었으며 서로 비난하는 일은 없었다. 학자에게 종주宗主(으뜸으로 삼는 존경하는 先學)가 없을 수는 없지만, 반드시 門戶가 있어서는 안 된다. 때문에 浙東이든 浙西이든 그들의 도는 동시에 존재할 수 있으며 배치되지 않는 것이다. 浙東은 專家(전문가)를 소중하게 생각하고 浙西는 博雅(박식하고 우아함)의 교양인을 존숭하니 그들은 각자 그들의 관습에 따라 배운 것이다.[5)]

약간 긴 문장이지만 우선 이 문장 속에서 章學誠은 浙東地域의 학술 연원이 南宋代 婺源의 朱熹에게서 유래한다고 기술하고 있다. 더 나아가 章學誠의 지적에 의하면 浙東學術의 계보는 '朱子 …(陸象山)… 三袁 … 王守仁 - 劉宗周 - 黃宗羲 - 萬氏 형제 - 全祖望 - 章學誠'이라는 흐름이 될 것이다. 이러한 학문적 전승 관계의 구상에 의해 그가 자기 자신의 학문을 어디에 위치시키려 했는지는 분명하게 드러난다고 볼 수 있다. 그런데 이 '浙東學派'라는 말은 章學誠의 문장에서 유래하는 것이고 종래 중국 근세사상사 연구 분야에서는 '浙東'(지금의 절강성 동쪽)이라는 하나의 지역에서 출현한 학술 내지는 일련의 學者群을 총칭하는 것에 이 용어가 사용되어 왔다.

주지하다시피 청대의 건륭·가경 연간은 고증학이 융성한 시기이다. 그

---

5) (淸)章學誠實齋著, 『文史通義』「浙東學術」. "浙東之學, 雖出婺源, 然自三袁之流, 多宗江西陸氏, 而通経服古, 絶不空言德性, 故不悖於朱子之敎. 至陽明王子, 揭孟子之良知, 復与朱子牴牾. 蕺山劉氏, 本良知而發明愼獨, 与朱子不合, 亦不相詆也. 梨洲黃氏, 出蕺山劉氏之門, 而開万氏弟兄経史學, 以至全祖望輩尙存其意, 宗陸而悖於朱者也. 惟西河毛氏, 發明良知之學, 頗有所得, 而門戶之見, 不免攻之太過, 雖浙東人亦不甚以爲然也. 世推顧亭林氏爲開國儒宗, 然自是浙西之學. 不知同時有黃梨洲氏出於浙東, 雖與顧氏並峙, 而上宗王·劉, 下開二萬, 較之顧氏, 源遠而流長矣. 顧氏宗朱而黃氏宗陸, 蓋非講學專家各持門戶之見者, 故互相推服而不相非詆. 學者不可無宗主, 而必不可有門戶, 故浙東·浙西道並行而不悖也. 浙東貴專家, 浙西尙博雅, 各因其習而習也."

연호에서 착안하여 '乾嘉의 學'이라고도 불린다. 명말청초기의 유자 顧炎武의 흐름을 잇는 '浙西學派'가 그 주류이며, 혜동(惠棟, 1697~1758)을 비롯하여 江蘇省 蘇州를 중심으로 한 오파(吳派), 安徽 출신 대진(戴震) 등의 영향을 받은 환파(皖派)가 있다. 그들은 음운학(音韻學)·文字學·교감학(校勘學)이나 禮學 등의 방면에서 뛰어났다. 특히 그 중에서도 이들은 後漢의 訓詁 학풍을 특징으로 하는 古文學에 근거해 있었고 漢學이라 불리기도 하였다. 한편 黃宗羲의 흐름을 잇는 '浙東學派'는 史學에 뛰어났고, 그 대표인 章學誠은 '육경개사설(六經皆史說)'을 주창하여 經書의 史學的 연구에 종사하였다. 그 뒤를 이어 조금 늦게 완원(阮元)을 비롯한 揚州學派가 일어났고 乾嘉 漢學을 발전시킨다. 章學誠은 이와 같은 일련의 사상사적 조류 속에서 '浙東學術'의 정통 계보를 쓰고 있는 것이다.

그렇지만 실제로는 浙東學派의 실태에 관해서는 명확하지 않은 부분이 상당히 많다. 예를 들어 宋代의 '浙東 陸門'과 事功派 혹은 명대 초기의 宋濂, 方孝孺를 중심으로 한 '浙東 士人 그룹' 등등 浙東地域에서 활약한 문인 그룹은 다양했다고 볼 수 있다. 그 때문에 여기에서는 浙東學派의 실체를 둘러싼 제 문제에 관해서는 논급하지 않기로 한다. 여하튼 이러한 章學誠의 浙東學術 계보를 도표로 만들어 보면 아래의 표1)과 같이 될 것이다.

<표 1> 章學誠의 浙東學術 계보 관계표

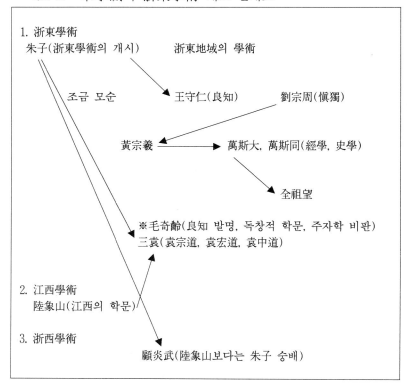

이렇게 章學誠의 浙東學術에 대한 평가의 창끝은 이 지역의 전체적 학술 實像에 대한 것이 아니라, 오로지 '陽明學'의 정통 계보에 향해져 있다. 보다 정확하게 말하면 浙東地域의 학문 특징을 모두 '陽明學'의 구조 속에 귀결시키고자 하는 의도가 숨겨져 있었다고 할 수 있다. 다시 말해 '王守仁 – 劉宗周 – 黃宗羲 – 萬氏 형제'라고 하는 '浙東學術'의 양명학적 계보를 정당화시키고자 하는 의도에 다름 아니었다. 그것도 역사학이라는 관점에서 이들의 학풍과 전승관계를 史學史的 시점을 취

한 陽明學에서 바라보고 있는 것이다. 하지만 宋代의 朱熹를 浙東學術의 開祖로 간주하고 있었다는 점이나 三袁에 대한 어느 정도의 평가는 확실히 주목해 보아야만 할 것이다. 또 章學誠의 시점 안에서의 劉宗周의 위상은 明代에 있어서 浙東學派의 중추 역할을 담당하고 있었다는 것도 잊어서는 안 된다.

2. 浙東史學의 開山인가

논의는 다시 『절동학술소원(浙東學派遡源)』의 저자 何炳松으로 돌아가지만, 그는 「自序」 속에서 浙東史學과 劉宗周에 대해 "明末期에 浙東 紹興에 나타난 劉宗周는 주자학에도 陸學에도 찬성하지 않았다. 그 학설은 오로지 '愼獨'을 宗旨로 삼은 것이며 멀리는 程氏(=程頤)의 '無妄'을 계승하고 있다. 이렇게 해서 浙東史學에 중흥의 새로운 국면을 열었다. 따라서 우리나라(=중국)의 史學史 속에서의 劉宗周의 위치는 程頤와 마찬가지로 經學으로부터 史學으로 들어간 開山이다."[6]라고 평가한다. 즉 淸朝의 浙東學派에게도 程頤의 영향력이 컸으며, 그 개창자로서 程頤는 물론이고 劉宗周까지 언급하고 있는 것이다. 이에 대해 山口는 그 자신의 저서 『章學誠의 지식론(章學誠の 知識論)』 속에서 다음과 같이 반박하고 있다.

　　章學誠은 그 자신이 쓴 「浙東學術」 속에서 劉宗周에게 청대 浙東學術의 開祖와 같은 지위를 부여한 인물이다. 실제로 그 문하로부터 黃宗羲가 나왔고 그 이후 浙東의 학문은 史學의 색깔을 농후하게 드러내 간다. 하지만 劉宗周라는 사람을 程頤의 학통을 계승한 인물이었다고는 아무리 강변해도 될 수 있는 것이 아니다. 확실히 劉氏(=劉宗周)의 학문은 何炳松이 말한 바와 같이 '좌단비주(左袒非朱), 우단비륙(右袒非陸)'(주자학

---

6) 何炳松, 「自序」(「浙東學派遡源」 所收, 中華書局, 一九八九年三月版) 5쪽.

도 陸學도 아닌)의 인물이었지만, 보다 정확하게 말하면 그의 학문은 주
자학에도 또한 좌파 양명학에도 가담하지 않았다고 말해야 할 것이다. 그
는 性命·義理를 공담하는 주자학이나 良知의 개방을 소리 높여 외치는 王
學 좌파의 언설에 만족하지 않고, 정치나 사회의 '心外之物'(마음 밖의 사
물)에도 현실적 관심을 가진 온건한 王學 우파의 입장을 취했던 것이다.[7]

두 학자의 견해를 다시 정리해 보면, 우선 何炳松은 史學的 입장으
로부터 劉宗周를 程頤의 학통 계승자로 간주하고 있는데, 이에 반하여
야마구치는 劉宗周를 '王學 우파' 내지는 '東林派 인사와 유사한 학
자'로 파악하고 있으며, 그 사상적 경향은 '反主知主義로부터 主知主
義로 향하는 커다란 사상사적 조류 속에 있는 인물'이었다고 평가하고
있다. 특히 야마구치는 劉宗周의 『全集』에는 史學에 대한 관심을 표
명한 문장이 단 1편도 보이지 않는다고 서술하면서 황종희도 先師 劉
宗周의 學案을 기술함에 있어서 史學에 대한 스승의 공헌에 관해서는
한 마디도 언급한 적이 없다는 사실을 기술하고 있다.

확실히 야마구치가 말하는 바와 같이 黃宗義의 學案(『明儒學案』)
은 '史學에 대한 스승의 공헌'에 대해서는 언급하고 있지 않다. 그렇지
만 그가 말하는 '王學 우파' 혹은 "劉宗周의 경우 史學에 대한 관심을
표명한 문장이 단 1편도 보이지 않는다"고 하는 등의 의론은 분명히 역
사적 사실에 반하는 주장이다. 劉宗周를 단지 '왕학 우파'로 단정 짓기
에는 다양한 학문적 경향이 존재하고 있었으며, 歷史學 관련 저서로서
도 『中興金鑑錄』이라는 저술이 있음을 간과해서는 안 되기 때문이다.

劉宗周의 학문이 王學(=陽明學)보다는 程朱學(특히 程學)의 영향
을 강하게 받고 있으며, 그 자신이 周敦頤와 程頤의 문인인 尹焞을 가
장 높이 평가하고 있다는 점에서 주목할 필요가 있다. 게다가 그의 저작
가운데는 지금은 잃어버려 현존하지 않지만, 經學 관련의 저작도 다수

---

7) 山口久和, 앞의 책, 40~41쪽.

있었고, 歷史學 관련 저작으로서는 최만년(68세)에 집필한 『中興金鑑錄』이라는 歷史書가 있었던 것이다. 지금의 단계에서 볼 때 명확한 증거는 없지만, 黃宗羲도 생전에 선사 劉宗周의 經學 관련 저작이나 『中興金鑑錄』이라는 역사서를 못 보았을 리가 없었을 것이다. 다만 黃宗羲의 관심사는 '양명학 정통 계보'에 관한 구상에 있었고, 先師의 여타 저작에는 그만큼 관심이 적었을 것이다. 하지만 劉宗周가 그 만년이 되어 역사에 관심을 강하게 가졌다고 하는 사실은 『年譜』의 기록에서도 확인해 볼 수 있다.

위에서 언급한 何炳松의 의론에도 문제는 있다. 그는 程頤의 학설 속에 등장하는 '無妄'이라는 개념에 초점을 맞추고 劉宗周의 학설이 이 '無妄'의 개념을 계승한 것이라고 서술하고 있지만, 그 문헌적 논거는 불충분하다. 劉宗周는 비록 『人極圖說』속에서 '無妄'이라는 용어를 사용하고 있지만, 인간의 윤리·도덕적 근원에 대한 규명에 줄곧 관심을 쏟았고 인간의 본래성을 회복하기 위한 도덕학의 구축을 목표로 하고 있었다.

그래서 이 경우의 '無妄'은 '眞實無妄의 絶對善' 혹은 인간 내면에 내재되어 있는 '자기 본래성'이라는 의미를 내포하고 있다. 즉 劉宗周가 말하는 '獨體' 내지는 '意'이며 '無妄'은 '獨體', '意'와 동일한 의미이다. 또 程頤의 '無妄'설이 아니라, 周敦頤의 『太極圖說』에서 더 많은 힌트와 아이디어를 얻었다는 것도 유의해야만 한다.

한편 일본 현대의 양명학자 岡田는 『劉念台文集』에 수록된 「해설·유염대의 생애와 사상(解說·劉念台の生涯と思想)」의 서두 부분에서 '浙東史學의 開祖'로서 劉宗周를 다음과 같이 평가하고 있다.

程朱陸王에도 비견되고 黃宗羲와 같은 淸初의 大儒를 그 문하에서 배출하여 청조 浙東史學家의 開祖라고도 해야 할 明末의 대유 劉念台(劉宗周)가 오늘날 거의 잊혀져 있다는 것은 실로 유감의 극치이다. 이것은 도

대체 어떠한 이유에 의한 것일까. 念台가 이와 같이 유학 연구자들로부터 잊혀져버린 것은 宋明理學의 쇠퇴와 청조 고증학의 발흥에 그 원인의 일단이 있겠지만, 또 청조가 이민족의 왕조였던 관계도 있었고 그와 같이 장렬한 절의를 지키고 明國에 순사한 大儒의 全集을 간행하는 일이 쉽지는 않았기 때문에 그 학문도 세상에 널리 유포되기에 이르지 못했으며, 따라서 그 연구 자료의 입수가 극히 곤란했다는 점, 또 念台의 학술사상은 明末期에 이르기까지의 理學의 전개를 제대로 알지 못하면 이해가 곤란했다는 점 등에도 그 원인이 있었을 것이다.[8]

여기에서 岡田는 구체적인 증거는 제시하고 있지 않지만, '淸朝 浙東史學의 開祖'로서 劉宗周의 학문적 위상을 높이 평가하고 있다. 또 그의 지적에 의하면 청대에 劉宗周의 학술 유포가 부진했던 이유는 宋明理學의 쇠퇴와 청조 고증학의 발흥, 이민족 청조의 지배라는 사상사적·사회사적 요인에 의한 것이었다고 한다.

두말할 것도 없이 청조의 지배가 안정기에 접어들자 實學보다도 經書를 비롯한 고전을 실증적으로 해명하려고 하는 고증학이 발흥하고 유행하게 되었다. 그 가운데 毛奇齡은 주자학의 주관적인 經書 해석을 비판하여 經書를 가지고 經書를 해석한다는 객관적인 經書 해석의 방향성을 내세우면서 『사서개착(四書改錯)』을 저술하여 朱熹의 『四書集注』를 공격하였다. 또 염약거(閻若璩)는 『尙書古文疏證』을 저술하여 『僞古文尙書』가 僞書라는 사실을 증명하고 『僞古文尙書』에 근거하여 '人心道心'설을 높이 받드는 주자학에 대해 비판·공격을 가하였다. 호위(胡渭)의 경우는 『易圖明辨』을 저술하여 주자학이 중시한 「太極圖」와 「先天圖」 및 「後天圖」라고 하는 易學上의 그림이 본래 유교와는 관련성이 없었다는 사실을 증명하였다. 이와 같이 이들의 학문이야말로 실증주의적인 해석학으로서 고증학의 기초를 구축한 것이었다고

---

8) 岡田武彦, 「解說·劉念台の生涯と思想」(『文集』 所收, 明德出版社, 二〇〇五年六月) 14쪽.

할 수 있다. 결국 岡田는 이와 같은 청대 사상사의 풍조 속에서 劉宗周의 존재가 점차 희미해져 갔다고 지적하고 있는 것이다. 그것은 어찌되었건 劉宗周의 浙東學術史 혹은 宋明儒敎史에 있어서의 역사적 위상 문제는 금후 재고할 필요가 있을 것이다.

　결론적으로 볼 때 章學誠이 구상한 浙東學派의 계보, 즉 '朱子 … (陸象山) … 三袁 … 王守仁 - 劉宗周 - 黃宗義 - 萬氏 형제 - 全祖望 - 章學誠'이라는 흐름은 '章學誠 史學'의 양명학적 배경을 입론한 것이며, 지금도 통용되는 사상사적 계보라는 사실은 틀림이 없다. 하지만 이것은 결코 역사적 사실에 근거한 것은 아니다. 黃宗義가 劉宗周에게 사사한 것은 분명하지만, 王守仁으로부터 劉宗周로 이어지는 계승 관계나 '朱子 … (陸象山) … 三袁 … 王守仁'이라는 계보는 역사적 사실이라고 할 수 없는 것이다. 이 계보 속에서 역사적 사실로서 인정할 수 있는 것은 단지 劉門(=劉宗周 문파)의 한 유파로서의 '劉宗周 - 黃宗義 - 萬氏 형제 - 全祖望'이라는 흐름의 계보뿐이다. 덧붙이면 劉門 가운데는 '劉宗周 - 張履祥'으로 이어지는 계보도 있었고 진확(陳確)의 존재도 있었다. 다시 말해 浙東 劉門(=劉宗周 문파) 후학의 전개 과정은 매우 다양한 형태로 전개되었다는 사실이다. 黃宗義는 물론이고 全祖望·陳確·張履祥 등에 의해 師說(=劉宗周의 학설)은 각각 새로운 방식으로 이해되었던 것이다.

Ⅲ. 劉宗周의 史書 편찬과 역사관

1. 史書 편찬의 의미와 기록정신

　지금까지의 劉宗周 사상에 대한 연구 상황을 검토해 보면 황종희의 『明儒學案』으로부터 시작되어 답습해 온 '心性論'의 영향에 기인하여 그의 歷史觀(혹은 史學 사상)에 대한 관심이 낮았던 탓인지 이것과 관련한 연구 성과는 거의 보이지 않을 정도이다.9) 확실히 이제까지 劉宗周에 대한 학술 연구는 주로 양명학이라는 범주 속의 '심성론적' 요소에 향해져 있었다. 그 때문에 宋明思想史 혹은 明淸思想史에 있어서는 '愼獨·誠意論'이야말로 劉宗周 사상의 특징 그 자체로서 평가되었다. 그런데 과연 그의 사상의 핵심이 '愼獨·誠意論'뿐이었던 것일까라고 상정한다면 그것은 결코 역사적 사실이라 할 수 없다. 『年譜』의 기록에 의하면 弘光 원년(1645) 봄 2월, 즉 그 죽음이 임박했던 시기에 그는 史學에 관심을 가지기 시작하여 한 권의 역사서를 편찬한다.10) 이 서적이 바로 『中興金鑑錄』이다. 이 소절에서는 이 서적에 초점을 맞추고 그의 역사관과 史學 중시의 입장에 관하여 검토하기로 한다.

이 『中興金鑑錄』이라는 책은 弘光 원년, 그가 南明 정권(弘光帝)의 시기에 도찰원좌도어사에 임명되었을 때 적극적으로 편찬한 서적 중의 하나이며, 그가 절식하여 순사하기 반년 전까지 그 자신이 몸소 수정하고 완성한 최후의 유작 중 3부 가운데 하나이다. 또 이것은 그의 일생에 걸쳐 유일하게 남아 있는 歷史에 관한 저작이자 기록이기도 하다. 확실히 그가 『中興金鑑錄』을 편찬한 것은 바로 弘光帝 정권 성립 전후의 明朝 멸망의 직전이었다. 『中興金鑑錄』의 편찬이 이와 같이 弘光帝 정권과 근접한 시기, 즉 明朝 멸망의 직전에 행해졌다는 사실에서 상징되는 바와 같이 이 책을 관통하는 논리·사상구조와 그 편찬의도와의 사이에는 극히 밀접한 관련이 있음을 발견할 수 있다. 그리고 弘光帝에게 헌상하기 위해 편찬한 이 『中興金鑑錄』을 통하여 그가 '반드

---

9) 다만 타이완의 진잉용(陳剩勇)은 「補天之石 - 劉宗周 『中興金鑑錄』 研究」 (『劉蕺山學術思想論集』 所收)라는 논문 속에서 『中興金鑑錄』에 주목하고 그 분석을 통해 劉宗周의 '史學' 중시의 입장에 관하여 연구·검토하고 있다.

10) 『全集』 第五册, 「劉宗周年譜」 弘光元年(1645)의 條.

시 그러해야만 할' 國家像을 제시하고자 했던 점도 잊어서는 안 된다.

그런데 劉宗周 晩年의 『年譜』의 기록을 검토해 보면 그가 역사학에 대해 매우 높은 관심을 가지고 있었으며, 명대의 유자들이 경시하고 별 흥미를 느끼지 않았던 編史 작업에 전력을 기울이고 있었다는 것을 확인할 수 있다. 그러한 의미에서 이 저작은 그의 총체적 학문세계를 이해함에 있어서 특별한 가치가 있다고 사료된다. 주지하다시피 그는 굴절과 혼란으로 상징되는 중국 明末期에 구국의 열망을 품고 인생 최후의 순간까지 明朝에 절조를 지킨 淸流派의 한 사람이었다. 그는 항상 강직한 태도와 儒者로서의 '正道'(올바른 길)만을 추구했으며 결코 권력과 세속의 민심에는 아첨하지 않았던 인물이기도 하였다. 관직에 나아가 있을 때에도 청렴결백으로 백성의 일을 처리했다는 일화는 그의 전기인 『年譜』가 상세히 전하고 있다. 하지만 그의 일생의 궤적을 살펴보면 결코 관직의 길이 평탄하고 순조로웠다고는 말할 수 없다. 그의 경우에 관직에서 免官의 처분을 받은 일이 세 번이나 있고, 萬曆·天啓·崇禎·弘光(福王)의 4대에 걸쳐서 각 시기마다 관직에 나아갔다는 것을 볼 때 파란만장한 관직의 길이었다고 할 수 있다.

그의 문하생인 黃宗羲는 스승의 행장을 기록한「子劉子行狀」속에서 "그의 관직생활은 45년 동안에 朝廷에 들어가 직무를 수행한 기간이 겨우 4년뿐이었다"[11]고 기술하고 있는데, 이것과 거의 동일한 기술이 姚名達의 『年譜』에도 보인다. 즉 "처음 임관하고 나서 45년 동안 朝廷에 출사한 것은 겨우 6년 남짓한 기간이며, 실제로 조정에 입각한 것은 겨우 4년뿐이고, 면직당하여 민초가 된 것은 세 번이나 있었다"[12]고

---

11)「子劉子行狀」(『黃宗羲全集』 浙江古籍出版社, 一九八五年). "通籍四十五年, 立朝僅四年."
12) 姚名達, 『劉宗周年譜』(商務印書館, 一九三四年) 324쪽. "通籍四十五年, 在仕版者六年有半, 實際立朝僅四年, 而被革職爲民三次."

하는 사정이었다. 당연히 이와 같은 황종희·요명달의 발언은 선사 劉宗周의 관도가 탄탄대로가 아니었음을 증명해 주고 있다. 하지만 그와 같은 짧은 관직 기간 대신에 남아 있던 인생의 대부분의 시간은 그 자신에게 정력을 다하여 오로지 강학과 저술 활동에만 집중할 수 있도록 여력을 제공해 주었다. 명의 숭정조가 절체절명의 위기를 맞이하기 시작한 바로 그 1년 전에는 이미 이자성李自成의 반란군이 만주족의 淸軍과 서로 상대를 제압하고자 격렬하게 싸우고 있었기 때문에 북방 지역에서는 과히 난세의 세월을 보내고 있었다.

한편으로는 당시 南明 弘光朝 정권 하에서 도찰원좌도어사라는 관직에 몸담고 있던 劉宗周는 대량의 시간을 투자하여 『中興金鑑錄』의 편찬 작업에 전력을 기울이게 된다. 그럼 그 자신이 만년이 되어 이러한 활동을 펼친 것은 도대체 어떠한 의미를 지니고 있는 것일까. 단지 그 자신의 개인적 호기심이나 학술적 취향이 일변했다고 하는 논의만으로 끝날 수 있는 문제일까. 그렇지 않으면 혼란한 정치 투쟁의 현실 속에서 자신이 이상으로 삼고 있는 역사를 상정하고 반드시 그러해야만 할 이상적 歷史像을 그려내고 싶었던 것일까. 이 때문에 明淸思想史의 전체 구조 혹은 "양명학으로부터 청조 고증학으로의 전환"이라는 시점에서 살펴보면 그의 저작 『中興金鑑錄』의 편찬은 일정의 가치를 지니고 있다. 거의 전 생애에 걸쳐서 역사에 관한 서적을 한 권도 집필하지 않았던 그가 왜 明朝의 멸망과 그 죽음이 임박한 시점에서 이 저작을 편찬했던 것일까.

『年譜』의 福王 弘光 원년(1645)의 條에 의하면 그가 『中興金鑑錄』을 편찬한 최초의 목적은 南明 弘光朝 정권에 반면교사로서의 국가 '中興'의 역사적 귀감을 제시하기 위함이었다고 한다. 즉 그가 도찰원좌도어사에 취임하기 위해 南京에 체재하고 있을 무렵, 문하생 장응오(張應鰲)가 새로운 황제 弘光帝가 귀감으로 삼을 수 있도록 史書 편찬을 스승 劉宗周에게 요청하였다는 기록이다.[13] 그래서 劉宗周도 그러한 의도에 선뜻 동의하여 역대 중흥의 역사기록의 편찬에 목적을 두고 문인 장응오(1591~1681?)와 진육화(陳毓華, 상세는 불명)의 협력을 얻어 편찬 작업에 들어갔다고 한다. 이 장응오는 자가 전부(奠夫)이며 劉宗周와는 동향으로 紹興의 山陰 사람이다. 劉宗周의 많은 문하생 가운데 가장 이른 시기에 배운 제자이기도 하다. 또 劉宗周가 가장 신뢰했던 제자 중 한 사람으로 이 편찬 작업의 협력에 의해 스승으로부터도 크게 칭찬받았다고 『年譜』는 전하고 있다.

또 스승에 대한 사사는 劉宗周의 죽음까지 변함없이 지속되었다고 한다. 그런데 黃宗羲의 경우도 「수장전부팔십서(壽張奠夫八十序)」를 지어 장응오를 師說의 계승자 중의 한 인물로 높이 평가하고 있지만, 장응오의 학문적 경향이 양명학 좌파에 기울어져 있던 탓인지 사상적으로는 그다지 호의적이지 않았다. 이 장응오라는 인물은 明朝의 멸망 후, 그 죽음의 직전까지 세상에 나오지 않고 산중에서 講學만을 행하였다. 논의는 다시 앞으로 돌아가지만, 이 역사서 『中興金鑑錄』은 앞에서도 서술했다시피 弘光 원년(1645) 봄 2월에 완성되는데, 劉宗周는 이것을 福王 弘光帝에게 헌상할 예정이었다. 그러나 결국에는 이 저작의 최종 편집이 완료된 후에 조정에 헌상하지 못했다고 한다. 그 이유는 『年譜』의 기록이 명확하지 않기에 지금의 단계에서는 확인할 길이 없다. 하여튼 백발의 노학자가 왕조의 미래를 걱정하면서 생애의 끝자락에 서서 집필한 이 서적이야말로 새롭게 조명하고 분석할 가치가 있음은 두말할 나위 없다. 그럼 그는 어떠한 역사적 배경 하에서 이와 같은 역사서의 편찬을 도모한 것일까. 또 '明淸交替'라는 대혼란기에 국가에 공헌하려는 강한 의욕을 보여준 明朝의 충신 劉宗周는 어떠한 '中興'의 良策을

---

13)『全集』第五册,「劉宗周年譜」弘光元年(1645)의 條. "是時, 張応鰲從行, 請歷代中興錄爲新君龜鑑."

제시하고 있던 것일까.

明末期 崇禎 17년 3월, 李自成의 반란군이 드디어 明朝의 수도 北京에 들이닥쳤다. 崇禎帝는 북경의 매산(煤山)에서 마침내 목을 매고 자살함으로써 비극적 삶을 마감한다. 이어서 明朝의 북경 중앙정부가 붕괴되고 그 붕괴로부터 1개월이 조금 지난 뒤에 南京 병부상서 史可法과 봉양(鳳陽)총독 겸 東閣大學士 馬士英이 南明 정권을 장악하였다. 하지만 대학사 마사영은 사가법이 국정을 농단하고 장악하는 것을 바라지 않았기 때문에 곧이어 '독사(督師)'라는 직명으로 그에게 揚州에 머물게 하였다. 한편 비극적인 일은 이와 같은 南明의 소정권이 세워진 뒤, 끊이지 않고 당쟁의 와중에 휩쓸리게 되었다는 것이다. 조정 인사들은 물과 기름의 관계처럼 이미 잃어버린 영토의 회복과 治國의 문제에 대해서는 서로 완전히 다른 주장만을 내세울 뿐이었다.

그 가운데 馬士英·완대성(阮大鋮) 등을 대표로 하는 一派의 견해는 남경만을 사수할 것을 주장하고 단지 강남지역에 안주하는 것에 만족하자고 하는 것이었다. 거기에 그들에게 있어서 북방의 영토를 수복하는 일은 매우 위험한 모험에 가까운 것이었기 때문에 마음속으로부터 결코 바라는 일이 아니었다. 다시 말해 이들은 '非主戰派'였던 것이다. 이에 대하여 主戰派를 이루는 또 다른 一派는 이 논고의 주인공 劉宗周를 포함한 陳子龍 등을 대표로 하였는데, 그들은 弘光帝 자신이 즉각 군대를 지휘하여 親征에 나설 것을 강력히 주장하였다. 즉 군사를 일으켜 북벌을 감행하여 淸朝를 토벌함으로써 이전의 패전에 대한 복수를 하지 않으면 안 된다고 하는 주장이었다.

그 당시 史可法은 양측의 상이한 주장 사이에서 우선 남경을 사수하고 남방을 어느 정도로 안정시킨 뒤에, 그 기반 위에서 내외 정국의 형세를 살피어 군사를 일으킬 것을 주장하였다. 그렇게 한 뒤 북벌을 감행하여 북방을 수복할 것인가 말 것인가에 관하여 다시 한 번 고려하지 않으면 안 된다고 하는 주장을 펼쳤다.[14] 어쨌든 이와 같은 정국의 혼란 속에서 劉宗周는 중책을 맡은 明朝의 한 고관으로서 '主戰論'을 강하게 주장하여 민족(=漢族)적 자존심을 지키려고 했던 것이다. 그래서 그는 국가의 '中興', 모범이라고 해야만 할 역대의 왕조, 中興의 君主 등등의 문제에 관하여 기술할 필요성을 강하게 절감하게 된다. 그 노력의 성과가 바로 『中興金鑑錄』이었다.

2. 『中興金鑑錄』의 구성과 내용

이제 구체적으로 『中興金鑑錄』의 구성과 내용에 관하여 검토를 진행해 보자. 이 『中興金鑑錄』은 전체가 총 7권 5편으로 구성되어 있는데, 그 편명은 각각 「祖鑑」, 「近鑑」, 「遠鑑」(三卷), 「王鑑」, 「帝鑑」이다.[15] 우선 제목 그대로 '中興'이라 하면 國運이나 家門 따위가 이미 쇠퇴한 것이 중간에 다시 일어나는 것을 의미한다. 또 金鑑의 의미는 '귀중한 본보기'(=최고의 모범) 혹은 본보기가 될 만한 일이나 물건 등을 뜻하는 寶鑑의 의미와도 일맥상통한다. 따라서 '中興金鑑錄'은 중국 본토의 역사에서 역대로 '中興의 최고 龜鑑'이 되었던 사건이나 인물에 관한 기록이라는 것을 알 수 있다. 그리고 이 『中興金鑑錄』의 특이한 사항은 '中興之主'(쇠퇴하여 가는 나라를 다시 일으킨 임금)를 중심으로 기술하는 방식을 채택하고 있는데, 그것도 그의 시대에서 가장 가까운 시기부터 거슬러 올라가는 순서를 취한다. 즉, 그의 시대인 明朝에서부터 더듬어 올라가는 방식이다. 거기에다가 劉宗周 자신의 中興 君主에 대한 논평을 가하는 형식으로 구성하고 있다.

---

14) 陳剩勇, 앞의 논문, 2쪽.
15) 『全集』第四冊, 「中興金鑑錄」과 『全集』第五冊, 「劉宗周年譜」 弘光元年의 條를 참조.

첫 번째, 「祖鑑」편에서는 明朝의 皇祖인 朱元璋(＝明 太祖)가 남경에서 건국한 이후에 취한 用兵의 방법·계략 및 중국 대륙을 통일한 역사적 과정 등에 관하여 기술하고 있다. 우선 朱元璋의 업적을 하나하나씩 열거하고 있는데, 劉宗周가 그 업적의 대표적 사례로서 언급하고 있는 것은 陳友諒 군대의 평정, 張士誠 군대의 토벌, 元朝의 괴멸을 위해 북벌을 감행한 일, 남하하여 閩廣(복건성과 광동성)을 안정시킨 일, 서쪽에서는 파촉(巴蜀)을 안정시키고 雲南 지역을 평정하여 전쟁을 종식시킨 일 등등이다. 그 다음으로 朱元璋의 건국 방법과 계략을 서술하고 있는데, 그 가운데 「소대창언(昭代昌言)」·「진유응운(眞儒應運)」·「숭유술(崇儒術)」·「근천계(謹天戒)」·「중민사(重民事)」·「구현납간(求賢納諫)」 등등에 관하여 논평하고 있다. 여기에서 그는 국가의 창업과 수성이란 예를 들면 '두 가지 길'이라 하더라도 그 실질은 '하나의 길'임을 기술하여 동일한 것이라고 평가한다. 고금의 역사를 둘러보아도 "創業은 쉽지만 守城은 어렵다"고 하는 말이 있는 바와 같이 국가 창업의 뒤를 이어서 그 성립된 사업을 굳건히 지키는 일이야말로 가장 중요하다고 지적하고 그러한 점에 주목하여 朱元璋의 위대한 업적을 평가하고 있다. 또 거기에 국가 중흥의 모범으로서 朱元璋의 존재 가치가 있다는 논리이다.

이와 같은 역사 인식의 결과, 朱元璋의 창업과 수성의 방략에 있어서 그 요체는 "간난(艱難, 험하고 어려운 일)이라는 두 글자로부터 나오지 않았다"고 하는 결론에 도달한 것이다. 즉 어떠한 험난함과 어려운 상황에 처해 있더라도 국가의 창업과 수성은 이룰 수 있다는 논리이다. 그는 이것에 이어서 明代 초기의 六曹 大政에 관해서도 기술하고 있다. 그 가운데서도 주로 吏·戶·禮·兵·刑·工 등의 중앙 육부가 원활히 행해져야 할 필요성과 '중흥의 요점에 적합한' 시책을 병렬하면서 구체적인 법안을 제시하고 있다.

예를 들어 衛所(=군영)에서의 관군과 장수 및 장병들 간의 규율을 엄격히 정하는 일, 환관이 군대를 관장하여 정치에 참여하는 현상에 대한 금지, 宗廟 時享의 禮式을 정하는 일 등등이었다. 또 전국의 府·州·縣에 학교를 세우고 과거시험을 실시하여 폭넓게 인재를 등용한 일, 孝道와 청렴의 풍기를 장려하여 일으킨 일, 社學을 세운 일, 민중의 사치스런 생활을 금지하는 조칙의 발령, 전국 차염(茶鹽)의 제도를 정비한 일, 大明律의 반포 등등이었다.

그리고 마지막 부분에서는 皇祖 朱元璋의 「조훈통계(祖訓通戒)」와 「통론치도(通論治道)」를 병렬하여 기술하고 있다. 여기에서 그는 명 태조 朱元璋이 元代 말기의 어지러운 정국의 와중에서 의로운 인사들을 모집하여 천하를 안정시킨 일, 제도와 법을 만들어 정비한 일, 정치의 폐해를 시정하는 일에 진력을 다한 사례 등등은 그 공적이 누구보다도 뛰어나고 눈부신 것이었다는 점과 '德'과 '청렴'을 구비한 '天賦的 聖人'으로서 높은 찬사를 보내고 있다.16) 다시 말해 그의 견해에 의하면 朱元璋의 국가 창업과 수성의 방략은 후대의 자손들이 반드시 본받아야만 할 귀감이라는 것이다. 또 이 업적에 의해 朱元璋을 숭앙한다는 것이다. 그는 이와 같이 『中興金鑑錄』의 여러 편 중에서도 특히 「祖鑑」편을 가장 중시하고 있는데, 확실히 여기에서는 명 태조 朱元璋의 건국 과정을 상세히 기술하고 있으며 '德'을 갖추고 있는 '聖人 君主'로서 太祖를 묘사하고 있는 것이 흥미롭다.

두 번째로 「近鑑」편에서는 近古의 역사 속에서 '中興의 君主'라 불리는 南宋의 高宗(=趙構)에 관하여 약술하고 있는데, 여기에서 그는 고종 조구(趙構)가 이루어낸 건국의 성패와 득실 등에 관하여 논의를 진행하고 있다.17) 구체적인 내용을 보면, '靖康의 變'에 관한 논평, 劉宗

---

16) 『全集』 第四册, 「中興金鑑錄一」 「祖鑑」 篇.
17) 『全集』 第四册, 「中興金鑑錄二」 「近鑑」 篇.

周 자신도 姦臣으로 평가한 秦檜 및 忠臣으로서의 岳飛에 관한 논평, '송금화의(宋金和議)'에 관한 논평 등등이다. 그는 또 고종이 즉위한 뒤의 南宋 사회를 평가하면서 秦檜를 극도로 힐난하고 있다.

세 번째로 「遠鑑」편에서는 東漢·東晉·唐朝의 역사 속에서 '中興의 業績'을 이룩한 제왕들, 즉 동한의 光武帝·동진의 元帝·唐의 숙종 (肅宗) 등이 채택한 중흥의 방략 및 그 성패와 득실을 거울삼아 역사의 교훈으로 삼을 것을 제안하고 있다. 처음의 도입 부분에서는 唐의 숙종 (=李亨)이 통치한 一代에 발생한 역사적 사실을 하나하나씩 열거한 후, 그것에 대한 논평을 부가하고 있다.[18] 다시 말해 그는 그러한 논평 속에서 唐 숙종이 즉위한 후 여러 가지 어려운 역경을 극복하고 '安史의 亂'을 평정한 일과 長安·洛陽을 수복한 일, 그리고 一代 中興의 君主를 잃지 않았다고 하는 사실을 긍정적으로 평가한다.

그렇지만 그는 이보국(李輔國)·어조은(魚朝恩) 등의 환관이 악명을 천하에 떨치고, 그 대신에 곽자의(郭子儀)·이광필(李光弼) 등의 충신이 수많은 공적이 있었음에도 불구하고 배척받았다고 하는 사실에 대해서는 강하게 비판하고 있다. 다음으로 東晉의 元帝 사마예(司馬睿)가 東晉을 세우고 晉의 부흥 및 하남을 평정하여 다스린 일에 대한 성패와 득실을 논하고 있다. 그 다음으로 이것에 이어서 동한의 光武帝 劉秀가 내세운 중흥의 방략 및 그 업적을 기술하고 있는데, 劉秀가 군사를 일으켜 新의 王莽 정권을 멸망시키고 중국 전토를 통일한 일, 공신들을 내쫓고 문관을 등용한 일, 정치체제를 올바르게 세운 일, 賦役과 租稅의 부담을 경감시킨 일, 수리 사업의 실시 등을 열거하고 光武帝 劉秀의 국가중흥의 업적을 높이 평가한다. 그는 동한의 光武帝가 일개 필부의 신분이면서도 王莽 정권 말기의 혼란한 시국을 안정시킨 일에 대해

---

18) 『全集』 第四册, 「中興金鑑錄三·四·五」「遠鑑」 篇.

서 높이 상찬하고 있는 것이다.

네 번째, 「王鑑」편에서는 삼대(하·은·주)의 중흥의 군주로서 夏의 少康·殷(=商)의 高宗·周의 宣王을 내세우고 그들이 이룩한 업적 및 그 역사적 교훈을 기록하고 있다.[19] 夏의 少康이라 하면, 司馬遷의『史記』에 의하면 역사적으로 夏王朝가 기틀을 잡기까지 약 100년의 혼란을 거친 후 6대왕 少康이 왕위에 오른 후에야 비로소 안정되었다고 한다. 그래서 이 때문에 少康이 夏王朝의 위업을 부흥시킨 업적을 기려 '少康中興'이라고 부른다.

다섯 번째, 「帝鑑」편에서는 堯舜은 물론이고 夏의 禹王·湯王 및 周의 武王 등, 역대의 제왕을 중흥의 군주로서 언급하고 이들이 이룩한 역사적 업적 및 그 '治法'과 '心法'을 상세히 기록하고 있다.[20] 劉宗周의 견해에 의하면 堯·舜·禹·湯·文·武王은 가령 그 즉위 방식에 있어서 각기 달랐다고는 하지만, 모두 禪讓의 방식에 의해 즉위하거나 父子相傳의 방법을 통하여 즉위하거나 했기 때문에 그 정통성에는 전혀 문제가 없다고 하는 논리이다. 그리고 道統의 전승 과정에서 말하면 二帝·三王은 모두 난세의 시대에 태어나 천명과 천운을 타고난 인물들이다. 그 때문에 劉宗周에게 있어서는 이들이야말로 실질적인 '萬古 中興의 君主'이며, 이들이 이룩한 중흥의 업적은 '만세의 모범'으로서 높이 평가받게 되었다는 것이다.

이상 기술한 바와 같이 각 편의 내용에서 확인할 수 있는 것은『中興金鑑錄』의 구성 그 자체, 즉 5편 「14鑑」의 구조 체계가 실제로는 다섯 개의 단계로 나누어지고 있다는 것이다. 최초의 부분에서는 「祖鑑」에 관하여 기술하고 있는데, 여기에서 皇祖 주원장은 漢族을 부흥시킨 위대한 聖君이었고 300여년이 지난 오늘날에 있어서는 明朝 쇠퇴를 부흥

---

19)『全集』第四册,「中興金鑑錄六」「王鑑」篇.
20)『全集』第四册,「中興金鑑錄七」「帝鑑」篇.

시킬 사명과 책임이 弘光朝 정권에 있으며, 이것이 또한 가장 중요한
목표의 하나라고 그는 지적하고 있다. 다시 말해 그의 시점으로부터 하
면 역대의 어떤 황제보다도 명 태조 朱元璋이 이룩해낸 국가 창업과 수
성의 정신·계책은 국가 중흥의 가장 좋은 귀감이 된다고 하는 것이다.[21]
게다가 그의 주장에 의하면 「祖鑑」편 이하 「近鑑」, 「遠鑑」, 「王鑑」,
「帝鑑」의 네 편도 또한 국가 중흥의 귀감이 된다. 그 가운데서도 그가
가장 강조한 것은 최후에 위치해 있는 「帝鑑」이고 그것을 가장 이상적
인 귀감으로 삼고 있다.

　그는 이 저작 속에서 역대 '中興'의 업적을 달성한 帝王들의 치국 방
략과 그 성패 득실 및 개인의 도덕 품행에 관해서도 논평을 가하고 있다.
아울러 그 자신은 明朝 부흥의 방략과 中興의 목표를 포함하여 중흥의
방략 및 중흥의 군주가 반드시 겸비해야할 도덕적 인격과 품행 등에 관
해서 기술하고 있다. 이것은 말할 것도 없이 明朝의 쇠운을 걱정한 결과
로부터 나온 난세에 처한 한 유학자의 인생 최후에 얻어낸 고심의 산물
이었다. 그 때문에 그는 明朝의 부흥을 위해 억지로라도 황제에게 강한
도덕적·사회적 책임감을 요구하고 있는 것이며, 결국 이것은 당시의 황
제 弘光帝에게 요구했다고 보는 쪽이 타당할 것이다. 그에게 있어서 중
흥의 목표 지점은 현실사회로부터 저 멀리 떨어진 장소에 있었던 것이
아니다. 그것은 즉각 출병하여 북벌을 감행하는 일에 있었고, 다시금 명
태조의 업적(=천하통일의 대업)을 상기하여 그러한 업적을 재현하는 일
에 있었다고 할 수 있다.

　그는 이와 같이 인생의 최만년에 이르러 시종일관 정국의 움직임, 국
가의 운명 등에 강한 관심을 품고 있었다. 그가 만년에 역사와 史學을
극히 중시한 것은 바로 이러한 관심, 현실사회에 대한 깊은 우려의 마음

---

21) 陳剩勇, 「補天之石 - 劉宗周 『中興金鑑錄』 研究」(『劉蕺山學術思想論
集』 所收) 408~410쪽.

이 있었기 때문이다.

역사를 생각한다는 것은 오늘날에 있어서 일반적으로 생각할 수 있는 역사적 사실만을 학습하는 것을 가리키는 것은 아니다. 중국의 전통적인 史學이라는 것은 현재의 정치학·경제학·법학, 게다가 帝王學 및 군사적 제 문제의 고찰 등을 그 내부에서 포함하고 있는 것이다. 그 자신도 또한 바로 이러한 점에 주의를 기울였던 것이다. 물론 그것은 일종의 개인적 취향에 의한 취미의 차원이었기 때문은 아니다. 당시 중국의 동북 지역으로부터 명조를 압박하고 나날이 그 위세를 강렬하게 떨치고 있던 만주족의 위협에 대하여 어떠한 방어책을 취해야 할 것인가를 그는 심사 숙고했던 것이다. 이렇듯 그는 역사의 교훈으로부터 당면의 문제 해결의 실마리를 찾기 위해 인생 최후의 때에 이르러 이 史書를 편찬한 것이다.

이렇게『中興金鑑錄』의 전체 구성이 역대 군주를 중심으로 한 '君主論'에 대부분의 지면을 할애한 것은 그 성격으로부터 보아 당연한 일이었을 것이다. 그는 역대 황제의 공적과 업적을 중심으로 서술하고 '명 태조 =中興의 모범'이라는 전제 내지는 설정에 의해 반드시 그러해야만 할 國家像을 제시하고자 하였다. 말하자면 이러한 생각은 '皇帝 主導型', 즉 '황제전제 지배체제'의 王朝像이라고도 칭해야 할 성격을 지닌다.

이 王朝像 혹은 군주상은 황제를 정점으로 하여 정연히 질서화된 관료조직을 가진 군주 독재제의 왕조로서 明朝의 理念像인 것이다. 그의 이 史書에는 제자 黃宗羲의『明夷待訪錄』에서는 보이지 않는, 완전히 색다른 군주상 혹은 왕조관(=국가관)이 내재되어 있다 할 수 있다. 그는 모든 것으로부터 초월한 군주의 절대성을 주장하는 사유 방식을 표명하고 있었다. 명 태조 朱元璋에 대한 상찬도 이러한 시점으로부터 이루어진 것이다. 그렇다고 하면 그는『中興金鑑錄』을 서술하면서 자기들의 국가(당시에는 王朝)가 마땅히 그러해야만 할 상태를 추구하고 있었다고 할 수 있을 것이다.

Ⅳ. 맺음말

이상에서 살펴본 바와 같이 16세기와 17세기의 중국 浙東地域에서는 후대에 浙東學術 혹은 浙東史學이라 명명되는 일련의 學者郡(=儒者들)이 존재하였다. 따라서 이 논고는 우선 '浙東學術'과 '浙東史學'이라는 키워드로 그 연원이자 계보에 관하여 논의한 뒤, 이 계보 속에서 중요한 위치를 차지하는 劉宗周라는 儒者의 史書 편찬과 그 기록정신을 탐색하고자 기획되었다.

구체적으로 살펴보면 본문의 첫 번째 절「浙東學術과 浙東史學」에서는 章學誠의『文史通義』와 이 책에 들어있는「浙東學術」편을 분석 자료로 하여 浙東學術의 연원 및 章學誠의 '劉宗周觀'에 관하여 살펴보았다. 더불어 浙東學派와 章學誠 관련의 주요한 논고인 何炳松의『절동학술소원(浙東學派溯源)』과 山口의 저서『章學誠의 지식론(章學誠の知識論)』등도 논증 자료로 하여 劉宗周의 浙東史學史에서의 위상 문제를 고찰하였다. 본문의 두 번째 절「劉宗周의 史書 편찬과 역사관」에서는 劉宗周의 史書 편찬의 의미와 기록정신을 더듬어 본 뒤, 劉宗周의 유일한 역사 관련 저작인『中興金鑑錄』의 구성과 내용에 관해 분석하였다.

그리고 여기에서 劉宗周의 역사관과 史學 중시의 입장을 확인할 수 있었다. 그것은 곧 明朝의 高官이자 士大夫 정신을 소유했던 그가 '主戰論'의 입장을 취하고, 현대적 용어로 하면 민족주의 혹은 에스노센트리즘(=자민족중심주의)의 발로에서『中興金鑑錄』의 편찬을 의도했다는 것이다. 결국 劉宗周의 史書 편찬의 의도는 국가의 '中興', 모범이라고 해야만 할 역대의 왕조, 中興의 君主 등등의 문제에 관하여 기술할 필요성에서 나왔음을 알 수 있다. 따라서 그의 史書 기록에 내재되어 있는 기록정신의 배경에는 철저히 1인칭 시점에서의 주관적 역사관과 정신이 깃들어 있었다는 것이다.

끝으로 '동아시아 사상문화사의 實像과 虛像'에 대한 파악은 거시적 혹은 미시적 측면에서 동시다발적으로 논의되어야 하고, 이 때문에 동아시아 지역에서의 기록문화와 그 정신에 대한 탐구도 일종의 동아시아 사상문화사의 실상과 허상을 조망하기 위한 일련의 작업인 것이다. 이 논고도 그와 같은 시점에 입각하여 시간적으로는 동아시아 근세기, 즉 17세기가 설정되었고 공간적으로는 중국 明朝의 浙東地域이 배경이 되었으며, 분석대상은 당시 이곳에서 위기적 시대를 몸소 체험했던 한 유학자(＝劉宗周)의 史書 편찬과 그 기록정신이었다. 이 유학자의 기록정신에는 현대적 의미의 용어로 말하면 강렬한 민족주의적, 王朝主義的 역사관과 정통성에 대한 강한 자부심이 깃들어 있었다는 것을 확인할 수 있었다. 또 그것은 에스노센트리즘(＝자민족 혹은 자문화 중심주의)의 전근대적 발상에 의한 산물이기도 하였다.

參 考 文 獻

『劉宗周全集』第一册～第五册(全六卷), 戴璉璋·吳光主編, 台湾中央研究
　　院, 一九九七年六月.

『文史通義』(淸)章學誠實齋著, 粤雅堂叢書, 台北藝文館, 一九六五年, 1～
　　180쪽.

『文史通義新編』(淸)章學誠著·倉修良編, 上海古籍出版社, 一九九三年七
　　月, 1～165쪽.

姚名達, 『劉宗周年譜』, 上海商務印書館, 一九三四年十月, 1～158쪽.

黃宗羲, 『明儒學案』(上·下) 二册, 沈芝盈點校, 北京中華書局, 一九八五
　　年, 1～564쪽.

黃宗羲, 「子劉子行狀」, 『黃宗羲全集』, 浙江古籍出版社, 一九八五年, 3
　　5～92쪽.

岡田武彦, 『劉念台文集』, 明德出版社, 一九八○年, 1～289쪽.

鍾彩鈞主編, 『劉蕺山學術思想論集』, 台湾中央研究院, 一九九八年五月,
　　1～423쪽.

何炳松, 『浙東學派溯源』, 中華書局, 一九八九年三月版, 1～256쪽.

陳剩勇, 「補天之石 - 劉宗周『中興金鑑錄』研究」(『劉蕺山學術思想論集』
　　所收), 401～435쪽.

山口久和, 『章學誠の知識論』, 創文社, 一九九八年二月, 1～389쪽.

일본 萬葉歌의 기록과 그 의미*
-〈人麻呂歌集歌〉의 표기법을 중심으로 -

尹 永 水**

Ⅰ. 序 論

고유의 문자가 없었던 일본에 4세기말 백제의 王仁박사에 의해 千字 文이 전해지고,1) 문헌상으로도 王仁 이전에 한자가 전래되어 사용되었 다고 하는 기록이 아직까지 일본열도 내에서는 발견되고 있지 않은 점으 로 보아,2) 일본에서 문자의 사용이 본격적으로 이루어지고 기록문예가

* 본고는 2009년 11월 6일∼7일에 걸쳐 고려대학교 일본연구센터에서 개최된 제 39회 東아시아古代學會 학술발표대회(주제 : 동아시아 세계의 기록문화와 학 문정신)에서 발표한 논문을 가필 수정한 것임.
** 경기대학교 일어일문학과 교수.
1) 『日本書紀』應神천황 15年8月의 기록을 보면, 백제의 阿直岐가 일본에 건 너와 太子인 菟道稚郎子의 스승이 되었고, 應神 16年2月에는 王仁이 渡 來하여, 태자의 스승의 되어 諸典籍을 가르쳤다는 기록이 있다. 또한 『古事記』 中卷 應神天皇條에도 百濟國主照古王(百濟의 近肖古王)이 和邇吉師 (王仁)로 하여금 論語 十卷과 千字文 一卷을 일본에 전했다는 기록이 있다.
2) 졸고, 「和歌 起源論 再考」, 『東洋學』 第34輯, 檀國大學校 東洋學硏究 所, 2003. 8, 164∼165쪽.

발생한 것은 王仁의 千字文 전래 이후라 보아도 大過는 없을 것이다. 또한 和歌의 발생3)이나 萬葉歌의 탄생4)도 결국 한자의 전래와 사용, 그리고 한자의 音과 訓을 이용하여 일본어의 音韻을 나타낸 萬葉假名 의 표기에서 비롯되었다고 볼 때, 한자의 전래가 일본어와 일본문학의 발달에 미친 영향은 참으로 지대했다고 말할 수 있다.

고대일본문학에 있어서 <萬葉歌의 기록과 그 의미>를 파악하려고 할 때, 『萬葉集』 내의 <人麻呂歌集歌>의 표기법에 대한 고찰은 대단히 중요하다고 생각된다. 그것은 <人麻呂歌集歌>가 수록된 『柿本

---

3) 일본학계에서는 和歌(短歌)기원의 通說로서 神話的 傳承을 갖는 『古事記』 (712년)와 『日本書紀』(720년)에 등장하는 須佐之男命(素戔嗚尊)의 노래(일 명 八雲神詠歌), <八雲立つ 出雲八重垣 妻ごみに 八重垣作る その 八重垣を (記·1)>를 5·7·5·7·7이라는 五句三十一文字 형식의 和歌의 기 원으로 보고 있으나, 필자는 應神朝에 일본황실에 한자를 전해주고, 고대일본 에 있어서 文筆·記錄을 담당했던 씨족인 書首(文首; 후미노 오비토)의 시조 가 된 王仁이 仁德천황의 즉위를 처음 축하해서 부른 노래(일명 梅花頌), <難波津に 咲くやこの花 冬ごもり 今は春べと 咲くやこの花 (古今 集·假名序)>야말로 일본 和歌의 기원으로 보아야 한다고 주장한 바 있다(졸 고, 上揭論文).

4) 萬葉歌의 탄생이나 제작연대, 작자의 문제에 있어서도, 일본학계에서는 제16대 仁德天皇(A.D. 313~399년 在位)의 황후인 磐姬의 노래(卷二, 85~88)를 上限으로 하고, 天平宝字三年(759) 正月一日, 大伴家持의 노래를 下限으 로 하는 약 350년간의 노래 약 4500여 首 중에서, 제34대 舒明天皇代(A.D. 629~641년 在位) 이전의 작품, 예를 들면 磐姬皇后·雄略天皇·聖德太子 등의 노래는 傳誦歌謠의 성격이 강하고 制作年代나 作者名도 불확실하다 하여, 진정한 萬葉歌로 취급하지 않으려는 경향이 있고, 『萬葉集』의 시대도 舒明朝 이후 大化改新(645년)을 前後로 한 시대부터 약 130년 정도로 보고 있다. 이러한 일본학계의 通說에 대하여, 필자는 歷史上의 실존인물인 王仁에 의한 和歌의 기원문제와 더불어 萬葉歌 중에서 가장 이른 시기의 작품이 王 仁과 동시대인이라 볼 수 있는 磐姬황후의 노래라는 점에서 萬葉歌의 탄생도 仁德朝부터 보아야 하지 않을까 하는 견해를 제시한 바 있다(졸고, 「萬葉歌의 탄생과 渡來人의 역할」, 『日語日文學 研究』 第42輯, 韓國日語日文學 會, 2002. 8).

朝臣人麻呂之歌集』이라는 것이 『萬葉集』이 편찬되어 나오기 이전에
존재했던 先行歌集으로서 『萬葉集』 편찬의 자료로 활용되었다는 점
과, 『古事記』나 『日本書紀』가 성립되기 이전에 존재했던 歌集이라는
점, 그리고 <人麻呂歌集歌>의 표기법이 일률적이지 않고 일본어 발
달의 중요한 과정을 나타내 준다는 점에서 <人麻呂歌集歌>의 표기법
을 중심으로 일본 萬葉歌의 기록과 그 의미를 파악해 본다는 것은 매우
의의가 클 뿐만 아니라, 효과적인 방법이라 판단되기 때문이다.

　　따라서 본 연구는 고대에 있어서의 동아시아 세계의 기록문화와 학문
정신을 파악하기 위한 연구의 일환으로서 일본 萬葉歌의 기록과 그 의
미를 <人麻呂歌集歌>의 표기법을 중심으로 고찰해 보고자 한다.

Ⅱ. 人麻呂歌集의 특징과 성격

　　주지하는 바와 같이, 『萬葉集』에 수록되어 있는 柿本人麻呂의 작
품에는 <柿本朝臣人麻呂作歌>라고 題詞에 明記되어 있는 것과
<柿本朝臣人麻呂之歌集出>이라고 注記된 것의 두 종류의 노래가
있다. 일반적으로 전자를 <作歌> 또는 <人麻呂作歌>, 후자를 <歌
集歌> 또는 <人麻呂歌集歌>라 부르고 있는데, <作歌>는 주로 第
一卷에서 第四卷에 걸쳐 수록되어 있고, <人麻呂歌集歌>는 주로
第七·九·十·十一·十二·十三卷 등에 수록되어 있다. 人麻呂라고
명기되어 있는 노래가 人麻呂의 작품인 것만은 분명한 사실이지만,
<歌集歌>에 대해서는 그것이 과연 人麻呂가 지은 작품인가, 그렇지
않으면 타인의 작품인가 하는 문제가 일찍부터 제기되어 논의되어 왔다.
또한 <人麻呂歌集歌>는 표기법에 따라 <略体歌>와 <非略体歌>
로 나누어지고, 내용적으로도 略体歌群이 거의 모두 相聞歌(戀歌)로

이루어져 있는 반면에, 非略体歌群은 황자에게 바친 獻歌나 宮廷關係歌 등, 거의 <作歌>의 세계와 공통된다고 하는 차이를 보이고 있다. 뿐만 아니라, 兩 歌群의 차이는 단순히 표기적인 면에만 있는 것이 아니라, 收錄歌의 성격·편찬방법에도 차이를 나타내고 있는 것이다.

『萬葉集』에 수록되어 있는 <人麻呂歌集歌>는 卷二에 1首(146), 卷三에 1首(244), 卷七에 56首, 卷九에 44首, 卷十에 68首, 卷十一에 161首, 卷十二에 27首, 卷十三에 3首(3253·3254·3309), 卷十四에 4首(3417·3470·3481·3490), 전부 합해서 365首 정도가 있다. 이러한 <人麻呂歌集歌> 중에는 類歌도 있고, 의문스런 작품도 있기 때문에 세는 방법에 따라 몇 수 정도 차이는 나겠지만, 대체로 365수 정도라고 보아도 대과는 없으리라 생각된다.

人麻呂歌集의 원형이 어떠한 형태였는가는 분명하지 않다. 그러나 卷十一이나 卷十二에서와 같이, <人麻呂歌集歌>가 꽤 정연한 모습으로 채록되어 있는 것으로 보아, 그 형태가 어떠했는지 어느 정도 추측도 가능할 것 같다. 즉, 卷十一에는 149首를 一群으로 하여 <柿本朝臣人麻呂之歌集出>이라 되어 있고, 그것을 다시 正述心緒·寄物陳思·問答의 3부로 나누고 있다. 또한 卷十二의 23首를 一群으로 한 경우에도 正述心緒·寄物陳思로 분류하고 있고, 이어 作者未詳歌群의 正述心緒·寄物陳思·問答歌 다음에는 羈旅發思라는 분류명이 보이고, <右四首柿本朝臣人麻呂歌集出>이라 되어 있다. 따라서 이와 같은 분류는 人麻呂歌集을 중심으로 하여 이루어져 있기 때문에, 人麻呂歌集은 본래 이러한 표현방법으로 분류되었을 것으로 추정된다. 다만, 『萬葉集』에 실려 있는 <人麻呂歌集歌>가 旋頭歌만 정리되어 분류되어 있는 것도 있기 때문에, 正述心緒나 寄物陳思와 같은 분류로만 이루어졌다고는 생각되지 않는다. 어떻든 人麻呂歌集은 『萬葉集』을 편찬하는데 있어서 중요한 자료가 된 것만은 확실하다고 하겠다.

그리고 <人麻呂歌集歌>의 특색으로는, 표기상 조사 등의 부속어가 대부분 생략되고, 한자의 字數가 극히 적은 노래(略体歌)와, 그렇지 않은 노래(非略体歌)가 있다는 것은 이미 주지의 사실이다. 이러한 <人麻呂歌集歌>의 표기적 양상을 예로 들어보면 다음과 같다.

먼저, 조사 등의 부속어가 대부분 생략된 略体歌의 경우를 보면, 『萬葉集』은

* 春楊 葛山 發雲 立座 妹念　　　　　　　　　　(卷十一. 2453)
春楊 葛城山に　たつ雲の　立ちても坐ても　妹をしぞ思ふ
가츠라기산에 이는 구름처럼 앉으나 서나 그녀를 생각하네!

* 風吹 海荒 明日言 應久 公隨　　　　　　　　　(卷七. 1309)
風吹けば　海こそ荒るれ　明日と言はば　久しかるべし　君がまにまに
바람 불어 바다 거칠어져도 내일이라 하면 몹시 기다려지네. 그대가 좋은 것처럼

* 秋野 尾花末 生靡 心妹 依鴨　　　　　　　　　(卷十. 2242)
秋の野の　尾花が末の　生ひ靡き　心は妹に　寄りにけるかも
가을 들녘의 참억새 꽃이 자라 바람에 나부끼듯 내 마음은 그녀에게 기울어져 있네!

* 戀死 戀死耶 玉桙 路行人 事告無　　　　　　　(卷十一. 2370)
戀ひ死なば　戀ひも死ねとや　玉桙の　路行く人の　言も告げなく
애타도록 그리워 죽어도 좋다는 말인가. 길가는 사람이 아무런 소식도 전해주지 않으니!

라고 훈독하고 있다. 이와 같이 人麻呂歌集에는 字數가 가장 적은 10자를 비롯하여, 11자·12자·13자·14자 등의 자수로 된 略体歌가 많이 있다는 사실을 알 수 있다.

한편, <人麻呂歌集歌>에는 人麻呂作歌와 마찬가지로 조사도 별

로 생략하지 않고, 한자수도 16자 이상이 되는 노래(非略体歌)도 많이
있다. 예를 들면,

    * 天海丹 雲之波立 月船 星之林丹 榜隱所見   （卷七, 1068）
    天の海に 雲の波立ち 月の船 星の林に 漕ぎ隱る見ゆ
    하늘바다에 구름파도가 일고, 달배가 별들의 숲속에 노저어 숨어드는 것
이 보이는구나!

    * 痛足河 河浪立奴 卷目之 由槻我高仁 雲居立有良志   （卷七, 1087）
    痛足川 川波立ちぬ 卷目の 由槻が嶽に 雲居立てるらし
    아나시강에 강물결이 일고 있네. 마키모쿠산의 유츠키 봉우리에 구름이
일고 있는 것 같구나!

    * 足引之 山河之瀬之 響苗尒 弓月高 雲立渡   （卷七, 1088）
    あしひきの 山川の瀬の 響るなべに 弓月が嶽に 雲立ち渡る
    산천의 여울물은 콸콸 소리내며 흐르고, 유츠키 봉우리에는 구름일어 흘
러가구나!

    * 三毛侶之 其山奈美尒 兒等手乎 卷向山者 繼之宜霜   （卷七, 1093）
    三諸の その山並に 子らが手を 卷向山は 繼のよろしも
    미와산의 連山에 사랑스런 아내손 감는다는 마키무쿠산이 이어져있는 모
습은 너무나 아름답구나!

    * 兒等手乎 卷向山者 常在常 過往人尒 往卷目八方   （卷七, 1268）
    兒らが手を 卷向山は 常にあれど 過ぎにし人に 行き纏かめやも
    아내손 감는다는 마키무쿠산은 변함없건만, 저세상으로 가버린 사람에게
가서 감쌀 수는 없구나!

등과 같이, 人麻呂作歌의 표기법과 별다른 차이를 보이지 않는 노래도
적지 않은 것이다. 그리고 略体歌와 非略体歌를 구분짓는 기준은 명확
하지는 않으나, 阿蘇瑞枝가 규정한 바와 같이,[5] 감동조사 이외의 거의

_____

5) 阿蘇瑞枝, 「人麻呂集の書式をめぐって」, 『萬葉』 第二十號, 萬葉學

모든 조사가 생략되어 있는가 하는 점과, 또한 한자수도 15자를 기준으로 삼았을 때, 人麻呂歌集의 略体歌는 196수, 非略体歌는 127수, 기타 42수(旋頭歌 35수 포함)로 분류되고 있다.

이상과 같이 人麻呂歌集의 특징과 성격을 살펴보았을 때, 人麻呂歌集의 체제는 필자가 일찍이 살펴본 『萬葉集』의 분류법6) 중에서 표현상의 분류법인 正述心緒·寄物陳思과 같은 분류로 이루어져 있음을 알 수 있고, 노래의 표기법도 일본어의 부속어인 조사나 조동사, 그리고 활용어미 등이 극도로 생략된 형식의 노래(略体歌)와 그렇지 않은 노래(非略体歌), 두 종류로 크게 나누어져 있음을 파악할 수 있는 것이다.

그러면 <人麻呂歌集歌>의 표기법이 위와 같은 두 가지 종류의 書体로 이루어져 있다면, 이와 같은 표기법이 의미하는 바는 무엇이고, 그것이 人麻呂와는 어떠한 관련이 있는가? 지금부터는 <人麻呂歌集歌>의 귀속문제와 人麻呂와의 관련성에 대하여 살펴보기로 한다.

III. 〈人麻呂歌集歌〉의 歸屬문제

일찍이 稻岡耕二는 일본에 있어서의 문장표기의 역사에 대해서 언급하기를,

제1단계 순수한 한문이 渡來人에 의해서만 쓰여지던 시기.
제2단계 총체적으로 漢文風을 유지하면서 고유명사의 일부를 일본어대로 가나(假名)로 기입한 시기.

會, 28∼29쪽

_____, 『柿本人麻呂論考』, 櫻楓社, 1972, 22∼23쪽.

6) 졸고,「萬葉集の分類に關する硏究」, 韓國, 中央大學校 大學院 碩士學位論文, 1988. 6.

제3단계 한문의 상격(常格)을 허물고, 일본어의 어순(語序)대로 이것을
베끼려고 하는 표기가 나타난 시기.
제4단계 조사·조동사 표기가 엄밀하게 되고 〈宣命大書体〉와 같은 새로운
표기양식을 낳기에 이르는 시기.

로 요약하면서 제1·제2단계는 한문식 표기, 제3단계는 일본문(和文式)
표기로서 推古朝(AD. 592～628년)가 여기에 해당되고, 제4단계에 해당
하는 것이 人麻呂의 시대로서 天武·持統朝(AD. 672～697년)로 추정
된다[7]고 주장한 바가 있다. 일본어 문장표기의 역사 중에서 제4단계 조
사·조동사의 표기가 엄밀해 진다는 것은 〈人麻呂歌集歌〉의 표기법
을 염두에 둔 발언이라 볼 수 있다.

그렇다면 〈人麻呂歌集歌〉의 이러한 표기법을 행한 것이 과연 누
구인가 하는 문제를 생각해 볼 수 있는데, 이 문제를 해결하기 전에 먼저
人麻呂歌集의 노래는 누구의 작품인가 하는 歌集歌의 歸屬문제가 선
결과제로서 대두되어 온다. 이 점에 대하여 필자가 이미 살펴본 바와 같
이,[8] 일본학계에서는 지금까지 다음과 같이 크게 세 가지 견해로 나누어
져 왔다.

첫째, 〈人麻呂歌集歌〉의 대부분을 人麻呂의 自作으로 보는 견해로서, 이
는 근대에 들어와 본격적으로 주장되기 시작하여 현재 歌集論의 대
세를 이루고 있다고 볼 수 있다. 그 대표적인 연구자로서는 久松潛
一·武田祐吉·神田秀夫·稻岡耕二 등이 있다.
둘째, 人麻呂歌集에는 약간의 人麻呂 작품은 있을지 모르지만, 대부분은
타인의 작품이라고 하는 견해이다. 근세에 있어서의 契沖나 眞淵의
人麻呂歌集에 대한 회의론을 더욱 부정적이고 회의적인 방향으로
심화시켜, 人麻呂歌集과 작자를 전체적으로 의문점이 많고 신뢰할
수 없다는 태도이다. 대표자로서 森本治吉를 비롯하여 森淳司·森脇

---

7) 稻岡耕二,「轉換期の歌人·人麻呂」,『日本文學』, 1977년 6월호, 2～3쪽.
8) 졸고,「人麻呂歌集論의 전개양상과 문제점」,『京畿人文論叢』제12집, 京
畿大學校, 2004. 218쪽.

一夫 등이 있지만, 어디까지나 소수의 견해에 속한다.

셋째, 〈人麻呂歌集歌〉중에서 非略体歌는 대부분 人麻呂의 自作이지만, 略体歌群은 人麻呂의 노래가 아니라고 하는 견해이다. 略体歌를 人麻呂와 無緣한 노래로서 파악한 眞淵의 영향이 뚜렷하고, 위의 첫째와 둘째의 중간적인 입장의 견해라고 볼 수 있는데, 阿蘇瑞枝를 비롯하여 後藤利雄·吉田義孝·橋本達雄·渡瀬昌忠 등이 이 부류에 속한다.

위와 같은 〈人麻呂歌集歌〉의 귀속문제에 대하여, 필자는 〈人麻呂歌集歌〉중에 소수의 人麻呂 이외의 작품은 있을지라도 대부분은 人麻呂의 노래라고 판단하고 있다. 그 이유는 〈柿本朝臣人麻呂之歌集〉이라고 〈人麻呂〉의 이름을 가진 歌集인 이상, 거기에는 당연히 人麻呂의 노래가 상당수 실려 있었을 것으로 사료되기 때문이다. 뿐만 아니라, 略体歌와 非略体歌·作歌와의 사이에 미묘한 歌風의 차이가 있더라도, 그것은 한 시인에 있어서의 내부적 서정의 변화 내지는 歌風의 변화라는 측면에서 이해될 수 있는 문제이고, 실제로 作歌와 歌集歌 사이에 공통점도 많이 발견되고 있다. 예를 들면, 卷九의 人麻呂歌集出이라고 되어있는 작품 중에,

　　* 黃葉の 過ぎにし子等と 携はり 遊びし磯を 見れば悲しも(卷九, 1796)
단풍잎처럼 저세상으로 가버린 그녀와 손을 맞잡고 뛰놀던 바닷가를 바라보니 슬프구나!

　　* 潮氣立つ 荒磯にはあれど 行く水の 過ぎにし妹が 形見とぞ來し
　　　　　　　　　　　　　　　　　　　　　　　　　(卷九, 1797)
바다냄새 나는 거친 해변이지만, 흐르는 물처럼 저세상으로 가버린 아내와의 추억이 그리워 찾아왔네!

　　* 古に 妹とわが見し ぬばたまの 黑牛潟を 見ればさぶしも
　　　　　　　　　　　　　　　　　　　　　　　　　(卷九, 1798)
그 옛날 그녀와 내가 함께 본 이 검은 구로우시(黑牛)의 갯벌을 바라보니 쓸쓸하구나!

등은 卷一·二의 人麻呂作歌, 예를 들면

> * ささなみの 志賀の辛崎 幸くあれど 大宮人の 船待ちかねつ
>
> (卷一, 30)

시가(志賀)의 가라사키(辛崎)는 그 옛날과 다름없는데, (여기서 뱃놀이 하던) 대궁인의 배는 이제 더 이상 기다릴 수 없게 되었구나!

> * ささなみの 志賀の大わだ 淀むとも 昔の人に またも逢はめやも
>
> (卷一, 31)

시가의 큰 바다 물굽이는 여전히 출렁이고 있건만, 옛 사람을 다시 만날 수는 없으리라!

> * 小竹の葉は み山もさやに 亂げども われは妹思ふ 別れ來ぬれば
>
> (卷二, 133)

조릿대 잎은 온 산을 살랑살랑 바람에 날리며 요란스럽지만, 나는 오로지 아내만을 생각하네. 이별하고 왔기 때문에.

등의 노래와 비교해 보아도 공통적인 리듬을 느낄 수 있다. 또한 歌風도 거의 비슷하다는 사실을 확인할 수 있다. 그러나 人麻呂歌集의 非略体歌에 대해서는, 오늘날 대체로 그것이 人麻呂의 노래라는 것을 인정하는 바이지만, 略体歌에 대해서는 의심하는 학자도 많다. 따라서 人麻呂와 略体歌와의 관계가 문제로 대두되어 온다고 볼 수 있는데, 필자는 略体歌도 대부분 人麻呂의 노래라고 간주하고 있다. 왜냐하면, 조사나 조동사 및 용언의 활용어미 등이 극도로 생략되고, 한문식으로 표기된 略体歌는 아직 한자의 음훈을 차용하여 고유한 일본어를 충분히 表音할 수 있을 만큼, 한자를 폭넓게 이해하고 습득하지 못했던 초기단계에서의 표기법이라 볼 수 있고, 口誦歌에서 記載歌로, 집단적인 가요로부터 개성적인 서정가로 전개해 가는 과도기적인 표기법일 가능성이 짙기 때문이다. 또한 기본적으로 일본어의 발달과정이, 表意문자인 한자가 일본에 전래되어 表音문자인 일본어로 발전해 가는데 있어서 萬葉가나

(假名)가 발생했고, 『萬葉集』 第五卷을 제외한 第十四卷 이후, 즉 萬葉後期의 작품의 用字法이 한자 一字一音의 가나표기로 된 노래가 많다는 사실을 고려해 볼 때, 略体歌의 표기법이 非略体歌나 人麻呂作歌와 매우 다르다고 해서, 人麻呂와 무관하다고는 볼 수 없는 것이다. 그것은 卷三에 실려있는 人麻呂作歌의 羈旅歌 8수 중에,

* 珠藻刈る 敏馬を過ぎて 夏草の 野島の崎に 舟近づきぬ   (卷三, 250)
아름다운 해초를 따는 미누메(敏馬)를 지나 여름풀이 무성한 노시마(野島)곶에 배가 다가갔네!

* 荒栲の 藤江の浦に 鈴釣る 泉郎とか見らむ 旅行くわれを (卷三, 252)
후지에(藤江) 해변에서 농어 잡는 어부라 여길까 여행가는 나를.

* 天離る 夷の長道ゆ 戀ひ來れば 明石の門より 大和島見ゆ (卷三, 255)
하늘 저 멀리 떨어진 시골 먼 길을 그리워하며 오니, 아카시(明石)해변의 입구에서 야마토(大和)의 산들이 섬처럼 보이네!

* 飼飯の海の 庭好くあらし 刈薦の 亂れ出づ見ゆ 海人の釣船

(卷三, 256)
게히해변의 海面이 조용한 것 같다. 어부들의 고기잡이 배들이 분주히 노저어 가는 모습이 보이네!

의 노래가, 卷十五(3606·3607·3608·3609)에서는 어구를 일부 바꾸어가며 一字一音의 萬葉가나로 표기되어 있다는 단적인 사실을 통해서도 가나발달사의 일면을 엿볼 수 있고, 또한 제2장에서 살펴본 人麻呂歌集의 略体歌인 <戀死 戀死耶>(卷十一, 2370)의 歌句가 卷十五에서는 표음적 用字法에 따라 <古非之奈婆 古非毛之祢等也>(3780)로 표기되어 있다는 것은 略体歌의 표기법이 非略体歌나 人麻呂作歌보다도 시기적으로 앞선 것이라고 생각되는 것이다. 더욱이 人麻呂가 文學史的으로 볼 때, 일반적인 『萬葉集』의 시대구분,[9)]에 있어서 第二期

에 속하는 시인이고, 西鄕信綱가 또한 지적한 바와 같이,[10] 口誦文藝
에는 볼 수 없는 특질을 가진 시인으로서 口誦문학에서 記載문학으로
의 과도기에 위치한다는 점을 고려해 볼 때, 이와 같은 관점은 틀림없는
것이라 판단된다.

따라서 이상과 같은 이유에서, 人麻呂歌集의 略体歌와 非略体歌
는 대부분이 人麻呂의 自作이라 보는 것이다. 그리고 人麻呂歌集歌
의 제작연대에 대해서는, 非略体歌 중에 作歌연대를 나타내주는 두 수
의 노래,

  * 天の河 安の河原に 定まりて 神競者磨待無   (卷十, 2033)
  〈참고〉위 노래는 아직까지 무슨 내용인지 해독되지 못했음.

의 左注 <此歌一首庚辰年作之>의 <庚辰年>이 天武九年(680)을
가리키고,[11]

  * 後見むと 君が結べる 磐代の 子松がうれを また見けむかも
                                        (卷二, 146)
  나중에 다시 보려고 그대가 매어놓은 이와시로 해변가의 작은 솔가지를
  또다시 보았을까!

의 題詞에 명기되어 있는 <大宝元年>(701)이 非略体歌의 하한선을
가리킨다고 볼 때, 非略体歌는 持統三年(689)부터 文武四年(700)을
제작연대로 하는 人麻呂作歌보다 먼저 제작되었으나, 하한선은 거의

---

9) 『萬葉集』의 시대구분은 論者의 관점과 기준에 따라 여러 가지의 구분법이 있
   으나, 현재 澤瀉久孝·森本治吉 共著 『作者類別 年代順 萬葉集』(新潮
   社, 1932년)이 第一期 壬申의 난(672년)까지, 第二期 奈良遷都(和銅三年,
   710)까지, 第三期 天平五年(733)까지, 第四期 天平宝字三年(759) 正月까
   지로 4구분한 것이 가장 일반적으로 받아들여지고 있다.
10) 西鄕信綱, 『增補 詩の發生』, 東京, 未來社, 1971, 159쪽.
11) 粂川定一, 「人麻呂歌集庚辰年考」, 『國語國文』 第35卷 10號, 1966. 10.

같은 시기라는 것을 알 수 있다. 이러한 사실은 人麻呂가 持統朝의 궁정시인이 된 후에도 계속하여 人麻呂歌集歌(非略体歌)를 作歌와 더불어 제작했을 가능성을 시사해 주는 것이다. 그렇지만 非略体歌와 作歌의 제작연대가 비록 겹치는 부분이 있다고 해도, 人麻呂의 문학활동이 일반적으로 <略体歌 → 非略体歌 → 作歌>라는 과정을 통해 繼起的으로 전개되었다고 보는 것은 틀림없으리라 생각된다. 다만, 필자는 稻岡耕二가 주장한 바와 같이,12) 略体歌를 天武九年(680)이전, 非略体歌를 持統三年(689)까지라고 人麻呂歌集의 筆錄시기를 엄격히 규정할 수는 없다고 본다.

이상과 같이, 人麻呂歌集의 略体歌와 非略体歌의 표기가 거의 人麻呂 자신에 의해서 이루어졌다고 볼 때, 『萬葉集』은 이러한 人麻呂歌集의 표기법을 참조하여 卷十一·十二에 실려있는 <人麻呂歌集歌>처럼 그대로 移植해 놓은 것이라 판단된다.

그러면 略体歌와 人麻呂와의 관계에 대하여 좀 더 구체적으로 살펴보기로 한다.

Ⅳ. 略体歌와 人麻呂와의 관계

人麻呂歌集의 略体歌와 人麻呂와의 관계를 살펴보기 전에 먼저 196수를 헤아리는 略体歌의 『萬葉集』에 있어서의 수록상황을 살펴보면 다음과 같다.

---

12) 稻岡耕二,「人麻呂歌集歌の筆錄とその意義」,『國語と國文學』 1969年 10月号, 69쪽.

〈人麻呂歌集 略体歌의 수록상황〉

卷	卷 七		卷 十			卷十一			卷十二		
分類名	雜歌	譬喩歌	春相聞	秋相聞	冬相聞	正述心緒	寄物陳思	問答	正述心緒	寄物陳思	羈旅發思
歌數	6	15	7	5	2	45	85	4	10	13	4
計	21		14			134			27		

위의 표에서 보는 바와 같이, 분류명은 雜歌·譬喩歌·四季 相聞·正述心緒·寄物陳思·問答·羈旅發思로 다양하게 나타나 있다. 그러나 雜歌를 제외한 나머지 노래는, 나중에 살펴보는 바와 같이, 모두 相聞 的 내용임을 알 수 있고, 雜歌 6수 중에서도 분명히 雜歌라고 볼 수 있는 작품은 다음의 4수에 불과하다.

　　* 我衣 色取染 味酒 三室山 黃葉爲在　　　　　　　　(卷七, 1094)
　　我が衣 色どり染めむ 味酒 三室の山は 黃葉しにけり
　　내 옷을 물들이자. 미무로산(三室山)은 멋지게 단풍들었네!

　　* 網引爲 海子哉見 鮑浦 淸荒礒 見來吾　　　　　　　　(卷七, 1187)
　　網引する 海子とか見らむ 飽の浦の 淸き荒礒を 見に來しわれを
　　어망을 끌어당기는 어부라고 여길까 아쿠해안(飽浦)의 깨끗한 거친 해변
　　을 보러온 나를.

　　* 大穴道 少御神 作 妹勢能山 見吉　　　　　　　　　(卷七, 1247)
　　大穴道 少御神の 作らしし 妹背の山を 見らくしよしも
　　오아나신(大汝神)과 스쿠나히코신(少彦名神)이 만드신 아내와 남편모양
　　의 이모세산(妹背山)을 보는 것은 기분 좋구나!

　　* 櫻花 開哉散 及見 誰此 所見散行　　　　　　　　　(卷十二, 3129)
　　櫻花 咲きかも散ると 見るまでに 誰かも此處に 見えて散り行く

벚꽃이 피고지는 걸까 착각할 정도로 여기에 나타났다 사라져가는 그대
는 누구인가!

위 네 수를 제외한 모든 略体歌가 相聞歌라는 것은, 무엇보다도 노
래 속에 戀·念·妹·君·偲 등의 詩語가 많이 등장해 온다는 사실만으
로도 쉽게 파악할 수 있다. 또한 略体歌의 편집체제도 본래는 正述心
緒와 寄物陳思라는 두 종류로 이루어졌으리라 생각된다. 왜냐하면, 卷
七·十·十一·十二의 각 권에 걸쳐 채록되어 있는 略体歌群 중에서
가장 많은 노래를 일괄 수록하고 있는 것이, 卷十一의 正述心緒·寄物
陳思·問答으로서 略体歌 전체의 약 7할에 상당하고, 더욱이 問答은
略体歌 두 쌍과 非略体歌 두 쌍을 모아서 수록한 것이라고 추정되기
때문에, 人麻呂歌集에는 원래 없었던 분류명이 아닐까 생각되는 것이
다. 그리고 卷十二의 편집체제도 먼저 人麻呂歌集의 略体歌의 正述
心緒·寄物陳思歌를 앞에 수록해 놓고, 이어서 作者未詳歌群을 正
述心緒·寄物陳思·問答歌의 순으로 배열한 것을 보더라도 略体歌群
은 본래 正述心緒와 寄物陳思의 二大 분류법에 의해 편찬이 이루어
진 相聞歌集이었다고 사료되는 것이다.

그런데, 여기서 한 가지 주목해야 할 것은, 正述心緒·寄物陳思·譬
喩歌·問答이라고 하는 분류가 人麻呂歌集에 있어서는 모두 相聞歌
의 분류명으로 쓰여졌다는 점이고, 이러한 相聞歌의 분류명은 그 차이
가 단지 사랑의 표현을 직접적으로 하느냐 간접적으로 하느냐에 달려있
다는 점이다. 또한 卷七의 略体歌인 譬喩歌에서는, 寄衣·寄玉·寄
木·寄花·寄川·寄海로 되어있는데, 이것들은 <衣>나 <玉> 등을
노래한 것이 아니라 <衣>나 <玉>에 비유하여 여성에 대한 사랑을 노
래한 것이다. 다시 말하면, 寄物陳思에 가까운 노래지만 譬喩歌로 분
류되어 있다. 예를 들면, <寄衣>라는 題詞를 갖는,

　　* 今つくる 斑の衣 面影に われに思ほゆ いまだ着ねども （巻七, 1296）
　지금 만들고 있는 얼룩무늬 옷은 솜씨가 눈앞에 선명하게 떠오르네. 아직
　입어보지도 않았는데.

의 노래는 衣(옷)에 의탁하여 임에 대한 사모의 정을 노래하고 있는데,
한 수가 전체적으로 비유로 되어있다. 또한,

　　* 紅に 衣染めまく 欲しけども 着てにほははばか 人の知るべき
　　　　　　　　　　　　　　　　　　　　　　　　　　　（巻七, 1297）
　연분홍색으로 옷을 물들이고 싶지만, 만약 입어서 아름답게 돋보인다면
　남이 눈치 채겠지요.

의 노래도 "당신을 만나고 싶지만, 거동이 눈에 띄면 남이 눈치채겠지
요"의 내용을 비유로써 간접적으로 나타내고 있다. 따라서 寄物陳思歌
에서의 부분적인 비유와는 다르다. 寄物陳思歌에서는,

　　* 遠山に 霞たなびき いや遠に 妹が目見ずて われ戀ひにけり
　　　　　　　　　　　　　　　　　　　　　　　　　　　（巻十一, 2426）
　먼 산에 봄 안개 자욱하여 점점 멀고 어렴풋이 보이듯이 아내 얼굴 보지
　못해 나는 그리워하네!

　　* 宇治川の 瀨瀨のしき波 しくしくに 妹は心に 乘りにけるかも
　　　　　　　　　　　　　　　　　　　　　　　　　　　（巻十一, 2427）
　우지강(宇治川) 물결이 끊임없이 일듯이 그녀는 내 마음에 떠올라 떠나
　지 않네!

와 같이 전반은 寄物의 序에 해당하고, 후반은 陳思에 속한다.
　　이와 같이 譬喩歌과 寄物陳思歌는 그 표현방법을 달리하고 있다.
다만 譬喩歌와 寄物陳思에 속하는 작품을 분석해 보면, 이러한 분류가
엄밀하게는 이루어지지 않았다는 것을 알 수 있다. 즉, 寄物陳思歌에
포함되어 있는,

 * 妹に戀ひ 寢ねぬ朝明に 鴛鴦の ここゆ渡るは 妹が使か

(卷十一, 2491)

아내가 그리워 잠 못 이룬 아침에 원앙새가 이곳을 날아가는 것은 아내의 심부름꾼이런가!

 * 吾妹子に 戀ひし渡れば 劍刀 名の惜しけくも 思ひかねつも

(卷十一, 2499)

아내를 한없이 사랑하기에 (소문나) 이름이 아까운 줄 알면서도 생각하면 견딜 수 없네!

와 같은 노래는 寄物陳思보다는 오히려 正述心緖에 가까운 것이다. 正述心緖의 경우는 문자 그대로 직접적으로 자기의 心緖(생각)를 나타내는 노래로서, 外界의 사물에 의하지 않고 오로지 심정을 직접 표현하는 것으로 일관하는 것을 말하는데, 예를 들면,

 * 心には 千遍思へど 人にいはぬ わが戀妻を 見むよしもがも

(卷十一, 2371)

마음으로는 천 번이라도 그리워하지만 남에게 말하지 않고 내 사랑스런 아내를 볼 수 있는 수단이 있었으면 좋으련만!

 * かくばかり 戀ひむものそと 知らませば 遠く見るべく ありけるものを

(卷十一, 2372)

이토록 사랑이 괴로운 것인 줄을 알았더라면 멀리 떨어져 바라보고 있었을 것을!

와 같이, 비유나 어떤 사물에 의하지 않고 곧바로 자신의 생각을 직접 나타내고 있는 것이다. 이밖에 卷十一에 실려있는 問答歌 중의 略体歌,

 * 雷神の 少し動みて さし曇り 雨も降らぬか 君を留めむ

(卷十一, 2513)

천둥이 조금 치고 날씨가 흐려 비라도 내리지 않을 건가! 당신을 가지 못하게 붙들 수 있도록.

* 雷神の 少し動みて 降らずとも われは留らむ 妹し留めば

(卷十一, 2514)

천둥이 조금 치고 비가 오지 않아도 나는 머물겠소! 그녀가 붙들기만 한다면 …

* 敷栲の 枕動きて 夜も寝ず 思ふ人には 後も逢はむかも

(卷十一, 2515)

베개가 움직여 밤에 잠 못 이루고 내 사랑하는 사람을 나중에 만날 수 있겠지요!

* 敷栲の 枕に人は 言問ふや 其の枕には 苔生しにたり (卷十一, 2516)
베개를 향해 당신은 말을 하는군요! 그 베개에는 (당신이 오래 오지 않아) 이끼가 끼어 있나이다.

의 네 수도 모두 相聞歌에 속하고, 卷十二의 羈旅發思 네 수(略体歌) 중에 3129번가를 제외한 세 수,

* 渡會の 大川の邊の 若久木 わが久ならば 妹戀ひむかも (卷十二, 3127)
와타라이(渡會)의 큰 강변의 푸른 개오동나무, 내 오래 있으면 아내는 그리워하겠지요!

* 吾妹子を 夢に見え來と 大和路の 渡瀨ごとに 手向そわがする

(卷十二, 3128)

내 아내가 꿈에 나타나라고 야마토길(大和路)의 강여울마다 나는 神佛에게 제물 바쳐 빌었노라!

* 豊國の 企救の濱松 根もころに 何しか妹に 相言ひ始めけむ

(卷十二, 3130)

도요쿠니(豊國)의 기쿠(企救)지방의 해변가 소나무는 자상하게도 어째서 아내와 다정한 말을 나누게 되었을까.

의 노래도 모두 相聞歌임을 알 수 있다. 따라서 이상과 같이 人麻呂歌集의 略体歌의 대부분은 남녀간의 사랑을 노래한 相聞歌라는 사실을

확인할 수 있는 것이다.

그런데, 여기서 한 가지 주목해야 할 것은, 대부분 相聞歌로 이루어져 있는 略体歌가 남녀간의 사랑을 노래했더라도, 거기에는 젊은 날의 정열적이고 솔직한 감정을 느끼게 하는 노래가 많다는 점이고, 人麻呂의 전 작품에서 중요한 비중을 차지하는 挽歌가 人麻呂歌集의 略体歌에는 단 한 수도 포함되어 있지 않다는 점이다. 예를 들면, 略体歌 중의

> * 戀ひ死なば 戀ひも死ねとや 玉木车の 路行く人の 言も告げなく
> 　　　　　　　　　　　　　　　　　　　　　　　　　　　　(卷十一, 2370)
> 애타도록 그리워 죽어도 좋다는 말인가. 길가는 사람이 아무런 소식도 전해주지 않는구나!

> * わが後に 生れむ人は わが如く 戀する道に 會ひこすなゆめ
> 　　　　　　　　　　　　　　　　　　　　　　　　　　　　(卷十一, 2375)
> 내 다음에 태어나는 사람은 나처럼 사랑의 길에 빠지지 마오.

> * 巖すら 行き通るべき 健男も 戀とふ事は 後悔にあり (卷十一, 2386)
> 바위조차 꿰뚫고 지나가는 사나이라도 사랑에 빠지게 되면 후회하게 되리라.

> * 戀するに 死するものに あらませば わが身は千遍 死にかへらまし
> 　　　　　　　　　　　　　　　　　　　　　　　　　　　　(卷十一, 2390)
> 애타도록 사랑해 죽는 것이라면 이 몸은 천 번이라도 죽을 터인데

와 같은 노래는 正述心緒歌이기는 하지만, 작자의 열렬한 사랑의 감정이 솔직하고 숨김없이 나타나 있고, 또한 사춘기 소년의 노래라고는 도저히 믿을 수 없을 만큼, 조숙함과 정열을 감지할 수 있는 것이다. 따라서 이러한 작품으로 보아 필자는 연애에 사로잡힌 20대의 청년, 人麻呂의 모습과 그 풍부하고 정열적인 詩情을 느끼는 것이다.

그러면, 略体歌는 과연 언제 어디서 어떻게 제작되었으며, 人麻呂와는 어떠한 관계에 있는가? 이에 대하여 필자는 먼저 略体歌는 人麻呂

의 近江朝 시절에 제작되었을 것으로 파악하고 있다. 그것은 이미 別稿[13])에서 살펴본 바와 같이, <近江荒都歌>(卷一, 29～31)와 <宇治川邊歌>(卷三, 264) <夕浪千鳥歌>(卷三, 266) 속에 흐르는 人麻呂의 서정적 특성, 한문학 융성의 近江朝의 문학적 상황, 人麻呂詩歌 속의 한문학적인 요소, 人麻呂의 출생지와 연령 등을 고려해 보았을 때, 한문체에 가까운 略体歌의 표기는 漢語와 漢文學에 상당한 실력이 없다면 불가능한 것이라고 볼 수 있고, 따라서 人麻呂는 近江朝에 있어서의 백제의 亡命知識人들에 의한 한문학의 영향 속에서 略体歌를 제작하기 시작했을 것으로 판단된다. 이러한 판단은 앞에서도 언급한 바와 같이, 略体歌의 내용이 대부분 남녀간의 사랑을 주제로 한 相聞歌이고, 그 내용도 사춘기를 지난 20대 청년의 연애시처럼 열렬하면서도 솔직하며, 게다가 조숙함까지 나타나 있다는 점과, 인간의 죽음을 소재로 한 挽歌가 略体歌群에는 단 한 수도 없다는 점이 이러한 사실을 증거해 주는 것이라고 본다. 그리고 挽歌가 略体歌群에 한 수도 없다는 사실도 바로 人麻呂의 생애에 큰 영향을 미쳤을 壬申의 난(672년) 이전에 略体歌가 제작되고 筆錄되었다는 것을 반영해 주는 것이라고 생각된다. 만약 감수성이 예민한 청소년 시절에 壬申의 난이라는, 서로 죽고 죽이는 피비린내 나는 싸움을 직접 눈으로 보고 경험했다면, 결코 그의 人麻呂歌集의 略体歌는 相聞的 내용만을 담지는 않았을 것이고, 열렬한 사랑만을 노래하지는 않았을 것이다. 따라서 略体歌群은 인간의 죽음을 체험하지 못하고, 오로지 연애밖에 몰랐던 人麻呂의 청소년 시

---

13) 졸고, 「近江荒都歌小論」, 『日本國學院大學 大學院紀要 - 文學研究科 - 』 第25輯, 1994. 2.

___, 「人麻呂文學의 時代的 背景(上)」, 『日本學報』 第34輯, 韓國日本學會, 1995. 5.

___, 「柿本人麻呂의 傳記的 考察」, 『日本學報』 第41輯, 韓國日本學會, 1998. 11.

절에 제작되었을 가능성이 짙고, 전쟁이 없었던 人麻呂의 청소년 시절
이란 바로 壬申의 난 이전, 즉 天智천황의 近江朝였던 것이다.

한편, <人麻呂歌集歌> 속에 나타난 지리적 소재의 분포를 보더라
도, 人麻呂가 청소년 시절에 近江 또는 近江朝와 밀접한 관련이 있음
을 나타내 보여주고 있다. 즉, 일찍이 石井庄司가 "人麻呂歌集의 지
리적 분포는 大和國이 가장 많아 30개소에 이르며, 山城·近江·紀伊
가 비교적 많고, 다음은 攝津·和泉 등이 1개소뿐이다. 이것을 人麻呂
作歌에 나타난 지명의 분포와 비교해 보아도, 大和國이 가장 많고 대
체로 공통된다. 다른 점은 人麻呂歌集에는 人麻呂의 晩年과 밀접한
관계가 있는 石見國의 지명이 단 한 곳도 나타나지 않고, 人麻呂의 초
기와 관계있다고 생각되는 近江나 山城가 비교적 많다"[14]고 말한 지적
에 주목할 필요가 있다. 그리고 이 人麻呂歌集의 지리적 분포를 略体
歌·非略体歌로 나누어 좀 더 자세히 살펴보면 다음과 같다.

〈人麻呂歌集의 지리적 분포〉

地名 歌体	大和	山城	近江	紀伊	攝津	讚岐	伊勢	備後	美作	筑前	不明
略体歌	9	8	6	2	1		1	1	1	1	3
非略体歌	35	15	4	7		1					2

위의 표에서 알 수 있듯이, 人麻呂歌集의 지리적 분포는 大和·山
城·近江·紀伊가 중심을 이루고 있다. 특히 近江의 경우는 略体歌쪽
이 非略体歌보다도 많이 나타나고 있는데, 이것은 人麻呂가 近江朝
와 관련이 있고, 略体歌가 近江와 관계 깊음을 나타내주는 것이라 생
각된다. 또한 山城(현재의 京都府 南部)는 大和와 近江와의 중간에

---

14) 石井庄司, 「人麻呂考」, 『國語國文の研究』 第22號, 1928. 6, 88쪽.

위치한 지역으로서, 人麻呂는 略体歌의 제작시절부터 끊임없이 大和
와 山城와 近江지방을 여행하면서, 그 서정성 넘치는 노래를 부르고 있
다는 것을 확인할 수 있다. 더욱이 壬申의 난 후, 近江朝의 멸망을 슬
퍼한 作歌 <近江荒都歌>를 비롯하여,

　　 * 淡海の海 夕浪千鳥 汝が鳴けば 情もしのに 古思ほゆ　　　 (卷三, 266)
　　 近江 琵琶湖의 저녁물결 위에 지저귀는 물새떼여! 네가 울면 내 마음도
　　 풀이 죽어 그 옛날이 생각나네!

의 노래와 人麻呂가 近江國으로부터 大和로 상경할 때에 宇治川邊
에 이르러 지은 노래,

　　 * もののふの 八十宇治川の 網代木に いさよふ波の 行く方知らずも
　　　　　　　　　　　　　　　　　　　　　　　　　　 (卷三, 264)
　　 우지강(宇治川)의 어살물 때문에 흐르지 못하고 머무르던 물결이 어느새
　　 행방도 모르게 되었구나!

에 나타난 서정적 특성은, 人麻呂歌集 略体歌 중의 宇治川와 近江
에 관련된 노래, 예를 들면,

　　 * 宇治川の 瀨瀨のしき波 しくしくに 妹は心に 乘りにけるかも
　　　　　　　　　　　　　　　　　　　　　　　　　　 (卷十一, 2427)
　　 우지강의 물결이 끊임없이 일듯 그녀는 내 마음에 안기어 떠나지 않네!

　　 * ちはや人 宇治の渡の 瀨を早み 逢はずこそあれ 後はわが妻
　　　　　　　　　　　　　　　　　　　　　　　　　　 (卷十一, 2428)
　　 우지강 건널목의 여울이 세차서 건널 수 없듯이 지금은 만나지 못해도 언
　　 젠가는 내 아내가 되리!

　　 * 愛しきやし 逢はぬ子ゆゑに 徒に 宇治川の瀨に 裳裾濡らしつ
　　　　　　　　　　　　　　　　　　　　　　　　　　 (卷十一, 2429)
　　 아아, 말날 수 없는 아이 때문에 공연히 우지강 여울에 옷자락 적시었네!

* 宇治川の 水泡逆卷き 行く水の 事反らずそ 思ひ始めてし

(卷十一, 2430)

우지강의 물거품이 거꾸로 흘러 다시 돌아오지 않듯이 (나도) 그 사람을 사랑하게 되었네!

* 淡海の海 沖つ白波 知らねども 妹がりといはば 七日越え來む

(卷十一, 2435)

오미(淡海) 앞 바다 흰 파도의 행방을 모르듯 어딘지 모르지만, 그녀가 있는 곳이라면 이레라도 산 넘어 오겠소.

* 淡海の海 沖つ島山 奧まけて わが思ふ妹が 言の繁けく

(卷十一, 2439)

장래를 걸고 소중히 생각하는 그녀에게 소문이 무성하구나!

* 近江の海 沖漕ぐ船に 碇おろし かくれて君が 言待つわれぞ

(卷十一, 2440)

오미 앞 바다를 노 젓는 배가 닻을 내리고 항구에 숨듯이 남의 눈을 피해 당신의 말씀을 기다리고 있는 저랍니다.

* 淡海の海 沈着く白玉 知らずして 戀せしよりは 今こそ益れ

(卷十一, 2445)

오미 바다 밑에 가라앉아 있는 진주처럼 잘 알지도 못하고 애태우기보다 는 만난 후의 지금이 더욱 좋아라.

등의 작품에 나타난 서정과 비교해 보아도, 상당한 거리가 있음을 확인 할 수 있다.

　이상과 같은 이유에서 人麻呂歌集의 略体歌는 人麻呂가 청소년 시절 近江朝의 한문학 융성의 분위기 속에서, 또한 아직 충분한 일본어 표기를 획득하지 못한 상황 속에서 젊은 날의 애틋하고 열렬한 사랑의 감정을 한문체에 가까운 표기법으로 나타낸 노래라고 볼 수 있다.

V. 非略体歌와 人麻呂와의 관계

<人麻呂歌集歌>의 약 3분의 1(127수)을 차지하고 있는 非略体歌가 人麻呂 이외의 작자명이 있는 소수의 작품을 제외하고, 모두 人麻呂의 自作일 것이라는 점에 대해서는, 대체로 합의가 이루어져 있다. 그것은 무엇보다도 非略体歌의 가풍이 人麻呂作歌와 거의 비슷하다는 데에 인식을 같이 하고 있기 때문이다. 그리고 앞에서 기술한 바와 같이, 非略体歌 중에는 제작연대를 분명히 나타내고 있는 노래가 두 수(卷十, 2033·卷二, 146) 있고, 그것이 각각 天武九年(680)과 大宝元年(701)을 가리키고 있다. 人麻呂가 持統朝의 궁정가인으로서 활약한 시기를 持統三年(689)부터 文武四年(700)이라고 볼 때, 非略体歌는 人麻呂가 궁정가인이 되기 이전부터 시작하여 歌人으로서의 생활이 끝날 때까지 제작한 셈이 된다. 본래 人麻呂歌集 속에 略体歌와 非略体歌가 함께 수록되어 있고, 『萬葉集』의 편찬도 人麻呂歌集을 참조했다는 점을 고려해 볼 때, 人麻呂歌集은 人麻呂 개인의 <私家集> 내지 <私撰集>과 같은 성격의 가집이었다고 생각되는 것이다.

그런데 非略体歌群은 표기면에서 뿐만 아니라, 내용상으로도 略体歌群과 커다란 차이를 보이고 있다. 즉 略体歌群이 거의 대부분 相聞歌인데 반하여 非略体歌群은 다음과 같이

〈人麻呂歌集 非略体歌의 수록상황〉

卷	卷二	卷三	卷七	卷 九			卷 十			卷十一		
分類名	挽歌	雜歌	雜歌	雜歌	相聞	挽歌	春雜歌	秋雜歌	冬雜歌	正述心緒	寄物陳思	問答
歌數	1	1	12	34	5	5	7	43	4	2	8	5
計	1	1	12	44			54			15		

　雜歌 101수, 相聞 20수, 挽歌 6수로서 雜歌가 압도적으로 많은 비중을 차지하고 있다. 그리고 非略体歌는 作歌의 제작시기와 공통된 부분이 있어서인지는 몰라도 표기법에 있어서는 作歌와 별로 차이가 없다. 뿐만 아니라, 내용적으로도 作歌의 세계와 공통된 점을 발견할 수 있다. 즉 非略体歌 속에도 人麻呂의 궁정적인 생활과 황자황녀와의 관계를 엿볼 수 있는 작품이 적지 않다는 것이다. 예를 들면,

　　大宝元年辛丑幸于紀伊國時, 見結松歌一首
　　(大宝元年辛丑, 紀伊國으로 행차갈 때, 가지 묶인 소나무를 보며 지은 노래 한 수)

　　＊ 後見むと 君が結べる 磐代の 子松がうれを また見けむかも
　　　　　　　　　　　　　　　　　　　　　　　　　　　(卷二, 146)
　　나중에 다시 보려고 그대가 묶어놓은 이와시로의 작은 소나무 가지를 다시와 보았을까!

의 노래를 비롯하여,

　　＊ 三吉野の 御船の山に 立つ雲の 常にあらむと わが思はなくに
　　　　　　　　　　　　　　　　　　　　　　　　　　　(卷三, 244)
　　미요시노의 미후네산에 이는 구름처럼 언제까지 이 세상에 있으리라고 나는 생각하지 않네!

　　＊ ぬばたまの 夜霧は立ちぬ 衣手の 高屋の上に 棚引くまでに
　　　　　　　　　　　　　　　　　　　　　　　　　　　(卷九, 1706)
　　밤안개가 자욱히 끼어 있구나! 다카야(高屋)위에 길게 끼일 정도로

와 같은 弓削황자·舍人황자의 노래, 또한

　　＊ とこしへに 夏冬行けや かはごろも 扇放たず 山に住む人
　　　　　　　　　　　　　　　　　　　　　　　　　　　(卷九, 1682)
　　언제까지나 여름과 겨울이 함께 간다고 하느냐. 몸에는 겨울 가죽옷 입고

손에는 여름부채 들고있는 산에 사는 사람아!

* 妹が手を 取りて引きよぢ ふさ手折り わが揷頭すべき 花咲けるかも
(卷九, 1683)

그녀의 손을 잡고 올라가 한아름 꺾어 내가 머리에 꽂아야할 꽃이 피어났구나!

* 春山は 散り過ぐれども 三輪山は いまだ含めり 君待ちかてに
(卷九, 1684)

봄의 산에는 꽃이 져가지만 미와산은 아직 꽃 봉우리 그대로 있네. 당신을 기다려도 오지 않는데.

* さ夜中と 夜は深けぬらし 雁が音の 聞ゆる空に 月渡る見ゆ
(卷九, 1701)

밤은 깊어 한밤중에 된것 같다. 기러기 소리 들려오는 하늘엔 달 건너는 것이 보이는구나!

* 妹があたり 茂き雁が音 夕霧に 來鳴きて過ぎぬ 爲方なきまでに
(卷九, 1702)

그녀의 집 쪽에서 요란스레 울어대는 기러기 소리가 저녁안개 속을 뚫고 울며 지나갔네. 그녀가 그리워 견딜 수 없을 정도로

* 雲隱り 雁鳴く時は 秋山の 黃葉片待つ 時は過ぐれど
(卷九, 1703)

구름 속에서 기러기 울어댈 때는 가을 산의 단풍잎을 오로지 기다리네. 계절은 벌써 지나가지만

등과 같이, 忍壁·舍人·弓削황자에게 바친 헌가가 人麻呂歌集의 非略体歌 세계의 일부분이라고 볼 때, 人麻呂와 궁정과의 관계는 非略体歌群에도 밀접하게 나타나 있는 것이다. 더욱이 이들 忍壁·舍人·弓削황자는 모두 天武천황의 황자이고, 人麻呂作歌에 있어서의 황자들과 같은 계통이라고 볼 수 있다.

그런데 非略体歌가 人麻呂의 궁정생활이나 황자들과 밀접한 관련이

있다고 해도 作歌의 세계와는 미묘한 차이를 보이고 있다. 즉 作歌에 있어서의 황자황녀 관계가는 모두 長歌反歌로 이루어져 있는 반면에, 非略体歌의 그것은 短歌만으로 되어있다는 점과, 作歌의 대부분이 讚歌 혹은 挽歌인데 반하여, 非略体歌의 경우는 <宇治若郎子宮所歌一首>(卷九, 1795)를 제외하고는, 찬가도 만가도 포함하고 있지 않다는 점이다.[15] 특히 人麻呂가 作歌에 있어서 실력을 발휘한 궁정찬가나 빈궁만가가 非略体歌에는 전혀 보이지 않고, 다만 中大兄황자에 의해 처형된, 비극의 황자 有間황자에 대한 哀傷歌라든가 持統朝에 그다지 주목받지 못하고 소외되어 있었던 忍壁·舍人·弓削 황자들에게 친애의 정을 獻歌로써 나타냈다고 하는 것은, 天武·持統朝에 있어서의 人麻呂의 문학활동을 파악하는데 주목해도 좋으리라 생각된다.

또 한 가지 人麻呂歌集의 非略体歌에서 가장 주목되는 것은, <卷向歌群>이라고 불리는 특이한 노래들이다. 大和의 穴師(아나시)·卷向(마키무쿠)·弓月(유츠키) 등의 지명을 노래 속에 포함시켜, 높은 완성도를 나타내고 있는 이 歌群은, 종래 人麻呂의 歌風형성과 인생을 파악하는데 중요한 歌群으로 인식되어 왔다.

　　* 痛足川 川波立ちぬ 卷目の 由槻が嶽に 雲居立てるらし

　　　　　　　　　　　　　　　　　　　　　　　　　　(卷七, 1087)

아나시강(痛足川)의 강물결이 일고 있다. 마키모쿠(卷目)의 유츠키 봉우리엔 구름이 피어오르고 있네.

　　* あしひきの 山川の瀬の 響るなべに 弓月が嶽に 雲立ち渡る

　　　　　　　　　　　　　　　　　　　　　　　　　　(卷七, 1088)

산천의 여울물이 콸콸 소리내며 흐르고 유츠키(弓月) 봉우리에는 구름일어 흐르네.

---

15) 阿蘇瑞枝,「柿本人麻呂の作品」,『萬葉集講座』第五卷, 有精堂, 1975, 243쪽.

* 鳴る神の 音のみ聞きし 卷向の 檜原の山を 今日見つるかも

(卷七, 1092)

천둥같은 굉장한 소문만을 듣던 마키무쿠(卷向)의 히바라산(檜原山)을 오늘 마침내 보았노라!

* 三諸の その山並に 子等が手を 卷向山は 繼のよろしも

(卷七, 1093)

미와산(三輪山)의 連山에 사랑스런 아내 손 감는다는 마키무쿠산이 이어진 모습은 너무도 아름답네!

* 卷向の 痛足の川ゆ 往く水の 絶ゆること無く またかへり見む

(卷七, 1100)

마키무쿠산의 아나시강을 흐르는 물처럼 끊임없이 다시 와 보겠노라!

* ぬばたまの 夜さり來れば 卷向の 川音高しも 嵐かも疾き

(卷七, 1101)

어두운 밤이 찾아오니 마키무쿠산의 강물소리 요란스럽네. 폭풍이라도 심하게 부는 것일까.

* 兒等が手を 卷向山は 常にあれど 過ぎにし人に 行き卷かめやも

(卷七, 1268)

아내 손 감는다는 마키무쿠산은 변함없이 항상 있건만 저 세상으로 가버린 사람의 손을 감쌀 수는 없게 되었네!

* 卷向の 山邊とよみて 行く水の 水沫のごとし 世の人吾等は

(卷七, 1269)

마키무쿠산의 언저리를 콸콸 소리내며 흐르는 물거품처럼 허무하기만 하네. 현세에 사는 우리들은.

* 卷向の 檜原に立てる 春霞 おぼにし思はば なづみ來めやも

(卷十, 1813)

마키무쿠산의 히바라에 자욱한 봄 안개처럼 희미한 마음이라면 어찌 이 험한 길을 고생하며 찾아오겠는가.

* 子等が手を 卷向山に 春されば 木の葉しのぎて 霞たなびく

(卷十, 1815)

아내 손 감는 마키무쿠산에 봄이 오니 나뭇잎 위에 봄 안개 자욱이 피어
있네!

* 玉かぎる 夕さり來れば 獵人の 弓月が嶽に 霞たなびく

(卷十, 1816)

저녁이 되니 유츠키 봉우리에 봄 안개 자욱이 피어 있네!

* あしひきの 山かも高き 卷向の 岸の子松に み雪降り來る

(卷十, 2313)

산이 높아서일까 마키무쿠산 절벽의 작은 소나무에 눈이 내리고 있네!

* 卷向の 檜原もいまだ 雲居ねば 子松が末ゆ 沫雪流る   (卷十, 2314)

마키무쿠산의 히바라에도 아직 구름이 끼지 않았는데 작은 소나무 끝을
가랑눈이 흐르듯 내리고 있네!

* 長谷の 弓槻が下に わが隱せる妻 あかねさす 照れる月夜に 人見てむかも

(卷十一, 2353, 旋頭歌)

하츠세(泊瀬)의 유츠키 아래에 숨겨놓은 내 아내, 그 아내를 밝게 빛나는
달밤에 남이 보았을까!

　이상은 <人麻呂歌集歌> 중에 卷向·弓月 방면의 지명이 들어있는
노래로서, 卷向·弓月が嶽·痛足川·檜原 등이 보이고 있다. 卷向의
지명이 『萬葉集』 내의 人麻呂歌集 외에는 二例(卷四·643, 卷十二·
3126)밖에 보이지 않으므로 매우 특이한 현상이라 할 수 있겠다. 어쨌든
아름다운 서경과 서정을 노래하고 하고, 인생의 허무함을 느끼기 시작한
단계에 와 있는 작품이라 생각되고, 人麻呂歌風 형성의 과도기에 있는
歌群이라 판단된다. 즉, 사랑의 相聞詩人에서 挽歌詩人으로 넘어오는
중간에 위치하는 작품이라 볼 수 있다.
　『萬葉集』卷十의 秋雜歌部에 수록되어 있는 38수의 <七夕歌群>

도 人麻呂歌集 非略体歌(단, 2031번가는 略体歌임)의 세계를 형성하
는 주요한 歌群이다. 이 중에서 卷十의 2033번가는 人麻呂歌集 非略
体歌 및 七夕歌의 제작연대, 人麻呂의 연령추정이나 경력문제와도 밀
접하게 관련되어 있는 중요한 작품으로 인식되고 있다. 그리고 人麻呂
歌集의 七夕歌가 중국에서 유래한 순수한 칠석전설에 기인한 내용이라
기보다는 일본신화의 세계와 융합된 표현이 많고, 인간적이고 지상적인
사랑의 애환을 노래하는 등, 일본적인 특징을 보이고 있다는 점에 대해
서는 이미 고찰한 바가 있다.[16] 그리고 이러한 人麻呂歌集 七夕歌群
의 특징을 나타내는 배경으로서는 일본인들의 현세적 인생관과 생활을
들 수 있고, 한편으로는 七夕전설의 전래시기가 『萬葉集』 제1기말에서
제2기로 넘어오는 과도기에 해당되는 만큼, 口誦단계에서 벗어나 인간
적 감정·개인적 서정을 추구하고, 七夕전설을 어디까지나 지상의 相聞
的 문학으로 표현하고자 했던 人麻呂의 文學化·記載化에 대한 노력
도 그 배경의 하나로 간주할 수 있을 것이다.

한편, 주지하는 바와 같이 歌風에 있어서도 非略体歌는 人麻呂作
歌의 세계와 거의 비슷하다는 것을 알 수 있다. 즉, 앞에서 예를 든 卷
七의 非略体歌,

　　　＊ 卷向の 痛足の川ゆ 往く水の 絶ゆること無く　またかへり見む
　　　　　　　　　　　　　　　　　　　　　　　　　（卷七, 1100）

는 人麻呂의 유명한 ＜吉野讚歌＞(卷一, 36～39) 중의 反歌,

　　　＊ 見れど飽かぬ 吉野の河の 常滑の 絶ゆること無く　また還り見む
　　　　　　　　　　　　　　　　　　　　　　　　　（卷一, 37）
　　아무리 보아도 싫증나지 않는 요시노강, 그 강의 물이끼처럼 끊임없이 다

---

16) 졸고,「萬葉集 七夕歌의 研究」,『東아시아古代學』第8輯, 東아시아古代
學會, 2003. 12, 19～28쪽.

시와 보겠노라!

의 노래와 거의 비슷한 基調로 되어있고, 앞에서 언급한 卷七의 非略体歌,

> * 兒等が手を 卷向山は 常にあれど 過ぎにし人に 行き卷かめやも
> (卷七, 1268)

는 人麻呂의 <近江荒都歌>(卷一, 29〜31) 중의 反歌,

> * ささなみの 志賀の大わだ 淀むとも 昔の人に またも逢はめやも
> (卷一, 31)

와 聲調가 비슷하고, 역접과 반어를 동시에 구사하고 있다. 또한, 卷九의 挽歌部에 있는 非略体歌 두 수,

> * 黃葉の 過ぎにし子等と 携はり 遊びし磯を 見れば悲しも
> (卷九, 1796)
> * 潮氣立つ 荒磯にはあれど 行く水の 過ぎにし妹が 形見とぞ來し
> (卷九, 1797)

의 노래를 卷一에 있는 人麻呂作歌,

> * ま草刈る 荒野にはあれど 黃葉の 過ぎにし君が 形見とぞ來し
> (卷一, 47)
> 풀 베는 거친 들판이지만 단풍잎처럼 (저 세상으로) 가버린 그대의 추억이 담긴 곳이기에 찾아왔노라!

와 비교해 보아도, 작품의 구성면이나 제재면, 또는 내용·표현에 있어서 너무나 흡사하다는 사실을 알 수 있고, 아울러 동일인의 작품으로 간주할 수 있다. 따라서 人麻呂歌集의 非略体歌는 七夕歌를 포함하여,

타인의 작품이라고 명기되어 있는 것 외에는, 거의가 人麻呂의 自作인 것만은 틀림없다.

　이상과 같이, 人麻呂는 이미 非略体歌에서 자신의 歌風을 형성하였고, 그 내용에 있어서도 略体歌의 정열적이고 相聞的인 내용의 단계를 벗어나, 자연과 인생의 모순과 거기에서 느끼는 갈등을 노래하기도 하고, 자연의 경건함과 위대함마저 느끼게 하는 노래를 감동적으로 부르고 있음을 알 수 있다. 또한 표기법에 있어서도 非略体歌는 한문체 표기의 영향에서 벗어나 새로운 일본어 표기의 방법을 획득하였음을 보여주고 있는 것이다.

IV. 結 論

　언어예술인 문학에 있어서 일본어가 아직 제대로 형성되기 이전에 柿本人麻呂라는 일본의 古代歌人이 자신의 이름이 들어가 있는 『萬葉集』內의 『柿本朝臣人麻呂之歌集』 속에서 일본어의 부속어인 조사나 조동사, 그리고 활용어미 등이 극도로 생략된 略体표기에서 그렇지 않은 非略体표기로 표기법을 전환해 갔다는 것은, 먼저 일본어 표기법을 획득하기 위한 그의 文學的 營爲의 과정을 나타내 준다고 볼 수 있다. 또한 한자를 통한 萬葉歌 표기를 表意文字인 한자체로부터 表音文字인 일본어 표기로 독립해 가는 그의 創造的 문학활동을 의미하는 것이라고 결론지을 수 있을 것이다.

參 考 文 獻

『古事記 祝詞』(日本古典文學大系1), 東京, 岩波書店, 1958, 1~463쪽.

『萬葉集 一』(日本古典文學大系4), 東京, 岩波書店, 1985, 1~374쪽.

『萬葉集 二』(日本古典文學大系5), 東京, 岩波書店, 1985, 1~478쪽.

『萬葉集 三』(日本古典文學大系6), 東京, 岩波書店, 1985, 1~480쪽.

『萬葉集 四』(日本古典文學大系7), 東京, 岩波書店, 1985, 1~506쪽.

『日本書紀 上』(日本古典文學大系67), 東京, 岩波書店, 1992, 1~654쪽.

『日本書紀 下』(日本古典文學大系68), 東京, 岩波書店, 1991, 1~627쪽.

阿蘇瑞枝, 『柿本人麻呂論考』, 東京, 櫻楓社, 1972.

_____, 「人麻呂集の書式をめぐって」, 『萬葉』第20号, 萬葉學會, 28~34쪽.

_____, 「柿本人麻呂の作品」, 『萬葉集講座』第5卷, 有精堂, 1975, 238~271쪽.

石井壓司, 「人麻呂集考」, 『國語國文の研究』, 第22号, 1928. 6.

稻岡耕二, 「轉換期の歌人·人麻呂」, 『日本文學』1977年 6月号, 1~18쪽.

_____, 「人麻呂歌集歌の筆錄とその意義」, 『國語と國文學』, 1969年 10月号.

澤瀉久孝·森本治吉 共著, 『作者類別 年代順 萬葉集』, 東京, 新潮社, 1932.

粂川定一, 「人麻呂歌集庚辰年考」, 『國語國文』第35卷 10号, 1966. 10, 1~14쪽.

西鄕信綱, 『增補 詩の發生』, 東京, 未來社, 1971, 1~344쪽.

尹永水, 「和歌 起源論 再考」, 『東洋學』第34輯, 檀國大學校 東洋學研究所, 2003. 8, 161~176쪽.

_____, 「萬葉歌의 탄생과 渡來人의 역할」, 『日語日文學研究』第42輯, 韓國日語日文學會, 2002. 8, 1~25쪽.

_____, 「萬葉集の分類に關する研究」, 韓國 中央大學校 大學院 碩士學位論文, 1988. 6, 1~110쪽.

_____, 「人麻呂歌集論의 전개양상과 문제점」, 『京畿人文論叢』第12輯, 京畿大學校, 2004, 189~223쪽.

_____, 「近江荒都歌小論」, 『日本國學院大學 大學院紀要 - 文學硏究科 - 』第25輯, 1994. 2, 73〜98쪽.

_____, 「人麻呂文學의 時代的 背景(上)」, 『日本學報』第34輯, 韓國日本 學會, 1995. 5, 253〜281쪽.

_____, 「柿本人麻呂의 傳記的 考察」, 『日本學報』第41輯, 韓國日本學 會, 1998. 11, 299〜314쪽.

_____, 「萬葉集 七夕歌의 硏究」, 『東아시아古代學』第8輯, 東아시아古 代學會, 2003. 12, 5〜43쪽.

'오키나와 주체' 기록과 '오키나와 역사학'*
― 이하 후유(伊波普猷)와
야나기타 구니오(柳田國男)를 중심으로 ―

전 성 곤**

I. 들어가면서

이하 후유(伊波普猷)가 "남하한 일본민족의 이동을 민속학적으로 고찰한 것"[1]이라고 밝히고 있듯이, 이하 후유는 일본민족이 북방에서 흘러내려와 오키나와로 이동했다는 '남진론'을 주장했다. 반면 에에 대립되는 논리로서 야나기타 구니오(柳田國男)는 "적어도 이들 섬(오키나와)의 생활을 보면, 이는 사물의 출발에 해당하는 것으로 세상의 끝이라고는 생각할 수 없다"[2]고 논하는 북진론을 주장했다. 다시 말해서 야나기타 구니오는 오키나와의 조사를 통해, 오키나와가 세상의 끝, 즉 종착점

* 이 논문은 2007년 정부(교육인적자원부)의 재원으로 한국학술진흥재단의 지원을 받아 수행된 연구임(KRF-2007-362-A00019).
** 고려대학교 일본연구센터 HK연구교수, 일본학전공
1) 伊波普猷, 『日本文化の南漸』, 東京, 樂浪書院, 1939, 1쪽.
2) 柳田國男, 「海南小記」, 『世界教養全集』 21, 東京, 平凡社, 1962, 82~83쪽.

이 아니라, 사물의 시작 즉 출발점이라고 주장했다. 후유와 야나기타는 남진론과 북진론을 주장하면서 대립하고 있었다.

그런데 남진론과 북진론 논쟁은 이전에 다케고시 요사부로(竹越与三郎)와 야마지 아이잔(山路愛山) 사이에도 존재했었다. 다케고시는 『남국기(南國記)』에 일본인과 말레이인이 원래는 동일 인종이었다고 주장하는 남진론이었고, 야마지는 『일본인사(日本人史)』에서 일본인종의 북진론을 내세우고 있었다.3) 이들의 논쟁은 결국 도리이 류조(鳥居龍藏)의 '혼합민족론'이라는 일본민족론 주장에 의해 종결된다.4) 중요한 것은 이들 다케고시와 야마지의 논쟁은 어느 한쪽을 두고 일본기원을 주장한다는 의미에서, 일면적이었지만, 후유와 야나기타는 일본민족이 혼합민족이라는 공통분모를 가지면서 남진이냐 북진이냐를 놓고 첨예하게 대립하게 된 것이다.

그런데 문제는 이하 후유가 오키나와 출신으로서 '오키나와학'을 창출한 인물이고 야나기타는 일본인으로서 '일본민속학'을 일구어낸 학자인데, 이러한 입장 차이에서 대립되는 논쟁을 제시한다는 점이다. 결과적으로 보면 후유와 야나기타는 제국주의의 지배자입장과 피지배자입장이라는 '상위한 위상' 속에서 각각 민족적 아이덴티티를 제창하고 있었던 것이다.

일본이 폐번치현에 의해 오키나와를 일본내지로 편입시킴으로써 오키나와는 일본제국주의의 영토로 '호명'되었다. 그러한 역사적 상황 속에서 이하 후유는 1921년에 오키나와를 방문한 야나기타와 만나면서 '오키나와학'을 창출하는데 발을 들여놓게 되었다. 따라서 야나기타의 권유가 없었더라면 오키나와학의 아버지로서 태어날 수 없었을 것이다.5)

---

3) 전성곤, 「일본의 '인종' 경합 논리와 제국주의 : 비교방법론의 양상을 중심으로」, 『日本思想』 제14호, 韓國日本思想史學會, 2008, 113~138쪽.
4) 鳥居龍藏, 『鳥居龍藏全集』 第1卷, 東京, 朝日新聞社, 1975, 410~424쪽.

이하 후유는『류큐인종론(琉球人種論)』과『고류큐(古琉球)』를 집필하면서『고류큐의 정치(古琉球の政治)』라는 저서를 엮어낸다.『고류큐의 정치』의 서문을 보면 야나기타 구니오의 권유로『고류큐의 정치』라는 제목으로 저서를 공표하게 되었으며, 일본민족의 지족(支族)으로서 오키나와가 형성된 역사를 서술한다고 밝히고 있다. 그리고 이 저서를 야나기타에게 송부하여 논쟁을 꾀한다.[6] 한편 야나기타는 1921년 12월 규슈를 출발하여 오키나와를 방문했는데, 오키나와 조사를 통해 획득한 결과물이 바로『해남소기(海南小記)』이다.

이처럼 역사적 관련성을 띤 이하 후유와 야나기타의 운명적 만남이었지만 두 학자가 내린 결론은 서로 정반대의 '인식'으로 나타난다. 물론 둘 중 어느 한쪽의 이론이 '정당'하고 '옳다'는 것을 따지는 것이 아니라, 이 두 사람 모두 언어학자 쳄버린(Chamberlin)의 영향을 받았다는 점, 그리고 류큐는 일본에서 남하한 것이라는 주장이 무엇보다도 중요한 것이다. 이하 후유의 그것은 야나기타의 '북상(北上)' 구상과는 길항관계에 있었지만, 현지인의 증언이라는 측면에서 또는 '일류동조(日琉同祖)'라는 점에서 이 두 사람의 논리는 공통된 인식을 가지고 있었다.[7]

---

5) 綾部恒雄,『文化人類學群像』3, 東京, アカデミア出版社, 1998, 108~109쪽.
6) 伊波普猷,『古琉球の政治』, 東京, 鄕土硏究社, 1927, 71~72쪽. 나는 이전에 이 논문이 게재된 신문을 오려내어 야나기타 구니오(柳田國男) 씨에게 보낸 적이 있는데 야나기타씨는 반론을 인정하고, 또한 여러 가지 주의 점을 적어 주었다. 그중 한 구절 중에는 "지금 야나기타 자신이 읽고 있는 가토 겐지(加藤玄智) 등이 참가하는 신도 담합회와 연구자단체에게 이를 읽어보게 하였더니, 내지에서의 신도연구가로서 유명한 히라타(平田)학파가 일대를 풍미했는데, 이에 반하는 설을 말하는 자는 용서치 않았는데, 그 원형이 오키나와 섬의 풍습과 매우 닮았다고 말하는 자가 한둘이 아니었다. 그리하여『인류학회잡지(人類學會雜誌)』를 모아 남도의 신앙생활을 보다 자세하게 살펴보니, 놀랄 정도의 공통성을 발견했다. 남도의 연구자가 고종교의 원형을 살펴보는 것은 부러울 따름이다"고 적고 있다. 실로 야나기타의 말 그대로이다.
7) 村井紀,『南島イデオロギーの發生』, 東京, 岩波書店, 2004, 272쪽.

그런데 문제는 이하 후유의 일류동조론이 피식민자의 입장이라는 '서발턴'적 위치에서 표현한 '주체'의 표상이었는데, 일본제국주의를 긍정하는 정치적 위험성과 오키나와의 '주체'를 설정하는 위험한 균형을 유지하는 딜레마를 안고 있었다[8]는 점이다. 물론 야나기타는 '일본민족의 원형'을 찾아내려는 '욕망' 속에서 '오키나와'를 발견하고 표상하고 있었다. 이렇게 보면 이하 후유와 야나기타에게는 공통적으로 '원형의 재현'이라는 '욕망'이 존재했다는 것인데, 이하 후유가 제국주의자 측의 '논리'를 수용하면서 또 다른 '주체'를 형성하는 '시선'을 가졌다는 점이다.

그것은 다시 야나기타의 입장에서 보면, 피식민자의 입장에서 논하는 자신의 주체형성 욕망을 활용하면서 제국의 판도에 끌어들이는 '주체'형성의 욕망이 존재했다는 점이다. 이러한 공통점은 다시 '공동체'의 해체와 재식민화라는 현재적 숙제를 '보편성'의 문제와 연결하여 고민하게 만드는 '현재적' 의미가 있다고 본다. 이를 위해 먼저 이하 후유의 '오키나와 역사학' 기록과 주체의 문제점을 살펴보기로 한다.

II. 이하 후유의 '고대' 해석과 그 특징

일본제국에 의한 류큐의 폐번치현이라는 역사적 사건을 경험한 이하 후유는 일본제국주의를 경험하고, 제국주의의 붕괴와 함께 역사의 뒤안길로 후경화(後景化) 되었지만 이하 후유의 업적은 다시 전경화를 맞이하고 있다.

이하 후유는 '오키나와'라는 지역의 특성을 드러내는 '오키나와학'을 창출했다. 물론 이러한 이하 후유의 업적에 대해 일본제국주의에 동화를

---

8) 村井紀, 앞의 책, 271쪽.

강조한 입장이라는 비판적인 평가를 내리는 경향과, 그와 반대로 반골자 (反骨者)의 얼굴을 주장하는 입장으로 혼재되어 있다. 또한 '순수하게' 연구 논고만을 중시하는 입장도 존재한다. 타협자와 반골자의 이항대립 적인 얼굴은 이하 후유의 사상이 가진 양면적인 성격, 즉 일본과 동화하 려는 논리와, 오키나와의 독자성을 유지하려는 노력의 모순에서 오는 해 석인 것이다. 이러한 이하 후유의 입장은 『고류큐의 정치』에서도 잘 드 러나 있다.

이하 후유는 류큐에서 삼산(三山) 분쟁시대, 즉 류큐가 중산(中山), 남산, 북산이라는 세 개의 왕국으로 분열된 상태에서 아마미키요(アマ ミキヨ)파의 종교계통을 계승한 중부의 주권자들에 의해 중앙집권과 제 도적 통일을 이루어냈음을 주장한다.

이것은 류큐의 역사 중에서 상진왕(尙眞王)시대에 류큐 군도가 정치 적으로 통일함과 동시에 종교적으로도 통일한 점을 가와카미 하지메(河 上肇)의 논고에서 그 유사성을 찾아낸다.[9] 즉 일본의 숭신천황(崇神天 皇)의 조정이 신궁(神宮)과 황거(皇居)를 따로 마련했다는 사실을 바탕 으로 국가통일의 시기를 기획했다는 점에 집중한다. 다시 말하면 숭신천 황 시기에 신궁과 황거가 분리되었다는 것은 천황 씨의 씨신(氏神)이었 던 황조신령이 처음으로 종족 전체의 신이 되었음을 의미한다.

한마디로 말해 가와카미는 신궁과 천황이 기거하는 장소가 구분되는 역사적 사건이 생긴 숭신천황기에 대해 재해석을 시도한 것이다. 반면 아리가 나가오(有賀長雄)는 "신무천황의 건국 때에는 신으로 숭배하는

---

9) 이하 후유가 참고 했다고 밝히는 가와카미 하지메(河上肇)의 「崇神天皇ノ國 家統一ノ一大時期ヲ劃スモノナリト云フノ私見」, 『京都法學會雜誌』 第6卷第1号, 1911, 136~148쪽. 이 논고 이외에도 「政体ト國体」, 『京都法 學會雜誌』 第6卷第3号, 1911, 10~51쪽 ;「意志自由ノ否認」, 『京都法學 會雜誌』 第6卷第6号, 1911, 78~86쪽 ;「琉球糸滿ノ個人主義的家族」, 『京 都法學會雜誌』 第6卷第9号, 1911, 111~142쪽이 있다.

마음이 조상이라고 존경하는 마음과 서로 다른 점이 있었는데, 신기(神器)와 함께 있는 것이 부모와 함께 살고 있다는 느낌을 주었다. 그러나 세상을 다스리다 보니 숭신의 마음이 조상을 존경하는 마음보다 커져 마침내 동거할 수 없게 되고 신성함을 모독할 우려가 있다고 보아, 별도로 분리하게 되었다"[10]고 주장했다.

물론 이에 대해 반박하는 것은 아니지만, 가와카미는 신궁과 황거의 분리가 나타나게 된 것이 여러 씨족들 또는 종족이 이 시기에 천황의 씨족을 통해 통일되었기 때문에 이전에는 천황씨의 씨신에 불과했던 황조신령이 여기서 처음으로 그들 씨족 또는 종족의 공동신이 되었다는 것이다. 다시 말하면 신궁과 황거의 분리가 이시기에 나타났으며, 이러한 시대를 맞이한 것은 정치상으로 천황씨의 세력이 그 씨성이 아닌 사람들에게까지 위력이 미치게 된 것이며, 종교상으로도 천황씨의 씨신의 세력이 그 성씨 이외의 사람들에게 미치게 된 것이라고 보았다.[11]

이는 가와카미의 표현을 빌리면, 여러 씨족들이 모여 살면서 하나의 종족을 이루게 된 경우 씨족 중 가장 세력이 강한 씨신이 종족 전체의 신이 된다는 논리이다. 그와 동시에 가장 세력이 강한 씨족의 성씨는 정치상으로도 종족의 수장이 될 뿐만 아니라, 종교상으로도 최고의 신관(神官)으로서 '공동의 신을 제사'지내는 특권을 갖게 된다고 해석할 수

---

10) 有賀長雄,『大日本歷史』, 東京: 博文館, 1922, 108쪽.

11) 河上肇,「崇神天皇ノ國家統一ノ一大時期ヲ劃スモノナリト云フノ私見」, 앞의 잡지, 139~140쪽. 神宮皇居ノ別行ハルルニ至リシテハ種々ノ氏族又ハ種族カ是ノ時ヲ以テ我カ天皇氏ノ爲ニ統一融合サルルニ至リシカ爲メニ從來ハ單ニ天皇氏ノ氏神タルニ過キサリシ皇祖ノ神靈カココニ始メテ是等氏族又は種族ノ共同ノ神タルニ至リシタメニテ換言スレハ神宮皇居ノ別是ノ時ヲ以テ行ハルルニ至リシハ政治上ニ於ケル天皇氏ノ勢力か其ノ氏以外ニ及フニ至リシニ伴ふて宗敎上ニ於ケル天皇氏ノ氏神ノ勢力モ亦タ其ノ氏以外ニ及フニ至リシカ爲メニ外ナラス.

있다.12) 이는 고대 희랍신화에도 유사하게 나타났는데13) 일본에서도 『일본서기(日本書紀)』를 살펴보면, 숭신천황시기에 처음으로 야마토(大和) 조정의 위력이 일본열도에 세력을 떨쳤던 사관과 연결된다.14) 그리하여 숭신천황시기에 신궁과 황거의 분리가 처음으로 있었다는 사실은 천황이 신위를 훼손하지 않기 위해서가 아니라, 천황 씨족의 신이 천황의 내부의 신에 그치지 않고 더 넓은 범위의 공동의 신의 경지에 이르렀기 때문이라고 해석할 수 있을 것이다.

즉 황조의 아마테라스 오미카미(天照大神)가 야마토 민족 공동의 조상신이 되는 계기가 된 것이다. 동시에 일본에서 많은 신들을 모신다는 이야기는 결국 천황씨의 조상신이 이미 공동의 제신이 된 뒤에도 씨족들이 각각 제신을 모시고 있었다는 해석이 가능해진다. 결과적으로 일본에서 종교상의 통일과 융합이 일어나서 일본이 '하나'로 통일된 것이라고 보았다.15)

---

12) 河上肇,「崇神天皇ノ國家統一ノ一大時期ヲ劃スモノナリト云フノ私見」, 앞의 잡지, 143쪽. 多數ノ氏族相合シテ一ノ種族ト爲ル場合ニ於イテハ其ノ相合シタル氏族ノ中ニ於イテ最モ勢力アル氏ノ神か一步ヲ進メテ新タニ發生シタル種族全体ノ神ト爲リカクテ相合シタル數多ノ氏族ハ皆ナ之ヲ以て共同ノ神ト爲ニ至ルナリ. … 其ノ氏ノ神ハ他ノ氏ニ屬スル人々ニ依ッテ崇拜セラレ漸ヲ追フテ種族全般ノ歸依ヲ受クルコトト爲ル也乍併此ノ如ク或ル勢力アル氏ノ神カ種族全体ニ解放セラルルコトト爲リテモ其ノ神ノ祭事ハ依然トシテ從來ノ氏ノ特權ニ屬スルモノニテ卽チ最モ勢力アル氏ノ氏上ハ政治上ニ於イテ種族ノ首長タルノミナラス宗教上ニ於イテモ種族最高ノ神官トシテ其ノ同ノ神ヲ祭ルノ特權ヲ有スルモノトス.

13) 河上肇,「崇神天皇ノ國家統一ノ一大時期ヲ劃スモノナリト云フノ私見」, 앞의 잡지, 145쪽.

14) 河上肇,「崇神天皇ノ國家統一ノ一大時期ヲ劃スモノナリト云フノ私見」, 앞의 잡지, 146쪽.

15) 河上肇,「崇神天皇ノ國家統一ノ一大時期ヲ劃スモノナリト云フノ私見」, 앞의 잡지, 147~148쪽. 而シテ今マ仮リニ崇神天皇ノ御代ヲ以テ

가와카미의 이러한 해석을 모방하여 이하 후유가 전개한 것은 일본의 숭신천황시기와 류큐의 상진왕(尙眞王)시기로 이는 무엇보다도 중요하다. 류큐에서는 상진왕이 중앙집권을 실시하여 씨족들을 통일시키고 융합함으로써 씨족 종족 공동의 제신이 완성되었다고 보았다.

상진왕은 오기야카모이(オギヤカモイ)라 부르는 사람으로 서기 1477년(文明9년)에서 1526년(大永6년)까지 거의 50년간을 류큐 군도를 지배한 명군(名君)이다. 상진왕이 류큐 역사상 어떠한 지위를 차지하고 있었는지를 알기 위해서는 먼저 삼산(三山) 분쟁시대 전후의 류큐의 사회 상태를 살펴볼 필요가 있다. 14세기 초엽에 류큐가 중산, 남산, 북산이라는 세 개의 왕국으로 분열된 것처럼 적고 있는데, 나는 이들 세 지방이 독자적으로 발달하여 이 시대에 각각의 국가형태를 취한 시대였다. 씨족 중 가장 강한 자를 추대하여 수장으로 모셨는데, 생존경쟁의 결과 분리와 합병을 거듭해왔다. 14세기 초두에 이르러 마침내 3개의 단체로 수렴된 것이다.16)

宗教上ノ一大統一アリシ時代ナリトセシかカノ神宮皇居ノ別始メテ行ハルト云フノ事實ハ只タ天皇カ神威ヲ瀆サンコトヲ恐レ給ヒシテ由ルト解釋シ去ルコト如何アラン余ハ之ヲ以テ天皇氏ノ神カ啻ニ天皇氏ノ内部ニ於ケル神タルニ止マラスシテ更ニ廣キ範圍ニ於ケル共同ノ神タルニ至リシカ爲メニ始メテ之ヲ皇居ニ祭ラスシテ別ニ神社卽チ磯堅城の神籬ヲ立テテ玆ニ祭リ給フニ至リシモノト解セント欲ス.卽チ天照大神カ吾カ大和民族共同ノ祖神タルニ至リシ發端ナリ.若シ夫レ日本大國鬼神ノコトニ就イテハ少シク思フ處アレド今マ溢リニ憶說ヲ立テスシテ止マン.只タ彼ノ大物主神ニ至ッテハ之ヲ以て其ノ頃新タニ征服セラレシ或ル有力ナル氏族ノ祖神ト解シテ恐ラク過ナカラン.若シ夫レ別ニ八十万ノ群神ヲ祭リ給ヒシト云フカ如キハ盖シ天皇シ祖神旣ニ共同ノ祭神タルニ至リシト雖モ獨ホ各氏族ハ皆ナ其レ其レノ祭神ヲ有セシノ事實ヲ指セルモノ見ルヘシ.扨テ此ノ如クニシテ宗教上ノ統一融合卽チ人心ノ統一融合アリ,天社國社各々定マル所アッテ疾病始メテ息ミ國内漸ク謐リ五穀旣ニ成ッテ百姓饒ヒヌト云フヘシ.

이하 후유의 오키나와학 구축의 주된 초점은 류큐 왕조에 의한 오키나와통일과, 일본의 내지통일의 유사성이라는 일본내지와 오키나와의 관계에 중점을 두었다. 그런데 문제는 이하 후유가 오키나와학의 통합논리를 일본제국 통합과정에서 모델을 찾은 점이다. 이하 후유에게 있어 오키나와 연구는 '오키나와 내부의 조화'와, '일본과 오키나와의 조화'라는 두 가지의 지상과제를 동시에 해결하려는 것에 있었다.

또한 이하 후유는 오키나와의 민속, 종교를 일본과의 관련 속에서 찾아내고자 고군분투했다. 그 시발점이 된 것은 노로(祝女)라는 여성 신관에 대한 관심을 가지고 니간(根神)이나 넷추(根人)의 역할을 찾아내었고, 왕과 기코에 오호기미(聞得大君)의 관련을 통해 정치와 종교에 대해 기술하기 시작했다. 이처럼 이하 후유는 노로라는 여성 신관에 관심을 두었다가 결국 류큐인의 종교가 일본의 고신도(古神道)와 거의 동일한 것이라고 제시한다. 그 중에서도 류큐인의 종교적 통일을 이룬 기코에 오호기미를 모신 기코에 오호기미오돈(聞得大君御殿)이 대표적 신으로 자리매김한 이유를 다음과 같이 제시한다.

> 류큐 신도의 본산격인 기코에 오호기미오돈은 이때부터 슈리(首里)의 데시라즈(汀志良次)였는데, 옛날에는 슈리성 정문 앞의 소노히야 무오타케(園比屋武御嶽)의 뒤편에 있었다는 전설이 있다. 지금은 그 흔적을 오돈(御殿) 야시키(屋敷)라 부른다.[17]

다시 말해서 류큐의 수도인 슈리에서 기코에 오호기미를 모시는 장소가 류큐 전체의 종교적 통일로 나타난 것이며 류큐의 최고신을 기코에 오호기미로 형상화했다. 이는 가와카미가 제시한 것처럼 류큐의 왕조가 하나로 통일된 상가(尙家)의 시대를 등장시킨 것이었다. 동시에 이하 후

---

16) 伊波普猷, 『古琉球の政治』, 東京: 郷土研究社, 1927, 8쪽.
17) 伊波普猷, 앞의 책, 31쪽.

유는 구체적으로 최고의 신으로서 기코에 오호기미를 '정신적' 상징물이라고 주장한다. 가와카미가 제시한 숭신천황의 신궁과 황실의 분리를 이하 후유는 기코에 오호기미가 류큐 왕실과 분리되는 논리로서 동일선상에 놓고 해석한다.

한편 이하 후유는 『여관어쌍지(女官御双紙)』라는 류큐의 신에 관한 일을 적은 책의 제시를 통해 신관을 기코에 오호기미가 기미(君) 중 최고의 위치에 있음을 증명했다. 이 신사에서 근무하고 제사를 담당하던 자는 미혼의 왕녀였음을 알았다.

> 옛날에는 여성이 최고의 자리에 있었고 왕비 다음의 지위로 개정되었다고 적고 있는데, 그녀는 국민의 최고의 신관이었고 국민의 최고의 신관이었으며 신 앞에 국민을 대표하는 자임을 제시했다.[18]

신직에 종사한 것이 여성이며 당시 최고의 신관으로서 왕비 다음의 지위를 확보하고 있었다고 주장한다. 이를 통해 고대에는 여성의 지위가 높았음을 제시하였고 여성의 역할이 중시되던 모권사회를 부르짖고 묘사하고 있었다. 여성이 말을 탔다는 징후를 포착하여 여성이 말을 탔다는 편린을 기술한다. 『남도잡화(南島雜話)』를 보면 여성이 말을 타는 모습을 싣고 '부인의 승마'라고 설명되어 있다.[19] 이하 후유는 기코에 오호기미가 말을 탔다는 기록을 제시한다. 다시 말해서 고대에는 여성의 활동이 왕성했다는 사실과 결합한 것이다.

이를 통해 여성의 지위를 최고의 위치로 전환시키면서 여성의 위상을 재창출해낸다.[20] 특히 신관으로 무엇보다도 기코에 오호기미에서 신인

---

18) 伊波普猷, 『古琉球の政治』, 東京: 鄕土硏究社, 1927, 32쪽.
19) 名越左源太他, 『南島雜話1』, 東京, 平凡社, 1984, 192쪽.
20) 伊波普猷, 앞의 책, 77쪽. 『일본서기(日本書記)』 백봉(白鳳) 11년 4월 부분을 보면, "부녀자가 말을 타고, 남자처럼 행동하는 것은, 그 자체로 발생한 일이다"라고 말하고 있는데, 일본의 상고(上古)시기에도 처음에는 류큐처럼 부인들

(神人)에 이르기까지 묘사하며 마치 하나의 조직도처럼 류큐의 모든 노로쿠모이, 넷추, 신인이 국민 최고의 신관인 기코에 오호키미의 명령 하에 전체가 움직인다는 연관성을 설파한다. 다시 말해서 류큐의 민족적 종교로서의 기코에 오호기미가 존재했음을 일본과의 연관성을 동시에 거슬러 올라가며 주장했던 것이다.

이하 후유는 결과적으로 동조론을 통해 오키나와와 일본과의 조화를 확보하면서 오키나와의 '개성'을 주장했다. 즉 그는 오키나와인을 '류큐민족'이라는 독자적인 민족이라고 호소했다.

『고류큐』로 대표되는 초기 이하 후유의 오키나와사관은 이를테면 이중구조를 지닌 것이었다. 즉 일본과의 '동조'가 강조되는 한편, '류큐민족'의 영광스러운 역사가 설명되었다. 오키나와인은 '일본인'이지만 '일본인'과는 다른, 즉 '동조'임을 강조하면서 '류큐민족'임을 부르짖었던 것이다. '동조'라는 틀을 만들어 일본과의 조화를 확보함에 따라 처음으로 그 틀 내에서 오키나와 내셔널리즘을 증폭시키는(창출해내는) 것을 가능하게 했던 것이다. 그런데 아이러니컬하게도 '일본과의 동조론'은 오히려 오키나와의 개성을 보증하는 '아이콘'으로 기능(작동)했던 것이다.

Ⅲ. 이하 후유의 '특수성'과 '보편성'

이하 후유는 특히 구메 구니타케(久米邦武)의 『일본고대사(日本古代史)』를 인용했는데, "고대의 무격존중은 일본과 지나와 한국이 동일했다"는 표현을 빌려 북방과의 동일성을 강조했다.[21] 당시 이하 후유는

이 말을 탔던 것이다.

21) 久米邦武, 『日本古代史』, 東京, 早稻田大學出版, 1907, 51~53쪽. 이하

고대에 존재했던 동아시아에서의 종교적 특성까지 '동일'함을 제창[22]하는 입장에 서 있었다. 류큐에서 민족적 종교인 기코에 오호기미가 쇠퇴하면서 무격의 대표, 즉 도키(トキ)<覡>나 유타(ユタ)<巫>가 생겨나 공인되었다고 논한다.

모든 종교에는 신비적인 요소가 포함되어 있는데, 오키나와의 민족적 종교에도 또한 그것이 포함되어 있다. 옛날에는 가민추(神人), 즉 고데(コデ)는 신비적 힘을 가지고 있어서 신탁(神託)<류큐의 고어로는 미스즈리(ミスズリ) 또는 미세세르(ミセセル)라고 한다>을 선전하는 자라고 믿고 있었는데, 나중에는 그러한 힘을 갖지 못하는 이름뿐인 가민추도 출현하게 되었다. 그리하여 신탁을 선전하는 자는 마침내 이것을 직업으로까지 삼게 되었다. 이는 말하자면 도키와 유타라고 칭하는 자들로 생령(生靈), 사령(死靈)의 구치요세(口寄)(죽은 자의 혼을 불러 자신의 입을 빌려 말하게 하는 것으로, 류큐에서는 이를 가카이몬(カカイモン)이라 한다. 일본 상고시대의 신내림과 같은 것이다)를 겸하게 되었다.[23]

> 이처럼 일본의 도키와 유타의 역할을 논하고 신탁[24], 의무(醫務),[25] 점을 치는 행위[26]로 규정하면서 동아시아의 공통적 특징으로 귀속시킨다. 이하 후유는 하네다 도오루(羽田亨)의 「북방민족사이의 무에 대하여(北方民族の間に於ける巫に就いて)」를 인용했다. 하네다는 토루코와 퉁그스, 몽고지역에도 무(巫)가 존재하는데, 일본에서 말하는 미코(ミコ),

---

후유는 구메의 『일본고대사』를 참조한 것은 확실해 보이나, 그 페이지가 달랐다. 이것은 이하 후유가 인용하는 문장의 페이지가 정확하지 않은 이유에 대해서는 생각해 볼 여지가 있다.
22) 이하 후유 자신은 하네다 도오루(羽田亨)의 「北方民族の間に於ける巫に就いて」(1916)를 참조하고 있었다. 羽田亨, 『羽田博士史學論文集』下卷, 言語·宗敎篇, 東洋史學會, 1958, 473~489쪽.
23) 伊波普猷, 『古琉球の政治』, 東京: 鄕土硏究社, 1927, 84~85쪽.
24) 伊波普猷, 위의 책, 91쪽.
25) 伊波普猷, 위의 책, 106쪽.
26) 伊波普猷, 위의 책, 97쪽.

가무나기(カムナギ) 등에 해당한다고 보았다. 무는 사람들의 길흉을 예언하기도 하고 병을 치료하기도 하는데, 이를 샤먼교(Shamanism)라 부른다[27]고 제시했다. 그런데 그 특징을 보면 여무(女巫)가 존재했고 제사에 관여했음을 주장한다.[28]

그렇다면 무(巫)를 북방민족들 사이에서는 무엇이라고 불렀을까. 그들 몽고, 퉁그스, 토루코족 등의 인종이나 적어도 언어에 대하여 연구를 하면 할수록 그들의 자매관계의 상세함을 확인할 수 있다.[29]

물론 이하 후유는 몽고어, 기르기스어, 위구르어 토루코 및 퉁그스어를 구체적으로 인용하거나 설명하지는 않았지만 조선과 퉁그스, 몽고, 토루코, 페르시아 등의 각국의 언어에 보이는 무(巫), 즉 샤먼을 칭하는 동북아시아의 '문화'로 이해하고 있었던 것이다.

그것은 오키나와의 노로라는 샤먼의 역할과 기코에 오호기미라는 최고의 신관이 존재했음을 정당화시키면서 류큐왕국의 과거를 재현하는 방법론이었다. 또한 그것은 오키나와만이 가진 '특수함'이 아닌 동아시아에 존재하는 '일반적인 아이콘'으로 입지를 굳혔던 것이다. 한편 이하 후유는 시대가 변하면서 노로의 역할이 쇠퇴하게 됨을 '진화론적'인 시각에서 해석한다. 물론 이하 후유는 노로와 기코에 오호기미가 하나의 정치상으로 필요했던 기관이며 제도라고 해석했다.

따라서 아무리 민족적 통일을 이룬 종교였다 할지라도 시대가 변하고 다른 종교와 만나게 되면 제도로서 가치를 상실하게 된다고 보았다. 이것은 오키나와뿐만이 아니라 '제도'가 가진 숙명이라고 여겼다. 그렇기 때문에 고대에 아무리 아름다운 제도였다 할지라도 그것이 사명을 다하면 새로운 제도에 그 지위를 양보하지 않으면 안 되는 것이 '제도'라고

---

27) 羽田亨, 「北方民族の間に於ける巫に就いて」, 『羽田博士史學論文集』 下卷, 言語·宗敎篇, 東洋史學會, 1958, 473쪽.
28) 羽田亨, 위의 책, 475쪽.
29) 羽田亨, 앞의 책, 497쪽.

본 것이다. 귀스타브 르 봉(Gustave Le Bon)의 『민족발전의 심리』를 참조했는데, 귀스타브는 "국민의 심리에 영향을 주는 요소들을 연구하면서도 국민적 성격은 영구불변하는 것이라고 보아 (중략) 고정성이 존재하기 때문에 종족혼이 변화하는 것은 매우 고루하다"[30]고 보았다. 이하 후유는 귀스타브가 말하는 국민의 심리변용 논리에 관심을 갖고, 심리의 결과물로 나타나는 제도에 초점을 두었다. 즉 역사적으로 이름을 남긴 문명국은 정복자로서 다른 종족들을 융합하면서 발전하게 되는데, 이 종족이 어떻게 용광로 속에 넣어 주조해내는지를 설명해낸다. 그것을 통해 국민혼을 발현시키고 국민의 감정, 사상, 제도, 신앙 및 미술이 모여 국민혼으로 작동되는데, 타국민으로부터 문명의 요소를 빌려올 때에는 그 국민이 외부요소를 받아들이면서 변화하는 힘이 있어야 한다[31]고 보았다. 그렇지만 외부를 받아들여 내부를 발전시키는 것은 문명의 요소를 받아들여 변화를 일구어내는 것은 두뇌의 세포가 수백 년을 거치면서 만들어진 것이라고 본다면, 이종(異種) 유기체의 감정이나 요구에 접합한 것으로 변화하는 것은 하루아침에 이루어지는 것은 아니다. 변화를 이루는 것은 유전적 축적력 뿐이다. 과거의 유산인 문명의 요소를 심리조직에 변화시켜야만 겨우 유화(類化)된 것이라고 볼 수 있다.[32]

다시 말해서 국민의 감정, 사상, 제도, 신앙 및 미술이 문명을 만들어내는 요소들인데, 이는 국민의 심적 요소이며 문명을 만들어내는 특유의 요소이며 그것이 바로 심적 조직의 성과[33]라고 본 것이다. 이러한 의미에서 본다면 문명요소를 변용시키는 신종교, 신언어, 신제도를 채용하여 어떻게 변화하는가가 중요한 것이다.

---

30) ギュスターヴ・ル・ボン著, 大日本文明協會譯, 『民族發展の心理』, 東京: 大日本文明協會, 1910, 31쪽.
31) ギュスターヴ・ル・ボン著, 大日本文明協會譯, 앞의 책, 76~77쪽.
32) ギュスターヴ・ル・ボン著, 大日本文明協會譯, 앞의 책, 97~98쪽.
33) ギュスターヴ・ル・ボン著, 大日本文明協會譯, 앞의 책, 100쪽.

이하 후유는 예를 들어 제도가 이미 시대가 변했음에도 불구하고 그것이 존재한다면 그 제도는 오히려 감옥으로 변하여 인간을 노예화한다고 보았다.[34] 따라서 국민진화를 위해서는 제도 속에서 찾는다면, 그 제도도 새로운 제도에 그 지위를 양보하지 않으면 안 되는 것이 제도 그 자체의 이상이라고 논한다.

이러한 인식으로 이하 후유는 류큐의 신도가 그 사명을 다하고 쇠퇴한 것은 오히려 당연한 것이라고 말한다. 때문에 하나의 조상신으로 돌아간 기코에 오호기미가 원래 '한' 씨신으로 돌아간 것은 당연한 것이라고 보았다.

> 수년전 상가(尙家)에서는 데시라즈(汀志良次)에 있었던 민족적 종교의 본산인 기코에 오호기미오돈을 매각하고 신체(神體)를 상가의 저택 안으로 옮겼다. (중략) 400년 전 상가가 정치상의 중심이었던 그리고 종교상의 중심이었을 때 조상신은 그 집을 떠나 신사에 진좌되었는데, 1879년 폐번치현이 되자 상가가 정치상, 종교상의 중심에서 떠나게 되어 그 조상신은 다시 원래의 집으로 돌아갔다.[35]

역사적 사건으로 '현재적 상황'인 폐번치현으로 인해 '류큐 왕국'이라는 구제도는 이제 역사의 뒤안길로 사라졌지만, 류큐인은 '일본제국'이라는 '신제도' 속으로 들어가게 되었다(편입되었다). 이하 후유는 이를 새로운 '소생'이라 해석했다.

> 인간사회에는 제도라는 것이 있고 기관이 있는 것은 신체에 옷을 입히는 것과 마찬가지이다. 실체인 인간이 성장하면 이전의 제도나 기관은 이미 맞지 않는 것이 된다. 이때에는 제도나 기관을 개조하거나 이들을 없애고 신제도나 신기관을 채용하는 것은 (중략) 실체적인 내용이 발달하여 이것을 감싸는 형식이 낡은 것이 된다는 것을 알아채지 못하면 형식이

---

34) 伊波普猷, 『古琉球の政治』, 東京: 郷土研究社, 1927, 106쪽.
35) 伊波普猷, 앞의 책, 107쪽.

라는 것은 모르는 사이에 감옥으로 변화한다는 것을 알지 않으면 안 된다.[36]

1879년의 폐번치현과 함께 오키나와는 300년 전으로 돌아가게 된 것이며 자유를 되찾은 것이라고 보았다. 그런데도 류큐인들이 아주 오랜 세월동안 '노예'라는 경험과 '순치'되어 해방을 맞이했음에도 불구하고 이를 받아들이지 못하고 있다고 여겼다.

그리고 이하 후유는 다케고시 요사부로가 『남국기』에서 일본인과 말레이인이 원래는 동일 인종이었다고 주장하는 남진론에 대해 비판을 가하면서 류큐의 역사는 대일본 역사의 축소판이라고 주장한다. 즉 일본이 대국으로 성장할 수 있었던 것은 이하 후유의 말을 빌려 표현하면, 일본인이 대국민이 될 수 있었던 것은 단 한 가지 이유 통일성에 있었는데 그것은 류큐도 마찬가지라는 것이다.

> 야마토민족의 장점은 통일성이 강한 점에 있다. 그 하나의 지엽인 류큐 종족이 류큐 군도에 흩어져 살았어도 역시 동일한 개성을 발휘하고 있다. 그들의 이주지는 크고 작은 50여개의 섬으로 되어 있는데, 그 근해는 파도가 밀려오는 험악한 곳이며 통일을 이루는데 쉽지가 않았다. 하지만 그들의 정치적 본능은 이 불편한 것을 이겨내고 북방의 종가를 흉내 내어 훌륭한 왕국을 건설했다.[37]

류큐가 통일을 이룬 것을 일본의 통일성과 연결시키면서 통일성은 혈기왕성한 젊음을 가진 자가 아니면 통일할 힘도 강하지 못하는데(없는데), 많은 종족의 혈액을 흡수하고 많은 새로운 사상을 흡수했기 때문에 건전한 국민이 될 수 있었던 것"으로, 류큐도 마찬가지로 "2천 년 전 남도에 이주한 변종이 된 류큐인이 이제는 일본인으로 들어가는 것'이라고 본 것이다.

---

36) 伊波普猷, 『古琉球の政治』, 東京: 鄕土硏究社, 1927, 109쪽.
37) 伊波普猷, 앞의 책, 110쪽.

류큐의 진상을 알고 있는 사람은 류큐 처분의 결과로 인해 흔히 말하는 류큐 왕국이 멸망했지만 류큐 민족은 일본제국 속으로 들어가 부활하게 된 것을 알지 않으면 안 된다.[38]

이하 후유는 오키나와가 재생할 수 있는 길은 일본제국으로 '들어가는 것'이라고 보았으며 그럼으로써 류큐인이 부활된다고 주장했다. 그것은 "남도인이 일본 민족으로부터 갈라져 나왔지만, 고대신화와 국사의 사이에 유사점이 적지 않은 것은 남도에 이주한 시대가 일본 건국 이전으로 거슬러 올라간 것을 시사하는 것"[39]이며 일본의 "기기(記紀)의 개벽신화는 야마토 민족이 조직화한 것인데, 천(天)에 대한 사상이 현저하게 발달하여 그 우주관이 입체적으로 된 것은 지나(支那)사상의 영향"[40]이라고 주장한다. 그리하여 결과적으로 일본보다 오히려 오키나와에 고대의 '일본'이 존재한다고 피력한다.

토기는 당시 문화의 가장 좋은 표식을 보여주는데 문양의 비교연구를 통해 이를 남긴 것이 아이누가 아니라, 일본민족의 조상이며 건국당시에는 꽤 독특한 문화를 발달시키고 있었다.[41]

이하 후유는 일본민족이 원래는 아이누보다 훨씬 이전에 이주해온 것이라고 주장하면서 그 분파로서 북쪽에서 남으로 이주한 류큐의 조상이라고 주창한다. 이때 야나기타와의 논쟁이 벌어진다. 이는 야나기타가 일본민족에 류큐인이 혼합되었다는 논진을 펴면서 오키나와를 포섭하는 논리로 전개된다.

---

38) 伊波普猷, 『古琉球の政治』, 東京: 鄕土硏究社, 1927, 123쪽.
39) 伊波普猷, 『日本文化の南漸』, 東京: 樂浪書院, 1939, 830쪽.
40) 伊波普猷, 앞의 책, 858쪽.
41) 伊波普猷, 앞의 책, 863쪽.

Ⅳ. 야나기타 구니오의 『해남소기(海南小記)』

『해남소기』는 1921(大政10)년 12월 19일에 출발하여 2월 9일에 돌아오는 여정 속에서 수집한 고어(古語), 고속(古俗)을 기록한 것이다. 야나기타는 오키나와의 나하(那覇), 구니가시라(國頭), 미야코시마(宮古島), 이시가키시마(石垣島)를 방문하면서[42] 적은 기록이라고 술회했다.[43] 비록 여행기록이기는 하지만 중요한 것은 야나기타가 류큐를 방문하고 나서 일본인의 기원을 오키나와로 설정한다는 점이다.[44] 야나기타의 오키나와 여행의 목적은 일본이나 일본인을 알기 위한 것이지, 오키나와의 향토성을 규명하는 것에 있었던 것은 아니다. 따라서 야나기타는 '일본인의 원 조상'을 규명한다는 아프리오리를 가지고 오키나와를 찾았던 것임에 틀림없다.

이하 후유의 연구가 오키나와 학문의 출발점이라고 한다면 『해남소기』는 그것을 일본의 문화사연구로 연결하여 진전시켰다. 이하 후유는 야나기타의 성원에 힘입어 '오모로사우시'를 학문적으로 연구할 수 있었다고 하는데, 후쿠마(福間)는 이요리 쓰토무(伊從勉)의 입장, 즉 이하 후유가 일본과의 대등함이 좌절되자 '원고향'성을 유지하는 오키나와의 연구와, 야나기타의 '원일본'에 대한 이미지 추구를 위한 오키나와연구라는 입장이 르상티망(ressentiment)이라고 비판하는[45] 것도 일리가 있다고 논한다.

42) 福田アジア, 『柳田國男の民俗學』, 東京: 吉川弘文館, 2007, 74쪽.
43) 柳田國男, 「海南小記」, 『世界敎養全集』 21, 東京: 平凡社, 1962, 8쪽.
44) 伊波普猷, 『孤島苦の琉球史』, 東京: 春陽堂, 1926, 9～10쪽 ; 柳田國男, 「海南小記」, 『定本柳田國男集』 第1卷, 東京: 筑摩書房, 1963, 301쪽 ; 柳田國男, 「海上の道」, 『定本柳田國男集』 第1卷, 東京: 筑摩書房, 1963, 31쪽.
45) 福間良明, 앞의 책, 220～221쪽. 伊藤幹治, 『日本人の人類學的自畵像』,

야나기타는 오키나와의 고어(古語) 등을 일본본토의 민속과 관련시키면서 『해남소기』를 기술했는데, 특히 오키나와의 사회와 역사를 파악하는 방법은 오키나와인의 생활 습속으로 그것이야말로 오키나와에 나타나는 고유한 특징이라고 규정한다. 야나기타는 고어를 통해 일본과 오키나와의 관련성을 설명해가는 방식을 취했다.

> 우물을 가와(カワ)라고 부르는 것은 오키나와의 섬만이 아니다. 규슈에서도 널리 이카와(イカワ)라고 부르고 있다. (중략) 야마토 섬에서는 보통 볼 수 있는 우물을 미야코에서도 야에산에서도 쓰리카(ツリカー)라 부른다. 줄에 화병 같은 것을 가지고 사용하는 의미에서 나온 말이다.46)

야나기타는 내지와 오키나와 언어의 유사성을 설명하면서 오키나와와 내지와의 동일성을 모색했다. 야나기타에게 있어 첨예한 과제로 떠올랐던 '기원'에 대한 설명이 오키나와의 언어가 하나의 단서를 제공해주었다. 또 『남도잡화』 등을 이용하여 어린아이들의 놀이문화를 둘러싼 새로운 특징을 지적하기도 했다. 물론 내지에 존재하던 어린이의 놀이문화가 잔존해 있는 곳이 오키나와라고 본 것이다.47)

東京: 筑摩書房, 2006, 25~37쪽. 야나기타의 일국민속학 논리의 밑바탕에는 내셔널리즘이 존재했고, 이를 이하 후유는 상대화하여 트랜스내셔널리즘을 형성했다는 논리로 정리했다.

46) 柳田國男, 「海南小記」, 『世界敎養全集』 21, 東京: 平凡社, 1962, 86쪽. 야나기타는 다음과 같이 말한다. "20여년 전에 오키나와를 여행한 사람 이야기에 12살, 13살의 소학교 여학생이 콩 크기 만한 문신을 새긴 것이 귀여웠다고 했다. 오키나와현에서는 일반적으로 하치지(ハチジ)라 부른다. 게이초(慶長)의 초기에 간행된 류큐신도기에도 문신을 새기는 풍속을 적고 있는 것을 보면, 핫쓰키의 전음(轉音)이라는 것을 알 수 있다. 오시마(大島)에서는 못박기(釘突き)라고 『남도잡화(南島雜話)』에 있는데, 이것도 하리쓰키(針突き)의 오자가 아닐까." 또한 柳田國男, 「海南小記」, 위의 책, 28쪽. 감저(甘藷), 감자(唐芋), 돼지(ぶた) 등을 쳄버린의 저서를 참조하고 있었다. 柳田國男, 「海南小記」, 같은 책, 43쪽.

이처럼 집중적으로 오키나와에 대한 시선은 야마토와의 일치성을 찾아내는 작업으로 이어졌다. 그중에서도 고대의 신도에 대해 의미를 부각시키고 그 일치성을 강조하는 논의로 심화시켜간다. 고대에는 오키나와에 신도가 융성했는데, 그것은 현존하는 일본 내지와 동일하며 일치하는 부분을 간과해서는 안 된다는 것이다. 물론 그에 대한 증거로서 역시 오키나와가 신도와 관련이 있음을 알 수 있다.[48] 특히 중앙집권을 이룬 정치적 특징의 사회를 중산(中山)시대에 집중했으며 상가(尙家)의 시대에 초점을 맞추었다.[49]

이하 후유는 가와카미의 논고를 예로 들며 오키나와의 정치적 통일시대를 상가의 통일시대로 유사함을 도출해냈던 논리와도 동일하게 만났다. 특히 여기서 중요한 것은 기미기미, 즉 노로에 의한 종교의 통일과 그것이 정치로 이어졌다는 제정일치를 부각시킨다.

> 일반적인 역사에는 오시마(大島)군도가 류큐 귀속의 섬이 된 것은 문명3년 이후의 일이라고 적혀 있는데, 이것은 오류이다. 중산시기에 주인에게 공물을 바치는가 바치지 않는가는 그 시대의 안즈(按司) 집의 사정에 의한다. 섬사람들은 같은 옷을 입고 같은 말로 이야기하고 같은 계절에 같은 방법으로 마을의 신을 제사지낸다고 한다면, 이 국가는 처음부터 하나였던 것이다. 그렇기 때문에 기미기미의 기관이 왕가(王家)의 제어를 받아 속계(俗界)의 군주가 종교의 힘을 이용하여 36개의 섬이 통일을 이루었을 때 북쪽의 섬들도 이에 맞추어 변하지 않았다. 다시 말해서 정복당한 것이 아니라 초목이 바람에 흔들리듯이 귀복(歸服)했던 것이다.[50]

군주들이 종교의 힘을 이용하여 통치를 시도한 것에 주로 할애된다.[51]

---

47) 柳田國男,「海南小記」,『世界敎養全集』21, 東京: 平凡社, 1962, 33쪽.
48) 柳田國男,「海南小記」, 위의 책, 92쪽.
49) 柳田國男,「海南小記」, 위의 책, 39쪽.
50) 柳田國男,「海南小記」, 앞의 책, 37쪽.
51) 柳田國男,「海南小記」, 앞의 책, 67~68쪽. 야나기타는 다음과 같이 표현한

특히 신과 교통하며 금기를 가진 노로, 다시 말해서 노로의 역할이 심층
적으로 제시되고[52] 고대일본의 제정일치시대의 모습을 가시화시켰다.
이처럼 오키나와의 신도와 내지의 신도에서 동일성을 찾았고 제정일치
시기의 유사함을 찾아내었다. 그런데 야나기타는 오키나와 일본의 동
일성을 논하지만, 인종의 이동경로가 남쪽에서 북쪽으로 올라온 '북진
론'을 주창하게 된다.

> 아시아의 동쪽 끝 해도로 들어온 자들이라는 것만 알지, 북쪽에서 남쪽
> 으로 내려온 것인지, 그 반대로 남쪽에서 북쪽으로 이동한 것인지 (중략)
> 지금은 어떠한 억측도 가능하다. 그렇지만 이 작은 섬사람들의 생활을 보
> 면 그것은 오히려 원시초기의 형태에 가깝지 끝이라고 생각하기는 어렵
> 다.[53]

위의 야나기타의 논리는 이하 후유가 주장하는 논리, 즉 일본인종이
북쪽에서 남방으로 이동했다는 '남진론'과는 상반되는 논리이다. 따라서
야나기타는 일본민족의 원형이 오키나와이지만 그 인종이 남쪽에서 북
진해 온 것이라 본 것이다. 이하 후유의 논리와 야나기타의 논리 중 어느
쪽이 사실인가를 따지는 것은 그다지 중요한 것이 아니다. 두 사람의 주
장은 첨예하게 대립되었지만 여기서 문제의 초점은 결과적으로 "현지인
의 증언이라는 측면에서 또는 '일류동조'라는 점에서 공통된 인식을 가
지고"[54] 있었다는 점에 있다. 물론 이하 후유는 당시 오키나와에 대해

다. "종교의 투쟁이 있었다. 야에산도 오키나와에도 마찬가지로 무녀(巫女) 신
도였는데 마을이 서로 떨어져있었던 탓인지 신앙의 계통도 달랐다. 아카하치(赤
蜂) 토벌의 배에는 특히 기미하에(君南風)라 불리던 구메시마(米島)의 무녀의
우두머리를 태우고, 적의 퇴치를 기원하게 하였다. (중략) 미사키오타케(美崎御
嶽)의 신덕(神德)과 오나리(オナリ)의 조력으로 배들은 모두 무사히 돌아왔는
데, 두 여자는 오아모(大阿母) 즉 무녀의 수장으로 임명되었다. 이로서 기코에
오호기미의 신도에 통일되었던 것이다".
52) 柳田國男, 「海南小記」, 앞의 책, 90쪽.
53) 柳田國男, 「海南小記」, 앞의 책, 83쪽.

관심이 없었던 시기에 오키나와를 단순히 식민지지배지로서의 위치가
아니라, 일본인과 동일한 조상임을 강조하면서 새로운 관심을 끌 수 있
는 기회로 삼았다. 그 이유는 당시 관심의 대상이었던 일본민족의 과거
에 대한 설명과 해명이 복잡하게 얽혀 있던 시기에 일본민족의 루트에
대한 실마리를 풀어줄 수 있는 신뢰의 장소로서 오키나와를 설정했기 때
문이다. 그런데 야나기타의 주장에 의해 이하 후유는 자신이 지금까지
주장해온 오키나와와 일본의 일류동조론에 '남진'과 '북진'을 둘러싸고
균열이 생긴다. 하지만 그와 같은 현실인식 속에서 서로 자신의 입장에
서 과거를 바라 본 '상상의 고대'를 체현해냈다는 점과, 당시의 학지였던
비교언어학을 동원한 '내면'의 창출이었던 점에서 의의가 있다고 본다.

V. 나오면서

이하 후유는 야마기타 구니오와 함께 '시대적 담론'인 '고대 일본민족
의' 루트를 찾는 '공공의 작업'과 연동하면서 류큐의 '과거'를 재현해냈
다. 일본의 제국주의 지배로 편입된 오키나와는 '오키나와의 존재'에 대
한 정체성 위기를 맞았고, 일본은 새로운 지역을 획득함으로서 '새로운
국민국가 정체성'을 제시하지 않으면 안되었던 상황이었다. 이러한 시대
적 상황 속에서, 피식민자였던 이하 후유는 오키나와학을 구축하였고,
지배자측의 야나기타 구니오는 일본민족의 형성 루트를 재조명하게 되
었다.

이하 후유는 야나기타 구니오의 권유로 『오모로사우시(おもろさう
し)』를 연구하게 되고, 그 결과물로서 오키나와의 『고류큐의 정치』라는

---

54) 村井紀, 앞의 책, 272쪽.

저서를 간행하였다. 이하 후유는 오키나와의 새로운 정체성 회복을 위해, 고류큐에 관심을 집중했고, 비교언어학과 신화해석을 통해 일본과의 관련을 중시하는 '일류동조론(日琉同祖論)'을 주창하게 된다.

동시에 야나기타 구니오는 일본민족의 루트를 규명하는 작업의 일환으로 '오키나와'를 조사하고, 오키나와를 일본민족과 동일한 조상이라는 '일류동조론'에 찬성하게 된다. 야나기타는 오키나와 자체에 관심을 갖고 오키나와의 고대를 찾아내려는 것이 아니라, 일본민족의 '루트'로서의 '원일본인'의 자화상을 그려내려는 입장이었다.

후유와 야나기타는 '일본과 류큐가 동일조상'이라는 공통적 '인식'하에 오키나와인과 일본인이 '공동으로 체현'해 낸 오키나와학이었다. 그러한 의미에서 후유와 야나기타는 '국민국가'의 민족형성론을 구축한 '이데올로기스트'였다. 그런데 이하 후유는 『고류큐의 정치』에서 오키나와 인종이 북쪽에서 남으로 이동했다는 남진론을 주장했고, 야나기타는 오키나와 인종이 남쪽에서 이동하여 북상했다는 북진론을 주장하면서 대립하게 되었다. 또한 오키나와의 기코에 오호기미(聞得大君)를 신관의 대표로 설정하면서, 오키나와의 국학으로서의 '오키나와학'을 구축하기에 이른다. 야나기타는 노로 즉 신관의 존재를 통해서 고대일본의 제정일치시대의 모습을 가시화시키고, 오키나와 신도와 일본 신도의 동일성을 찾아냈고 일본의 과거를 체현해 냈다.

결과적으로 이하 후유와 야나기타는 자신들의 필요에 의한 새로운 정체성을 구축하기 위해서 오키나와에 관심을 가졌고, 오키나와의 과거를 재해석하고 있었던 것이다. 오키나와라는 텍스트를 통해, 이하 후유는 일본이라는 네이션(nation)에 적극적으로 가담하면서, 일본민족과는 차이화를 가진 '오키나와 국학'을 찾아내는데 개입했고, 야나기타는 국민국가의 구성 멤버인 국민의 아이덴티티를 찾아내기 위한 '오키나와 신도'를 설명해냈던 것이다.

국가 내부에서 형성한 '민족 기원 해석'에서 이하 후유는 이하 후유가 일본과의 동질성을 강조하면서 일본과의 조화를 갈망했지만, '일본과의 차이성'을 현재화시키면서 일본민족의 원형이 '우수한 류큐' 민족이었음을 강조하면서 '말레이 계통의 미개함'에 대해 차이를 두는 오키나와 '에스노센트리즘'에 함몰될 '위험성'을 지녔던 것이다.

參 考 文 獻

伊波普猷, 『日本文化の南漸』, 樂浪書院, 1939.

柳田國男, 「海南小記」, 『世界教養全集』 21, 平凡社, 1962.

柳田國男, 「海上の道」, 『定本柳田國男集』 第1卷, 筑摩書房, 1963.

ギュスターヴ·ル·ボン著, 大日本文明協會譯, 『民族發展の心理』, 大日本文明協會, 1910.

羽田亨, 『羽田博士史學論文集』 下卷, 言語·宗教篇, 東洋史學會, 1958.

久米邦武, 『日本古代史』, 早稻田大學出版, 1907.

河上肇, 「崇神天皇ノ國家統一ノ一大時期ヲ劃スモノナリト云フノ私見」, 『京都法學會雜誌』 第6卷第1号, 1911.

河上肇, 「政体ト國体」, 『京都法學會雜誌』 第6卷第3号, 1911.

河上肇, 「意志自由ノ否認」, 『京都法學會雜誌』 第6卷第6号, 1911.

村井紀, 『南島イデオロギーの發生』, 岩波書店, 2004.

有賀長雄, 『大日本歷史』, 博文館, 1922.

名越左源太他, 『南島雜話1』, 平凡社, 1984.

福田アジア, 『柳田國男の民俗學』, 吉川弘文館, 2007.

伊藤幹治, 『日本人の人類學的自畵像』, 筑摩書房, 2006.

伊波普猷, 『古琉球の政治』, 鄕土硏究社, 1927.

綾部恒雄, 『文化人類學群像』 3, アカデミア出版社, 1988.

鳥居龍藏, 『鳥居龍藏全集』 第1卷, 朝日新聞社, 1975.

주몽신화에 보이는 '婚姻' 記事의 中層性 문제

이 지 영*

I. 서론

주지하듯이 고구려 건국신화는 국내외에 걸쳐 수많은 전승문헌목록을 가지고 있으며, 문헌별로 내용적 차이가 많다. 가령 <삼국사기> 고구려 본기 시조동명성왕조를 보아도 건국시조인 주몽신화 외에도 유리신화, 해모수신화, 해부루신화, 금와신화 등이 함께 뒤섞여 있다. 또한 부여의 시조인 東明에 관한 신화의 경우, 중국 문헌에 따르면 백제의 시조로 설정되어 있기도 한데, 이 東明은 고구려 주몽과 그 同異性 여부가 문제가 되기도 한다.[1] 그러나 최근의 학계의 성과를 정리하면, 고구려의 주몽신화는 동명신화를 토대로 형성되었으며, 여기에 북부여의 해모수신화가 덧붙여지고 그 외에 몇 개의 신화가 전승하는 동안에 합쳐졌을 것으로 본다.[2] 이는 대개의 신화가 '열린 구조'를 지니기 때문에, 전승과정에

---

* 상명대학교

1) 이복규는 동명신화와 주몽신화의 독자성과 상호 동이성에 대한 선학들의 입장을 정리하여 소개하면서, 나름대로의 비판을 가하였다. 이복규, 「東明神話와 朱蒙神話와의 관계에 대한 연구성과 검토」, 『국제어문』 제12·13 합집, 국제어문학연구회, 1991, 199~222쪽. 또한 이 문제를 이 교수는 『부여·고구려 건국신화 연구』(집문당, 1998)에서 다시 한 번 보다 더 자세하게 살핀 바가 있다.

2) 이지영, 『한국신화의 신격 유래에 관한 연구』, 태학사, 1995 ; 조현설, 「건국신

모태가 되는 신화 외에도 여러 신화가 결합되는 중층적인 모습을 지닌다
는 신화의 일반적인 특징에 부합하는 경우라 하겠다.

고구려 건국신화가 보여주는 전승문헌간 기록의 차이 문제는 필자가
지속적으로 관심을 갖고 있는 바다. 최근에 주몽의 모친 이름이 문헌별
로 河伯女, 河伯之女 柳花, 그리고 柳花 등으로 조금씩 다르게 전승
하고 있음에 주목하여 이들의 개별적 차이가 무엇이며 어떤 내력으로 이
들 신격이 하나로 뒤얽히게 되었는지를 해명하고자 한 것,[3] <삼국사
기>에서 시조 주몽이 스스로 건국의지를 드러내지만 <동명왕편>에서
는 모친 유화가 아들 주몽에게 건국을 敎示한다는 두 기사 사이의 차이
를 중시하고 이를 통해 남녀 신격이 건국사업에 어떻게 주체적으로 관여
하는지를 여타의 건국신화와 구전신화(무속, 민간설화)와 비교한 것[4] 등
이 그 예가 된다. 필자가 본고에서 새삼 주목하려는 것은 주몽신화를 전
하는 문헌들을 볼 때, '주몽의 건국과정' 전후로 '주몽의 혼인' 기사가
서로 다르게 언급되어 있다는 점이다. 필자는 후자의 논고에서 그 문제
를 논의해야 할 필요성이 있음을 간단히 지적한 바가 있거니와,[5] 여기서
는 이에 대해 좀 더 구체적으로 살펴 기사간 차이의 실상을 정리하여 살
핀 뒤 그처럼 차이가 난 이유를 추정해보고자 한다. 그리고 혼인담을 포
함한 주몽신화의 줄거리를 재구성하고 이와 유사한 내용을 보이는 우리
의 설화와 동북아 주변 민족들의 건국(시조)신화를 함께 비교함으로써,
주몽신화가 갖는 구조적 전범성을 타진해볼 것이다. 이는 주몽신화의 실
상을 재구성하는 작업에 해당하는 일이기도 하다.

　화의 형성과 재편에 관한 연구」, 동국대 박사논문, 1997.

3) 이지영, 「河伯女, 柳花를 둘러싼 고구려 건국신화의 전승 문제」, 『동아시아고
　대학』제13호, 동아시아고대학회, 2006.

4) 이지영, 「주몽신화를 통해본 건국신화 속의 건국과정의 두 양상 – 시조모에 대
　한 새로운 인식」, 『한국문화연구』 10, 이화여대 한국문화연구원, 2008.

5) 위의 논문, 256쪽.

II. 주몽신화에 보이는 '혼인' 기사의 중층성과 그 의미

<삼국사기> 고구려본기 시조동명성왕조의 기사를 보면, 주몽은 동부여의 금와 왕궁에서 탄생·성장하면서 대소를 비롯한 여러 왕자들의 박해를 받았고, 그 위험에서 벗어나 도망하여 졸본천에 이르렀다가 비류수가에서 고구려를 세운 것으로 되어 있다. 아래의 자료는 주몽의 건국 당시의 사정을 보여준다.

(A-1) (주몽이) 그들(모둔곡에서 만난 세 현인)과 함께 졸본천(卒本川)에 이르렀다.【<위서>에는 '흘승골성(紇升骨城)에 이르렀다' 하였다.】토양이 비옥하고 산하가 험준함을 보고, 드디어 그곳에 도읍을 정하기로 하였다. 그러나 미처 궁실을 지을 겨를이 없어, 우선 비류수(沸流水) 윗쪽에 갈대를 엮어 집을 짓고 살았다. 나라 이름을 고구려(高句麗)라 하였는데, 이로 인하여 고(高)로 성씨를 삼았다.【혹은 이르되, ①'주몽이 졸본부여에 이르렀는데, 왕이 아들이 없어 주몽의 인물됨이 보통이 아님을 알고, 자기 딸을 아내로 삼게 하였다. 왕이 죽자 주몽이 왕위를 이었다.' 라고 한다.】이때 주몽의 나이는 22세이었는데, 이 해는 한나라 효원제(孝元帝) 건소(建昭) 2년이며, 신라 시조 혁거세 21년인 갑신년(기원전 38년)이었다. 사방에서 소문을 듣고, 와서 따르는 자가 많았다.(俱至卒本川【魏書云 至紇升骨城】觀其土壤肥美 山河險固 遂欲都焉 而未遑作宮室 但結廬於沸流水上 居之 國號高句麗 因以高爲氏【一云 朱蒙至卒本扶餘 王無子 見朱蒙知非常人 以其女妻之 王薨 朱蒙嗣位】時朱蒙年二十二歲 是漢孝元帝建昭二年 新羅始祖赫居世二十一年甲申歲也 四方聞之 來附者衆)(<삼국사기> 고구려본기 시조동명성왕 : 158-165쪽)[6]

---

6) 본고에서 인용되는 국내외 문헌자료들은 이지영, 『한국건국신화의 실상과 이해』, 월인, 2000에 실린 것을 사용한다. 앞으로 자료의 인용면수는 문헌명에 이어서

위의 기사는 고구려 正史로 간주되는 바, 이에 따르면 주몽이 22세에 졸본천 근처 비류수 가에서 '독자적으로' 건국한 것으로 되어 있다. 그런데 <삼국사기> 시조동명성왕조 전체를 면밀하게 보면 주몽의 혼인 기사는 문맥에서 찾아볼 수 없다. 다만, 위의 주석문인 밑줄 ①에만 '주몽이 졸본부여에 와서 부여왕의 사위가 되었다가 왕의 사후에 그 뒤를 이어 즉위하였다.'는 사실이 기술되어 있다. 이 내용이 본문이 아닌, 주석문에 첨부된 것을 보면, 아마도 **고구려 쪽에서 정식으로 인정되는 '주몽신화'의 내용이 아니었을 것**이다. 그러나 이것은 다음에 살펴볼 자료들의 이야기와 함께 주몽의 혼인과 관련한 여러 이야기 가운데 하나이기도 하다. 사실 위의 주석문에 전하는 대로 주몽이 '졸본부여 왕의 사위가 되었다가 왕의 死後에 왕위에 올랐다.'는 내용은 정사에 전하는 주몽의 '독자적인 건국' 기사와는 그 괴리가 크다. 당연히 주석문의 내용에서는 건국시조로서 創業의 功이나 영웅성 등을 찾아보기 어렵기 때문이다.

주몽의 혼인 기사가 나오지 않기는 이규보의 <동명왕편>에도 마찬가지다.

> (A-2) 형세 좋은 땅에 왕도를 세우니 / 산천이 울창하고 높고도 컸다. / <u>스스로 띠자리 위에 앉아</u> / 대강 군신(君臣)의 지위를 정하였다. (形勝開王都 / 山川鬱嵯峨 / 自坐茀蕝上 / 略定君臣位)(〈동명왕편〉: 180 / 197쪽)

이 부분은 (A-1)의 '주몽의 건국 과정'과 동일한 내용에 해당하거니와, <동명왕편> 어디에도 주몽이 고구려를 건국하는 전후 기간에 혼인하였다는 내용이 나오지 않는다. 사실 주몽이 부여를 탈출하기 전에 혼인하기는 쉽지 않을 것이다. 그는 마구간의 말먹이 일을 감당할 정도로 고생

숫자만으로 제시한다. 다만, 이 책이 아닌 다른 곳에서 사용한 경우는 따로 출전을 밝힐 것이다.

하면서 대소 등의 여러 왕자에게 생명의 위협을 받고 있어서 혼인할 처지가 못 되었을 것이다. 만일 혼인하였다면 집에 남겨진 임신한 아내가 어떤 생명의 위협을 받을지는 쉽게 짐작할 수 있어서 도망하기 힘들었을 것이다. <동명왕편>에는 주몽이 탈출하기 전에 모친과 나눈 대화가 있어서, 탈출시 그의 고민을 읽을 수 있다. 곧 그는 한을 품고 모친에게 말하기를 "남쪽 땅으로 가서 나라를 세우고자 하나, 어머님이 계시기 때문에 감히 제 스스로 결단하지 못합니다."(欲往南土造國家 母在 不敢自專 ; 178쪽) 하였는데, 주몽이 이별할 때 차마 떠나지 못하자 모친은 "너는 어미 걱정을 하지 말아라."(朱蒙臨別 不忍睽違 其母曰 汝勿以一母爲念 ; 179면) 하였다고 한다.

따라서 필자는 '주몽의 혼인'에 관해서 우선 다음과 같이 정리하기로 한다.

> 정리 1 : 고구려 正史로 간주되는 기사에는 주몽이 건국하는 전후 기간에 혼인하였다는 내용이 기술되어 있지 않은데, 실제로 부여를 탈출 전까지 그가 혼인할 가능성은 높지 않다.

그런데 정사로 간주되는 주몽의 기사에 주몽의 혼인 기사가 없지만 <삼국사기> 고구려본기 유리명왕조(제2대)와 <삼국사기> 백제본기 시조온조왕조에는 이런 내용이 나온다.

> (A-3) 유리명왕(瑠璃明王)이 즉위하니, 이름은 유리, 혹은 유류라 하였다. (그는) 주몽의 맏아들인데, 어머니는 예씨(禮氏)이다. ㉮처음에, 주몽이 부여에 있을 때 예씨에게 장가들어 그녀가 임신하였다. 주몽이 떠난 뒤에 (부인이) 해산하였는데, 이가 유리이다.(瑠璃明王立 諱類利 或云孺留 朱蒙元子 母禮氏 初 朱蒙在扶餘 娶禮氏女有娠 朱蒙歸後乃生 是爲類利)(삼국사기, 고구려본기 유리명왕 ; 159 / 164쪽)
>
> (A-4-1) 백제의 시조는 온조왕이다. 그의 부친은 추모(鄒牟) 혹은 주몽

(朱蒙)으로, 그는 북부여에서 난을 피하여 졸본부여에 이르렀다. 이때 ②부여왕은 아들이 없고 다만 세 딸이 있었는데, 그는 주몽을 보고 비상한 사람임을 알았다. 이에 둘째 딸을 (그에게) 주어 아내로 삼게 하였다. 얼마 되지 않아서 부여왕이 죽고 주몽이 왕위를 이었다. 주몽은 두 아들을 낳으니, 큰 아들은 비류요 작은 아들은 온조이다.【혹은 ③주몽이 졸본에 이르러, 월군녀(越郡女)를 아내로 얻어 두 아들을 얻었다고 한다.】그런데 ㉯주몽은 그가 북부여에 있을 때에 낳았던 아들이 오자, 그를 태자로 삼았다. 비류와 온조는 태자에게 용납되지 않을 것을 두려워 하여, 마침내 오간(烏干), 마려(馬黎) 등 열 명의 신하들과 함께 남으로 떠났다. 백성 가운데 그를 따르는 사람들이 많았다.(百濟始祖 溫祚王 其父鄒牟 或云朱蒙 自北扶餘逃難 至卒本扶餘 扶餘王無子 只有三女子 見朱蒙 知非常人 第二女妻之 未幾扶餘王薨 朱蒙嗣位 生二子 長曰沸流 次曰溫祚 【或云朱蒙到卒本娶越郡女 生二子】 及朱蒙在北扶餘所生子來爲太子 沸流溫祚恐爲太子所不容 遂與烏 干馬黎等十人 南行 百姓從之者多)

(A-4-2) (백제의 시조에 대해서는) 또 다른 설이 있다. (백제의) 시조는 비류왕이다. 그의 부친은 우태(優台)로, 우태는 북부여왕 해부루의 서손(庶孫)이다. 시조의 모친은 소서노(召西奴)로 졸본 사람 연타발(延陁勃)의 딸이다. 그녀는 처음에 우태(優台)에게 시집을 와서 두 아들을 낳으니 큰 아들은 비류이고 둘째 아들은 온조이다. (그녀는) 우태가 죽자 졸본에서 홀로 살았다. 그 뒤 주몽이 부여에서 용납되지 못하고 전한(前漢) 건소(建昭) 2년 봄 2월에 남쪽으로 도망하였다가, ④졸본에 이르러 도읍을 세워 나라 이름을 고구려라 하였다. 주몽은 소서노를 얻어 왕비로 삼았는데, 그가 창업(創業)의 기반을 열 때 왕비의 내조(內助)가 자못 컸다. 이 때문에 주몽은 그녀를 총애하고 특별히 후대하였으며, 비류(沸流)등을 자기의 아들과 같이 대하였다. 그런데 ㉰주몽은 그가 부여에 있을 때 예씨(禮氏)에게서 낳은 아들 유류(孺留)가 오자, 그를 세워 태자로 삼았다. 그리고 유류가 왕위를 이었다.(一云始祖沸流王 其父優台 北扶餘王解夫婁庶孫 母召西奴 卒本人延陁勃之女 如始歸于優台 生子二人 長曰沸流 次曰溫祚 優台 死 寡居于卒本 後朱蒙不容於扶餘 以前漢建昭二年春二月 南奔至 卒本 立都號高句麗 娶召努爲妃 其於開基創業 頗有內助 故朱蒙寵

接之特厚 待沸流等如己子 及朱蒙在扶餘所生禮氏子孺留來 立之爲
太子 以至嗣位)(以上 〈삼국사기〉 백제본기 시조온조왕)(이하
348-351쪽)

　첫째, 밑줄 ㉮, ㉯, ㉰에서 보듯이, '주몽이 일찍이 (북)부여에 있었
을 때 예씨와 혼인하여 유리(유류)를 낳았다'는, 소위 '부여에서의 혼인
담'이 존재한다. (A-3)은 유리명왕조에 실린 기사인데, 유리왕은 주몽의
元子로 설정되어 있다. 밑줄 ㉮를 보면, '주몽이 부여'에 있을 때 이미
예씨와 혼인하였으며, 그가 부여를 떠난 뒤 부인이 유리를 낳았다고 한
다. 여기서 '처음에[初]'란 주몽 이야기와 다른 별개의, 유리 이야기를
소개하는 '導入副詞'의 성격을 지닌다.[7] 가까운 예가 주몽신화를 수록
한 〈동명왕편〉 本詩의 夾註文에서도 찾아진다.

　　　주몽을 낳았는데, <u>우는 소리</u>가 매우 크고 골격과 모양이 뛰어나고 기이
하였다. <u>처음에</u> (주몽을) 낳을 때에, 왼쪽 겨드랑이에서 <u>알 하나를 낳았</u>
는데[生朱蒙 啼聲甚偉 骨表英奇 初 生左腋生一卵] (中略) <u>알이 마침내 갈</u>
<u>라져</u> 한 사내를 얻었다. 태어난 지 한 달이 지나지 않아서 <u>언어가 모두</u>
<u>정확했다.</u>[卵終乃開 得一男 生未經月 言語並實(〈동명왕편〉: 177 / 193쪽]

　'주몽이 태어날 때 우는 소리가 크다'는 것은 인간의 정상적인 胎生
에 해당하고, '처음에'라 한 뒤 '주몽이 알에서 태어났다'는 것은 소위
卵生에 해당한다. 그런데 상식적으로 볼 때, 모친이 '알을 낳으면 아이
는 그 알을 깨고 나와야 비로소 울 수 있다.'[8] 따라서 아이가 알을 깨고
나오기 전에는 울기가 어렵다. 그러나 위의 기사에 아이가 운다고 했다
가 다시 '난생 후 알이 갈라졌다'고 하였으니, 이는 사건의 전후 진행 순

---

7) '初'가 '앞 구절의 행동·사실보다 더 선행했던 일을 적으면서 이를 드러내는
　 말'로 '先時'의 의미를 지닐 수 있다. 하지만 여기서는 앞의 행동·실과는 '그
　 성격이 다른' 이야기·행동·사실을 나타낼 때 사용된 것으로 보고자 한다.
8) 생물학적으로 태생과 난생이 동시에 존재하기 어렵다.

서가 뒤바뀐 꼴이 된다. 이는 태생과 난생이라는 두 번의 '탄생담'이 중복하여 기술되었음을 의미한다.9) 필자는 이러한 문장 기술상의 차이에 주목하여, 이를 주몽신화가 동명신화를 차용하면서 형성되었음을 보여주는 증거로 간주한 적이 있다.10) '처음에[初]' 이하의 내용이 동명신화의 '일광감응에 이은 난생'과 대응되는 것이니, 결국 주몽의 胎生 부분을 동명신화의 卵生으로 바꾸는 과정에서 그 흔적을 남겼다고 본 것이다.

한편, 주몽이 예씨와 혼인하여 살았던 '부여'라는 곳은 '동부여' 내지는 '북부여'일 터이나 여기서는 구체적으로 밝혀져 있지 않다. 그런데 <삼국사기> 시조동명성왕조에는 주몽이 동부여에서 탄생하여 성장한 후11) 왕자들의 핍박을 받자 그곳을 탈출한 것으로 되어 있다. 따라서 <삼국사기> 기사대로라면 '부여'는 당연히 '동부여'야 맞을 것이다. 그럼에도 불구하고 유리왕 쪽의 기사에 '부여'로 표기된 것은 <삼국사기> 찬술자가 실수하였거나, 또는 모두가 동부여를 부여라고 인식하는 일반적 추세로 인하여 '부여'라고 표기했을 수도 있을 것이다. 물론 '부여'를 '북부여로 볼 여지도 있다.

(A-4)의 두 자료는 백제본기 시조온조왕조의 것을 편의상 필자가 구분하여 제시한 것이다. 주지하듯이 이 조항에는 백제의 건국시조로서 정통으로 인정되는 온조 외에도 비류, 구태의 혈통과 건국내력이 함께 소개되어 있다. (A-4-1)은 시조 온조설에 해당하고, (A-4-2)는 시조 비류설에

---

9) 이러한 두 번의 탄생담은 <동명왕편>에만 보인다. 참고로 <삼국사기>의 주몽 신화에는 이러한 태생담이 없고, '하백녀유화가 알을 낳은 후, 알의 껍데기를 깨고 사내가 나왔다.'고 하였다.

10) 이지영, 앞의 책, 2000, 272쪽.

11) <삼국사기> 同王 14년조에 "가을 8월에 왕의 어머니 유화(柳花)가 동부여에서 돌아가셨다. 동부여왕 금와가 태후의 예로 장사지내고, 신묘(神廟)를 세웠다.(秋八月 王母柳花薨於東扶餘 其王金蛙 以大后禮 葬之 遂立神廟)"라 한 것을 보면, 주몽의 탄생과 성장지는 동부여일 것이다.

해당하며, 시조 구태설의 기사는 후술할 자료(B-1)에 있다.

먼저 주몽의 탈출지가 '부여'로 표기된 경우는 (A-4-2)의 밑줄 ㉠에서
도 확인된다. (A-4-2)의 앞 문맥을 보면, 주몽이 '부여'에서 용납되지 못
하고 졸본으로 도망하여 고구려를 세웠다 한 뒤, 주몽이 부여에 있을 때
예씨와 혼인하였는데 부인이 낳은 아들 유류(곧 유리)가 졸본으로 오자
그를 태자로 삼았다고 하였다. 이러한 내용은 (A-3)의 ㉮와 동일한데,
㉮와 ㉠는 '유리가 주몽의 뒤를 이어 고구려의 왕이 되었다'는 사실을
기술하는 기사에 나타난다는 특징을 갖고 있다. 한 마디로 **유리왕 쪽의
입장을 반영하는 기술물들**이라는 것이다. 사실 시조 온조왕설인 (A-4-1)
의 기사를 보면 비류·온조는 주몽의 친아들이지만, (A-4-2)의 시조 비류
설을 보면 비류·온조는 주몽의 아들이 아니다. 결국 온조는 주몽을 부친
으로 받아들이지만 비류는 그렇지 못하다는 것인데, 이는 비류와 온조가
각각 주몽을 받아들이는 입장이 다름을 의미한다. 따라서 고구려의 입장
에서 보면 비류는 온조에 비하여 더욱더 傍系인 비주류에 놓여 있다.12)
후술하겠지만, 고구려 유리왕이 주몽과는 혈연적 부자관계가 아니라 신
화상의 父子關係일 수 있음을 함께 고려한다면, **'주몽의 부여에서는 혼
인' 기사는 주로 주몽과는 親子關係가 아닌, 방계의 비주류 집단에서
전승하는 이야기가 아닌가 한다.** 따라서 추정이 가능하다면, 필자는 비
류를 백제의 건국시조로 보는 쪽에서 '주몽의 부여에서는 혼인' 기사가
실린 것으로 보아, 비류와 유리 집단 사이에는 지역적, 혹은 族團的으로
친근성이 있었을 것이라고 믿는다.

그런데 (A-4-1)을 보면 주몽은 '북부여'에서 난을 피하여 졸본부여에
이르렀다고 하였는데, 밑줄 ㉯에서 보듯이 주몽은 '북부여에서 아들을
낳았고, 그가 오자 태자로 삼았다.'고 한다. 주몽의 성장지가 '부여'가 아

---

12) 온조 역시 주몽의 아들로 설정되어 있으나, 나중에 유리와의 투쟁에서 패하여
　　남쪽으로 내려가 백제를 세웠다는 점에서 적극적인 의미에서 주류는 아니다.

닌 '북부여'로 된 점, 주몽이 그곳에서 누구와 혼인하였는지 부인의 이름
이 없는 점, 아들 이름이 구체적이지 않은 점 등은 위의 밑줄 ㉮, ㉰와
차이가 난다. 다만, 아들 이름이 나타나지 않은데, 일반적으로 유리가 부
여에서 건너와 태자가 된 것은 전후 사정으로 보아 널리 일반적인 사실
이기 때문에 '아들'을 '유리'로 보는 것은 큰 문제가 아니다. 필자가 주
목하려는 것은 첫째, ㉯에 실린 '주몽이 북부여에서 혼인하고, 그곳에서
태어난 아들이 태자가 되었다.'는 내용이 여전히 고구려 정사에는 기술
되지 않았다는 점이다. 필자는 이와 유사한 내용이 이미 유리왕 쪽의 기
사에도 실려 있는 것으로 볼 때, 이는 원래 유리왕 쪽에서 전하는 이야기
였을 가능성이 크다고 본다. 둘째, 필자가 ㉯에서 또 하나 주목하려는
것은 '주몽이 북부여에서 도망쳤다.'는 소위 '북부여 출신설'은 비류와
온조의 혈연적 형제관계를 재고할 수 있는 계기가 된다는 것이다. '북부
여'는 사실 주몽의 탄생과 성장지가 어디인지를 말해주는 중요한 지명이
아닐 수 없다. 이 '북부여' 출신설은 온조왕을 백제의 건국시조로 보는
쪽 기사(A-4-1)에 실린 것이어서, 고구려 유리왕 쪽 기사나 비류설에 나
오는 '부여' 출신설과는 다르다. 앞서 주몽의 혼인 기사를 놓고 볼 때, 비
류를 유리 집단과 지역적, 족단적 측면에서 친근성이 높다고 말한 바 있
거니와, 만일 <삼국사기> 백제본기 시조온조왕조의 기사대로 비류와
온조가 실제로 혈연적인 형제관계라면 주몽의 출신지에 관한 기사도 동
일해야 마땅하다. 그러나 온조 기사에는 주몽의 출신지를 '북부여'라 하
고 비류 기사에는 '부여'라 하여, 둘이 일치하지 않는다. 아마도 이러한
차이는 다시 한 번 강조하지만, 비류와 온조가 실제상의 형제관계가 아
니라 '擬制的'인 형제관계로 설정된 데서 오는 것이 아닌가 한다.13) 서

---

13) 비류와 온조는 여러 측면에서 혈통적인 차이가 많다. 이에 대해서는 또 다른 논
　　의가 필요한데, 기존 연구에서도 많이 다루어진 부분이기도 하다. 필자는 다만,
　　주몽의 혼인 기사의 관점에서 볼 때도 이들 사이에 차이가 난다는 점을 말해둘

로 각기 다른 입장에서 전승하는 이야기이다 보니 史記에 이러한 부분
적인 차이가 드러난 것인지도 모른다.

그런데 <삼국사기> 고구려본기의 정사 기록에서처럼 유리가 주몽의
아들로 인식되고 주몽을 이은, 고구려 2대왕으로 인정되면서, 유리 쪽 기
사에 실린 '주몽의 부여에서의 혼인' 기사는 자연스레 국내외 史書에 실
린 것 같다. 우선 눈에 띄는 것은 중국의 <魏書>이다. 관련된 부분을
제시하면 다음과 같다.

> (A-5) 주몽은 그들(普述水에서 만난 세 사람)과 함께 흘승골성(紇升骨
> 城)에 이르러, 마침내 그곳에 거주하였다. 나라 이름을 고구려(高
> 句麗)라 하고, 인하여 성(姓)을 (고씨로) 삼았다. 처음에, 주몽이
> 부여에 있었을 때 부인이 임신 중이었다. 주몽이 도망한 뒤에 한
> 아들을 낳으니, 자를 시려해(始閭諧)라 하였다. 그는 자라서 주몽
> 이 나라의 임금이 되었음을 알고, 곧 그의 어머니와 함께 도망하여
> 왔다. (왕은) 그의 이름을 여달(閭達)이라 부르고, 그에게 나라 일
> 을 맡겼다. 주몽이 죽자 여달이 왕이 되었다.(與朱蒙至紇升骨城 遂
> 居焉 號曰高句麗 因以爲氏焉 初 朱蒙在夫餘時 妻懷孕 朱蒙逃後生
> 一子 字始閭諧 及長 知朱蒙爲國主 卽與母亡而歸之 名之曰閭達 委
> 之國事 朱蒙死 閭達代立)(〈위서〉열전, 고구려 : 242-245쪽)

<위서>는 北齊의 文宣帝 天保 5년(554년)에 魏收가 편찬한 북위의
역사서이다. 위의 신화는 동명신화가 아닌 朱蒙神話라는 점에서 주목되거
니와, 이후로 <주서>(636년), <수서>, <북사>, <한원>(660년), <통
전>, <책부원구> 등과 같은 중국 사서들은 <위서> 속의 주몽신화와 거
의 동일한 내용을 싣고 있다. 일찍이 홍기문은 <위서>가 <삼국사기>를
요약한 듯하다고 말한 뒤, 이는 두 사서가 <구삼국사>를 인용하였기 때
문이라고 하였다.14) 특히 고구려 장수왕 23년(434) 6월에 사신을 북위에

뿐이다.
14) 홍기문, 『조선신화연구』, 지양사, 1989, 51쪽.

파견한 이후 중국과 활발하게 교류하였음을 감안할 때, <위서>에 실린 주몽신화는 고구려 전성기 시절의 건국신화를 반영하고 있음에 틀림없다. 앞서 보았듯이 <위서>에 실린 고구려신화는 중국 여러 문헌의 길잡이 노릇을 할 뿐만 아니라, 국내에도 널리 알려져 김부식이나 이규보 등에게도 읽혀졌다.15)

위의 밑줄 부분을 보면, 우선 주몽에 대한 언급 이후에 '처음에[初]'라 하여, 주몽의 기사와 다른, 유리 이야기를 추가로 소개하는 형식을 취하고 있다. '처음에'가 가지는 의미에 대해서는 이미 앞서 언급하였다. 다음으로 '주몽이 부여에 있을 때 부인이 임신중이었다.' 하여 앞서 보았던, 유리 쪽의 기사에 실린 내용을 동일하게 전하고 있다. 이 역시 유리 쪽에서 만들어진 이야기를 반영하고 있는 것이다. 또 하나 주목되는 것은 국내의 문헌에 등장하는 '유리' 대신에 위의 자료에는 주몽의 아들로 '여달'이 나온다는 점이다. 여달은 고구려 제2대왕인 유리왕으로 여겨지는데, 이러한 이름은 <위서>계열의 사서들에 공통적이다.16)

또한, <삼국사기> 이후 고구려의 역사를 기술하는 국내의 문헌에도 주몽과 유리를 소개함에 있어서, 특히 유리의 출생을 언급할 때는 항상 '주몽의 (북)부여에서의 혼인담'이 나온다. 몇 개의 문헌을 아래에 제시한다.

> (A-6-1) 성자(聖子) 유리(類利) 달려와서 【부여에 있을 때 부인이 잉태하여 낳았다.】 왕위를 이으시고(聖子類利 【在扶餘時 婦所孕者】 來嗣位)(이승휴, 〈제왕운기〉: 207 / 209쪽)
>
> (A-6-2) 왕이 하늘에 오르고 내려오지 않으니, 이때 나이가 40세였다. 태

---

15) 자세한 것은 이지영, 앞의 책, 1995, 144~145쪽 참조. 김부식의 경우 본고의 자료 (A-1)에 <위서>가 언급되어 있는 것이 그러하고, 이규보의 경우 <동명왕편> 병서에 "<위서>와 <통전>을 읽는 데에 이르러(及 讀魏書通典)"라는 대목이 눈에 띈다.

16) 이지영, 앞의 책, 2000, 245쪽.

자 유리(類利)는 왕이 남긴 옥채찍으로 용산(龍山)에 장사하였
다고 한다. 처음에, 주몽이 북부여에 있을 때 예씨(禮氏)의 딸을
맞아들였다. 그녀가 임신하였는데 주몽이 떠나간 후 낳은 아이
가 유리(類利), 혹은 유류(孺留)라고 한다.(王升天不下 時年四十
太子類利 以所遺玉鞭 葬於龍山云 初 朱蒙在北扶餘 娶禮氏女 有娠
朱蒙歸後乃生 是爲類利 或孺留)(권람, 〈應製詩註〉「太祖高皇帝御
製詩三首賜朝鮮國秀才權近」第1首 '題鴨綠江' : 222 / 228쪽)

(A-6-3) (주몽은) 비류수(沸流水) 윗쪽에 살았다. 나라 이름을 고구려(高
句麗)라 하였다. 또한 졸본부여라고도 부른다. ○ 주몽이 부여에
있을 때 예씨녀(禮氏女)를 맞아들였다. 그녀가 임신하였는데 주
몽이 이미 떠나간 후에 태어난 아이가 유리(類利)이다.(但結廬沸
流水上 居之 國號高句麗 亦稱卒本扶餘 ○ 朱蒙在扶餘時 娶禮氏女
有娠 朱蒙旣去乃生 是爲類利)(〈신증동국여지승람〉 권54, 성천도
호부 고적(古跡)조 '졸본천' : 231 / 234쪽)

세 자료 모두 '주몽의 혼인담'을 기록하고 있는데, 중요한 것은 이 내
용을 주석문이 아닌 본문 형태로 나타나며 그것이 〈삼국사기〉에서와
같은 모습이라는 점이다. 특히 (A-6-1), (A-6-3)은 〈삼국사기〉 고구려본
기 유리명왕조(A-3), 〈위서〉의 기사(A-5)와 같은, '주몽의 부여에서 혼
인담'을 보여주고 있어서 〈삼국사기〉 기사를 인용한 듯하다. 그런데 특
이하게 (A-6-2)에 나오는 주몽의 昇天과 葬事의 기사는 〈동명왕편〉과
동일하지만, '주몽의 혼인'에 관해서는 혼인지를 '부여'가 아닌 '북부여'
라 하여 백제의 건국시조를 온조로 따르는 입장의 기사, 곧 (A-4-1)의 것
과 같은 모습을 보여준다. 이는 〈응제시주〉가 〈동명왕편〉만을 인용
하지 않고 〈삼국사기〉를 절충적으로 인용하였을 것이라는 필자의 생
각[17]을 다시 한 번 확인시켜주는 것이다.

이상의 논의를 종합하면 다음과 정리할 수 있을 것이다.

정리 2

---

17) 이지영, 앞의 책, 1995, 123~4쪽 참조.

1. '주몽의 부여에서의 혼인담'은 주몽 관련 기사에 없고 유리왕이나 백제 쪽의 기사에 실려 있으며, 그 내용은 '주몽이 부여에 있을 때 이미 예씨와 혼인하였고, 그가 부여를 떠난 뒤 부인이 유리를 낳았다.'는 것이다.
2. 백제 쪽 기사에 실린 '주몽의 부여에서의 혼인담'의 경우, 온조 쪽에서는 주몽의 출신지를 '북부여'로 설정하고 있으나, 비류 쪽에는 '부여'로 기술하고 있어서 기록상 차이가 존재한다. 이 가운데 비류 이야기에 실린 것은 유리왕 쪽의 기사와 유사하다.
3. 이로 미루어 주몽 쪽 기사에는 이런 예씨와의 혼인담이 애초에 없었을 가능성이 크다.
4. 유리가 주몽의 아들로 인식되고 주몽에 이어 고구려 2대왕으로 인정되는 추세에 맞추어, 유리 쪽 기사 중심의 내용이 국내외 문헌의 본문에 실리기 시작한다.

이제 둘째로 **'주몽이 탈출 후에 졸본부여에 와서 부여왕의 사위가 되어 그 사후에 왕위를 계승하였다거나, 혹은 그곳의 과부와 혼인하였다'**는 혼인담들이 존재하는 문제를 살펴볼 차례이다. 앞서 제시한 세 자료 속의 밑줄 ① ~ ④의 내용들이 그것인데, 논의의 편의를 위하여 이들 이야기를 다시 한 번 나란히 제시해보자.

① 주몽이 졸본부여에 이르렀는데, 왕이 아들이 없어 주몽의 인물됨이 보통이 아님을 알고, 자기 딸을 아내로 삼게 하였다. 왕이 죽자 주몽이 왕위를 이었다.(고구려본기 시조동명성왕조의 주석문)
② 졸본부여왕은 아들이 없고 다만 세 딸이 있었는데, 그는 주몽을 보고 비상한 사람임을 알았다. 이에 둘째 딸을 (그에게) 주어 아내로 삼게 하였다. 얼마 되지 않아서 부여왕이 죽고 주몽이 왕위를 이었다.(백제본기 시조온조왕조의 가운데 시조 온조설의 본문)
③ 주몽이 졸본에 이르러, 월군녀(越郡女)를 아내로 얻어 두 아들을 얻었다.(백제본기 시조온조왕조 가운데 시조 온조설의 주석문)
④ 졸본에 이르러 도읍을 세워 나라 이름을 고구려라 하였다. 주몽은 자신의 건국사업을 도운 연타발의 딸 소서노(과부로 우태의 처)를 왕비로 삼았으며, 비류등을 자기 아들[己子]처럼 대하였다.(백제본기 시조온조왕조 가운데 시조 비류설의 본문)

거듭 말하지만, 위의 내용은 고구려 정사 주몽 쪽 기사 본문에는 없는 것이고, 정사 본문의 주석문 혹은 백제 쪽의 기사에 전하는 것들이다. 위의 기록에 따르면 주몽은 적어도 세 명의 졸본인 여성과 혼인을 한 것으로 추정된다. 곧, 졸본부여왕의 둘째딸, 졸본의 월군녀, 그리고 졸본의 연타발의 딸인 소서노 등이 그들이다.[18] 게다가 주몽이 부여를 탈출하기 전에 이미 예씨와 혼인한 것을 고려하면, 史書 기사에 네 명의 여성이 주몽의 혼인담 속에 등장하는 셈이다.[19] 이렇게 여러 혼인담이 존재하는 것은 각각의 이야기를 전승하는 집단 사이의 이해관계가 달랐기 때문일 텐데, 고구려의 건국사업 과정에서 주몽과 우호적이거나 원조하는 집단에 대해 전략적인 측면을 고려하여 그 집단의 여성과 혼인이 많아졌을 것으로 본다. 주몽의 혼인담이 많은 것은 그 아들 유리왕이 부인 송씨(송양왕의 딸)가 죽자 화희(골천 사람), 치희(한나라 사람)와 혼인한 일, 고려의 태조 왕건이 여러 명의 여성과 혼인한 일 등으로 볼 때 전혀 이상한 일이 아니다.

먼저 ①, ②의 '졸본부여왕의 둘째딸과의 혼인담'이다. 이것은 주몽을 부친으로 설정하는 온조 집단에서 전승하는 이야기인데, '주몽이 졸본부여에 와서 부여왕의 사위가 되었다가 왕의 사후에 그 뒤를 이어 즉위하였다.'는 내용을 핵심으로 한다. 正史의 주몽 쪽의 기사와 결부시켜보면, 주몽이 졸본부여의 사위가 된 것은 그가 동부여의 금와 왕궁에서 탈출한 이후의 일이다. 그런데 앞서 지적하였듯이, 그가 졸본부여왕의 사위가 되었다가 나중에 부여왕의 사후에 왕위를 계승하였다면, 고구려를 건국한 건국시조로서 功業이 커 보이지 않는다. 그러나 이 '졸본부여왕'을

---

18) 세 여성들은 주몽이 비류수 가에서 옮겨와 살면서 만난, 졸본지역의 토착민이었을 것이다.

19) 김두진은 주몽이 여러 여성과 혼인하는 것을 두고, '가부장적인 일부다처제의 모습'이라고 하였다. 김두진, "고구려 건국신화의 영웅전승적 성격", 『한국고대의 건국신화와 제의』, 일조각, 1999, 142쪽.

강력한 국가형태의 왕이라기보다는 졸본 지역에 사는 여러 부여족 가운데 비교적 세력이 강했던 '연맹체적 성격의 부족장'으로 본다면, 주몽이 부여왕의 사위가 되었다가 그 사후에 왕위에 오른 것이 그처럼 건국의 공에 흠이 되지 않을 것이다. 주몽에게 있어서 졸본부여왕은 자신의 집단과 우호적인 관계를 맺은 원조집단의 족장이었다. 주몽이 비류수 가에서 고구려를 건국하였다고 하여도 허허벌판이나 무주공산에 나라를 세웠을 리는 없고 그가 집단을 이끌고 간 졸본부여 지역에는 기존의 先主集團이 살고 있었을 터인데,[20] 그는 이들과 접촉하면서 우호적인 교류를 모색하게 되었고, 그 와중에 그 집단의 우두머리의 딸과 혼인하게 된 것이다. 이렇게 해서 생겨난 이야기가 바로 ①. ②일 것이다. 이에 관하여 김기흥이 사서의 기사를 바탕으로 고구려 건국과정을 이야기 형식으로 재구성하는 책을 쓴 바가 있는데, 그 책을 보면 '활 잘 쏘는 동부여의 왕자 주몽이 왔다는 소문이 부근의 부여족에 알려졌고, 서쪽 마을의 족장 연타발이 그에게 청하여 과부가 된 둘째딸 소서노와 혼인시켰으며, 얼마 후에 연타발이 주몽에게 자신의 족장자리를 넘겨주었다.'는 흥미로운 내용이 나온다.[21] 위의 자료 ① · ②와 ③의 내용이 합쳐진 느낌이 들지만, 주몽이 정착 후에 토착집단과 어떻게 관계를 맺으면서 나아가 그 집단의 여성과 혼인까지 할 수 있었는지 짐작하게 해준다.

주몽이 부여를 오이·마리·협보(烏伊摩離陜父) 등 세 벗과 떠났다고 하였지만, 실제로는 그를 따르는 무리가 적지 않았을 것이다.[22] 그러나

---

20) 노태돈은 초기 계루 집단의 구성에 있어서, 부여 출신뿐 아니라 이주 및 정착과정에서 규합한 모둔곡과 졸본 등지의 일부집단이 포함된 일종의 혼성집단의 모습일 것으로 추정한 바가 있다. 노태돈, 「주몽설화와 고구려 초기의 왕계」, 『고구려사연구』, 사계절, 1999, 58쪽.

21) 김기흥, 『고구려 건국사』, 창작과비평사, 2000, 36~8쪽.

22) 주지하듯이 주몽은 계루부 출신으로 알려져 있다. <삼국사기> 고구려본기를 보면 모둔곡에 이르러 주몽은 재사, 무골, 묵거 등을 만나 일을 맡겼다고 하였는

졸본천 근처에 정착할 때는 “미처 궁실을 지을 겨를이 없어, 우선 비류
수(沸流水) 윗쪽에 갈대를 엮어 집을 짓고 살았다.[未遑作宮室 但結
廬於沸流水上 居之(<삼국사기> 고구려본기 ; 159쪽)]” 할 정도로 사
정이 넉넉하지 않았다. 게다가 그가 건국 후에는 근처에 원고구려 사회
의 연맹장 위치[23]에 서는 강력한 비류국의 송양왕이 있어서, 그를 굴복
시키기까지는 2년 정도가 걸릴 정도로[24] 주몽의 세력은 세거나 크지 않
았다. 이에 관하여 <동명왕편>은 주몽과 송양과 여러 번 다툼이 있었음
을 전한다. 따라서 그는 자신을 따르던 집단이나 또는 졸본 근처에 토착
하던 부여족들의 도움을 받았을 것이고,[25] 그 과정에 원조집단과의 결연
이 이루어졌을 것이다.[26]

  위의 ②가 ①의 기사와 같은 내용인 것을 보면, 둘은 백제 시조온조
설에서 전하는 이야기를 원천으로 삼고 있다. 그런데 부여왕이 주몽을
사위로 삼고자 한 것은 주몽의 ‘인물됨이 비상하다’는 것이다. 그 비상함
이란 당시 시대적 조건으로 보아 활쏘기와 같은 무사적 재능을 포함하는

  데, 이들은 부족의 족장들로 그의 강력한 원조집단이었을 것이다. <모두루묘지
  명>에도 모두루의 조상이 추모(곧 주몽)와 함께 북부여에서 함께 나왔다 한 것
  을 보면, 그를 따르는 무리가 많았을 것이다. 이지영, 앞의 책, 2000, 153쪽. 또
  한 소서노와의 혼인담[자료 (A-4-2)]을 보면, 그녀의 집단이 건국사업에 자못 공
  이 컸음을 비류의 입을 통해 말하고 있다. 자료 (A-4-1)에도 ‘비류와 온조가 남
  하할 때 열 명의 신하와 수많은 백성들이 그들을 따랐다’는 기사가 실려 있음을
  함께 상기할 필요가 있다.
23) 김기흥, 앞의 책, 2002, 33쪽.
24) <삼국사기> 고구려본기 시조동명성왕조 2년 기사에 “여름 6월에 송양이 와서
   나라를 바쳐 항복하였다”는 내용이 실려 있다.
25) 고구려 후기의 유력 귀족 가문이던 高慈의 묘지명에는 그의 조상이 주몽을 도
   와 건국에 공훈이 컸음을 과시하는 내용이 있다. 자세한 것은 노태돈, 앞의 논
   문, 1999, 37쪽 참조.
26) 노태돈은 초기 계루 집단의 구성에 있어서, 부여 출신뿐 아니라 이주 및 정착과
   정에 서 규합한 모둔곡과 졸본 등지의 일부집단이 포함된 일종의 혼성집단의 모
   습일 것으로 추정한 바가 있다. 위의 논문, 58쪽.

것으로 집단의 우두머리, 곧 족장이나 군주로서 자격을 갖고 있는 것을 말할 것이다. 그리고 그 조건은 시대에 따라 달라질 수 있을 터이다. 후술하겠지만, 후대로 내려올수록 사위로서 인물됨은 지혜(꾀)가 될 수 있음을 우리는 신라 석탈해신화나, 경문왕설화에서 찾게 된다.

③은 시조 온조설의 주석문에 나오는 것인데, 주몽이 월군녀를 아내로 맞아 아들 둘을 얻었다고 한 것이어서, 부여왕의 둘째딸을 아내로 맞아 두 아들을 얻었다는 ①, ②와 이야기의 근간은 비슷하다. 그러나 ③이 시조 온조설의 주석문에 실린 것을 보면, 적어도 주몽의 혼인담으로서 ②와 ③은 그 내용이 달랐을 것이다. 이는 ②의 졸본부여왕의 둘째딸·두 아들이 각각 ③의 월군녀·비류와 온조와 서로 같지 않다는 말이기도 하다.

④를 보면 주몽이 '건국사업을 도운 집단'의 여성과 혼인했음을 실제로 보여준다. 상대는 졸본 사람인 연타발의 딸 소서노인데, 그녀는 '북부여 해부루의 庶孫 優台'와 일찍이 결혼하여 비류와 온조를 낳았으며 우태가 죽자 졸본에서 과부로 살고 있었다. 그런데 '주몽이 소서노를 왕비로 삼았다' 한 기사로 미루어 볼 때, 그녀와의 혼인은 건국 이후에 이루어진 듯하다. 그 후 그녀가 집안의 전재산을 기울여 주몽이 건국의 기업을 닦아주었으니, 주몽은 그녀가 가졌던 경제적인 능력을 기대하고 있었던 갔다. 혹은 5세기 초에 세워진 <광개토왕릉비>나 <모두루묘지명>에 주몽의 출신지를 북부여로 설정하고 있으며 소서노의 전남편 우태도 '북부여 해부루의 庶孫'인 것으로 보면, 주몽과 우태가 서로 북부여와 친연성이 짙어서 결국 우태 사후에 주몽이 우태의 처인 소서노를 그의 아내로 삼는 일종의 '대우혼'적 풍속을 따랐을지도 모른다.[27]

이상의 논의를 정리하면 다음과 같이 될 것이다.

---

27) 북부여의 해모수와 혼인하였다가 쫓겨난 유화를 동부여의 금와가 왕궁으로 데려간 것도 일종의 대우혼적 풍속에 해당할 터이다.

정리 3

1. 주몽은 건국과정에 자신을 돕는 토착집단과의 우호관계를 위하여 일부 집단의 여성과 혼인하였다.
2. 문헌에 전하는 졸본 지역의 여성과의 혼인담은 셋인데, 그 내용으로 ① '졸본부여의 유력한 족장의 둘째딸과 혼인하여 두 아들을 얻었다', ② '월군녀와 혼인하여 두 아들을 얻었다', ③ '졸본의 과부 소서노와 혼인하였는데, 그녀는 이미 두 아들을 두었다'는 것 등이 전한다.
3. 주몽의 혼인담은 개별 집단의 이해관계에 따라 그 내용이 조금씩 다르게 전승되었다.

이제 필자는 **이처럼 주몽의 졸본지역 여성과의 혼인담이 정작 주몽신화의 본문에 실리지 않고, 유리왕 기사나 백제 쪽 기사에 주석문 형식으로 실린 이유를 어떻게 보아야 하며, 그 의미가 무엇인지가** 궁금해진다. 이 문제는 사학전공자가 아닌 문학전공자가 다루어 해명하기에는 상당히 어려운 일임에 틀림없으며, 그 작업에는 많은 오류를 불러올 수도 있을 것이다. 그러나 사학계의 입장을 최대한 반영하면서 조심스레 이 문제를 천착해보기로 한다.

'주몽의 부여에서의 혼인담'은 동부여와 관련이 깊은 유리왕 집단에서 만들어낸 것으로 주몽신화가 성립된 이후에 뒤늦게 고구려 역사에 편입되었으리라는 생각을 가질 수 있다. 이와 관련하여 노태돈의 "주몽설화와 계루부의 기원"이라는 논고는 많은 시사점을 제공한다. 본고의 관심사항을 중심으로 노 교수의 견해를 요약하면 다음과 같다.[28]

1) 5세기 초 광개토왕릉비(414년), 모두루묘지명에 따르면 주몽의 출생지를 북부여라 하였는데, 이는 고구려 조정의 공식적 입장이었다.
2) 동부여는 3세기 말~4세기 초 이후에 성립하였다가 5세기 초(410년 광개토왕에 의해 복속) 이후에 소멸되었으며, 중국 사서에는 동부여 존재 자체에 대한 언급이 없다. 따라서 〈위서〉 속의 '부여'는 북부여를

---

28) 노태돈, 「주몽설화와 계루부의 기원」, 『고구려사 연구』, 사계절, 1999, 28~44쪽.

말한다.

3) 〈삼국사기〉 고구려본기에 나오는 '동부여천도설, 금와왕설화' 등과 이로 인한 주몽의 동부여출생설은 후대에 정립되었다. 이 동부여출생설은 6세기 중반 이후 왕권의 약화에 따른 고구려 정계의 변화로 인하여 동부여 출신자들이 중앙정계에서 득세한 것과 관련이 깊다.

4) 시조설의 변개는 영양왕 11년(600)에 〈신집〉과 같은 새로운 사서 편찬 시에 수용되어 보완될 수 있을 것이다. 따라서 414년(능비 건립)과 600년(신집 편찬) 사이에 주몽의 북부여출생설이 동부여출생설로 변개되었다.

이를 보면, 5세기 무렵에 존재했을 동부여출생설이 6세기 이후의 정계 변화를 계기로 사서의 改修 過程에 편입되었다는 것이다. 그러나 위의 논의는 동부여천도설, 금와왕설화 등과 이로 인한 주몽의 동부여출생설에 초점이 맞추어질 뿐 본고의 관심인 '주몽의 혼인담' 문제는 부각되지 않고 있는데, 필자는 여기에 '혼인담' 문제도 이와 무관하지 않다고 보는 입장을 취한다. 다시 말하자면, <삼국사기>의 유리왕 기사에 '주몽의 부여에서의 혼인' 기사가 실린 것은 바로 이러한 후대에 이루어진 동부여출생설과도 맞물려 이해될 수 있다고 보자는 것이다.

주몽 출생지에 대한 상이한 입장은 주몽과 유리의 출신 집단과 혈연이 기본적으로 다른 데서 비롯한다. 앞서 지적하였듯이, <삼국사기>를 보면 주몽이 동부여의 금와 왕궁에서 출생·성장하였다고 하면서도 정작 탈출 전 '예씨와 혼인하였다'는 대목에서는 그곳을 '부여'로 지칭하는 기술상의 혼선을 보인 것은, 주몽신화와 유리신화가 상호 개별적으로 전승한 데서 연유한 게 아닌가 한다. 곧 유리신화의 경우 **유리가 비류 · 온조를 물리치고 왕위에 오르면서 자신의 父系 血統을 '주몽'으로 재설정하는 과정에서 '예씨와 주몽의 혼인 관계'를 따로 만들어 삽입시킨 것**으로 판단된다는 것이다. 따라서 주몽 쪽 기사에는 이런 예씨와의 혼인담이 애초에 없었을 가능성이 크다. 만일 주몽이 실제 동부여를 탈출하기 전에 혼인한 것이 사실이라면 이런 내용은 당연히 주몽 쪽 기사에도 실렸어야 마땅하다. 주몽의 혼인일은 건국시조의 개인 내력에 중요한 사건인데다, 장차 왕위를 이을 元子의 모친에 관한 일이기도 하기 때문이다. **주몽과 유리가 혈연상 실제적인 친자관계로 보기 어려운 것은 둘의 성씨가 서로 다른 데서도 그러하다.** <삼국유사> 왕력편29)을 보면, 주몽은 高氏이나 유리왕·대무신왕·민중왕·모본왕(2-5대)은 解氏로 되어 있다. 만일 유리가 진짜 혈연상으로 주몽의 親子라면 둘 사이에 성씨가 달리 기록될 수 없다. 이와 관련하여 고구려 초기의 고씨계와 해씨계의 왕통 교체여부는 고구려사 연구의 쟁점 가운데 하나이기도 하다.

유리는 (동)부여에서 성장한 후 모친과 함께 무리를 이끌고 졸본부여와 건너온 뒤 주몽의 계루부로 편입된, 이주 집단의 우두머리이다. 그런데 유리가 태자가 되었다가 왕위에 오르기까지의 기간은 대단히 짧아서, 그의 즉위는 급작스레 이루어졌다는 느낌이 강하다. 주몽은 22세에 건국하여 治國 19년 '여름 4월'에 유리를 태자로 삼았는데 이 해 '가을 9월' 나이 40에 갑자기 죽는다. 이에 대해 <삼국사기>에서는 왕이 죽어서 유리가 장사지냈다 하였으나, <동명왕편>에는 승천 후 내려오지 않자 태자 유리가 왕이 남긴 옥채찍[玉鞭]을 용산에 묻어 장사했다고 하였고, <제왕운기>에서도 "승천하여 다시는 구름수레를 되돌리지 않았다[升天不復迴雲軒]"고 하였다. 이는 주몽의 승천(죽음)과 유리의 즉위는 비정상적으로 이루어졌음을 암시한다. 이에 관하여 <광대토대왕릉비>에 다음과 같은 언급이 남아 있다.

> 세상의 자리[世位]에 있는 것을 즐겁게 여기지 않자, (하느님이) 황룡을 내려 보내어 왕을 맞아 오게 하였다. 왕은 홀본 동쪽 언덕에서 황룡을 타고 승천하였다. 세자 유류왕(儒留王)에게 왕위를 맡기니[不樂世位 因遣

---

29) 김민수 역, 『삼국유사』, 을유문화사, 1983, 11~14쪽.

黃龍 來下迎王 王於忽本東岡 黃龍負昇天 顧命世子儒留王](〈廣開土王陵碑〉
: 152-153쪽)

40세의 젊은 건국주가 '不樂世位'하여 황룡을 타고 홀연 승천한 이
유는 무엇일까? 필자는 이 '不樂世位'30)가 유리 집단의 왕권차지와 연
관된 것으로 짐작한다. 실제로 유리는 토착집단인 졸본인 비류 · 온조와
왕위계승 투쟁을 했을 터인데, 이 와중에 주몽과도 알력과 갈등이 생겼
을 것이다.31) 비류는 유리에게 태자의 자리를 빼앗긴 후 모친 소서노에
게 "우리들이 공연히 여기에 있으면서 울적하여 근심하는 것보다 (...) 남
행하여 좋은 땅을 찾아 도읍하는 것만 못하다[吾等徒在此 鬱鬱始疣
贅 不知奉母氏南遊卜地 別立國都 ; 348-340쪽]"고 말하고 있는데,
이때의 '울적하고 근심하기'는 아마도 비류집단의 존위와 생명의 위협을
의미할 것이다. 그만큼 패배의 대가가 크다는 말이다. 유리는 비류 · 온
조와의 왕위 계승 투쟁에서 이겨 왕위에 오름으로써 그 정통성을 과시할
목적으로 자신의 이야기를 신화화할 가능성이 높다. 게다가 유리왕 이후
로 해씨계가 5대 모본왕까지 이어졌다[유리왕→대무신왕→민중왕→모
본왕]는 점에서 유리는 해씨계의 시조의 성격을 지니므로, 유리 전승담
은 시조신화의 성격32)도 지니고 있다. 유리신화의 내용과 성격에 대하여
필자는 독자적으로 전승하는, 소위 '天父地母型' 건국신화의 하나로 간
주하면서 그 줄거리를 재구성한 바가 있다.33) **유리 집단은 유리신화를**

---

30) 참고로 <삼국사기> 백제본기 시조온조왕조에도 "及大王厭世 國家屬於孺
留[대왕께서 세상을 싫어한 후 나라가 유류에게 귀속되니]" 기사가 나온다.
31) 조선의 태조 이성계가, 왕자의 난을 일으킨 이방원(태종)의 행동에 왕위를 버리
고 함흥으로 가버린 사건을 생각하면 이해가 된다.
32) 김용선은 유리를 고구려의 건국시조로 보기도 한다. 김용선, 「고구려 유리왕 고」,
『역사학보』 제87집, 1980, 역사학회 참조.
33) 유리신화의 독자성에 대해서는 필자가 여러 차례 그 실상을 상세히 논증한 바가
있다. 이지영, 『한국신화의 신격유래에 관한 연구』, 태학사, 1995 ; 이지영, 「고
구려 유리신화의 연구」 및 「삼국사기 소재 고구려 초기 왕권설화 연구」, 『한국

만들면서 새로이 유리의 **父系**를 주몽으로 설정하였을 터인데, 그것이 바로 <삼국사기> 유리왕조에 실린 내용일 것이다.

그런데 해씨계는 모본왕이 피살되고 태조왕(방계의 계루부 집단)이 즉위34)함으로써 왕위계승에서 탈락하는데, 태조왕의 祖父로 유리왕이 설정[瑠璃王子古鄒加再思之子]된 것으로 보아 태조왕은 해씨계의 유리 집단과 타협을 모색하는 과정에서 유리를 조부로 끌어들이면서, 이와 함께 유리신화를 고구려신화의 일부로 인정하고 이를 적극적으로 수용했을 것으로 본다.35) 이에 따라 유리신화가 고구려 신화에 편입되면서 유리와 경쟁하던 비류와 온조 관련 이야기는 탈락되었을 것이니, 그 와중에 주몽을 부친으로 설정한 온조의 탄생담[자료 (A-4-1)]이나 우태를 부친으로 하되 주몽을 **繼父**로 삼은, 비류의 이야기도 지워졌으리라고 본다. 아울러 유리와 경쟁에서 패배한 비류나 온조 집단이 건국 후에 자신의 혈통을 부여 혹은 고구려로 삼는 과정에서 앞서 본 대로 '주몽의 혼인담'이 여럿 생겨났을 것이다.36) 필자는 주몽 기사에 '주몽의 졸본부여에서의 혼인' 기사가 나타나지 않은 이유를 이러한 저간의 사정에서 찾고자 한다.

서사문학의 연구』, 1997, 국학자료원.

34) <삼국사기> 태조대왕조에는 "(죽은) 모본왕의 태자가 어질지 못하여 나를 맡을 수 없으므로, 나라사람들이 宮을 맞아서 왕위를 계승하게 했다."는 기록이 있다. 김종권 역, 『삼국사기』, 광조출판사, 1984, 263쪽.

35) 이에 관해서는 이지영, 「고구려 유리신화의 연구」, 위의 책, 1997, 64~5쪽을 참조 바람.

36) <삼국사기> 속의 백제의 시조온조설[자료 (A-4-1)]의 기사를 보면, 주몽의 출신지를 북부여라 하였는데 이는 주몽출신설에 관한 고구려 초기의 공식 입장을 반영하고 있다는 점에서, 실재하였을 '주몽의 혼인담'을 전하고 있다고 본다. 아울러 백제 시조를 고구려 주몽의 아들로 설정하면서 모계를 졸본부여왕의 딸로 삼은 것은 온조의 신격화 작업과 관련이 있다.

Ⅲ. 혼인담이 포함된 주몽신화의 서사적 전범성 모색

필자는 앞 장에서 주몽의 혼인담이 전혀 근거 없는 이야기가 아니라고 보며, 이것이 전승집단 사이의 이해관계에 따라서 여러 갈래의 이야기로 전해졌다가 <삼국사기>에 실렸다는 입장을 취하였다. 다만 그것이 고구려본기의 건국시조인 주몽의 본문 기사에 실리지 못하고 유리왕이나 백제 쪽의 기사에 실린 것은, 고구려의 건국신화의 수용과 재편 과정에 변모를 겪었기 때문이라고 판단한다. 이제 <삼국사기> 고구려본기의 시조동명성왕조에 실린 전체 기사를 주몽신화로 간주하되[37] '주몽의 혼인담'을 여기에 추가하기로 한다. 그리고 이 장에서는 이 신화의 줄거리를 건국시조신화의 서사적 특징[38]에 맞추어 서사단락으로 정리한다.

(1) 유화는 우발수에서 금와왕에게 구해져 별궁에 지내다가, 일광감응하여 잉태 후 주몽을 난생한다. 이때 주몽은 기아의 시련을 겪는다.(출생)
(2) 주몽은 어려서부터 신이하고 탁월한 능력을 보이며, 이로 인하여 대소왕자 등에게 박해를 받아 말먹이 일을 한다.(성장기 어린시절)
(3) 주몽은 모친의 원조와 지시를 받아 세 친구 등 무리와 함께 성장지를 이탈한다.(성장지 이탈)
(4) 주몽은 도중에 협력자를 만나고 졸본지역에 정착한 뒤 고구려를 세운다.(건국)

---

37) <삼국사기>가 편년체 방식을 택하면서, 주몽신화는 연대별로 나누어 실렸을 것이다.
38) 필자는 건국시조신화의 서사구조로 '출생, 성장기 어린시절, 성장지의 이탈, 건국과 후계자, 즉위 후 功業, 죽음과 능' 등을 제시하면서 주몽신화의 서사적 특징을 설명한 바가 있다. 이지영, 「동아시아 건국시조신화의 비교연구」, 『동아시아고대학』 제12호, 2005, 동아시아고대학회.

(5) **주몽은 건국과정에 자신을 도운, 졸본의 토착집단과 우호관계를 위하여 졸본의 여성들과 혼인한다.(혼인)**

(6) 주몽은 건국 후에 성과 궁성을 축조하고, 말갈을 물리치며, 송양왕의 비류국·행인국·북옥저 등을 정벌하는 등 功業을 세운다.(즉위 후 공업)

(7) 주몽은 즉위 19년에 부여에서 온 유리를 태자로 삼은 뒤 이 해(40세) 가을에 죽는다. 유리는 주몽을 용산에 장사지낸다.(죽음과 능)

단락(5)는 그동안 주몽신화의 줄거리를 추출하거나 이 신화의 서사구조를 논의할 때 거의 관심을 두지 않았던 것인데, 필자는 본고에서 이 부분의 중요성을 부각시켜 서사단락의 하나로 설정·추가하고자 한다. 일반적으로 건국신화나 영웅소설과 같은 영웅설화에 영웅의 혼인담이 없는 경우가 없다고 보기 때문이다. 위의 서사단락을 포함하는 주몽신화는 우리와 주변민족의 유사한 이야기와 서로 비교하는 데도 용이하게 적용될 수 있는 틀이 될 수 있다.

이러한 내용의 주몽신화와 유사한 설화들은 쉽게 찾아볼 수 있으니, 서로의 내용과 구조를 비교해보면 주몽신화가 갖는 서사적 전범성이 어떠한지 짐작할 수 있다. 이 장에서는 우리와 주변민족의 설화 몇 개를 예로 삼아 주몽신화의 서사적 특징과 비교함으로써, 주몽신화 속의 혼인담이 갖는 중요성을 부각하는 계기로 삼고자 한다. 우선 <삼국사기> 백제본기 시조온조왕조에 건국시조의 異說로서 소개한 仇台說에 관한 기사이다.

> (B-1) 〈북사〉와 〈수서〉에는 이렇게 쓰여 있다. 동명의 후손 가운데 구태가 있었는데, 그는 매우 어질고 믿음이 두터웠다. 처음에 대방 옛 땅에 나라를 세우니, 요동 태수 공손도가 자기의 딸을 구태에게 주어 아내로 삼게 하였다. 드디어 (구태의 나라는) 동이의 강국이 되었다.(北史及隋書皆云 東明之後有仇台 篤於仁信 初立國于帶方故地 漢遼東太守公孫度以女妻之 遂爲東夷强國)(〈삼국사기〉 백제본기 : 348-351쪽)

위의 밑줄은 앞 절에서 거론한 자료(A-4-1)의 밑줄 ②와 같은데, 졸본부여왕·요동태수는 각각 주몽·구태의 강력한 후원자 역할을 한다. 그러나 주몽은 부여왕의 사후에 왕위를 이으나 구태는 나라를 세운 뒤 태수의 사위가 된다는 점에서, 두 이야기는 세부적인 내용에서 조금 차이를 보인다. 필자는 일찍이 이들 둘 사이에 서사구조의 유사성이 있음을 지적한 바가 있다.[39] 다만, (B-1)에서 요동태수가 구태를 어떤 이유로 사위를 삼았는지를 말하고 있지 않아서, '졸본부여왕이 주몽의 인물이 비상함을 알고 사위로 삼는다.'는 투의 내용이 있는지는 알기 어렵다. 그러나 구태신화를 전하는 중국 사서들이 지극히 간략하게 그 내용을 수록하였음을 상기할 때, 우리가 구태신화의 실상을 자세히 알기 어려움을 인정해야 할 것이다. 어쨌든 이 두 이야기에서 '어느 집단의 우두머리가 도래한 영웅을 사위로 삼으며, 영웅이 나중에 왕위를 잇거나 혹은 나라를 강성하게 한다.'는 내용을 공통적으로 찾을 수 있다. 이는 곧 주몽신화가 후대 王權說話[40]인 구태신화에 서사적인 전범성을 보여주는 일이기도 하다.

그런데 석탈해설화와 경문왕설화도 주몽신화의 서사구조와 흡사한 데가 많아서, 주몽신화의 서사적 전범성을 다시 한 번 확인할 수 있다.

> (B-2) 신라 남해왕 때 노파 阿珍義先이 阿珍浦에 닿은 배 안에서 궤를 열어 석탈해를 얻었다. 그는 용성국 함달파 왕의 왕자로, 모친이 알을 낳자 왕이 不祥하다며 그것을 궤에 넣어 띄워 보내는 바람에 신라에 온 것이다. 아이가 토함산에 올라가 7일간 머문 뒤 '초사흘 달 모양'의 瓠公의 집을 살 만한 곳으로 여기고 몰래 숫돌과 숯을 집 곁에 묻은 뒤 관청에 고발하여 자기 조상의 집이라고 하였다. 그곳

---

39) 이지영, 앞의 책, 2000, 376~7쪽.
40) 건국신화뿐만 아니라 역사시대 왕의 탄생·왕위 등극·왕비와 후비의 애정 다툼에 관한 이야기 등등을 포함하는 이야기를 지칭한다.

에서 숫돌, 숯이 나오고, 탈해가 그 집을 빼앗아 살았다. 남해왕은
그가 지혜 있는 자임을 알고 맏공주를 아내[阿尼夫人]로 삼게 하
였다. 후에 弩禮王이 죽자 탈해가 왕위에 올랐다. 재위 23년 만에
죽어 疏川丘에 장사지냈다.(〈삼국유사〉 기이, 제4 탈해왕)[41]

(B-3) 膺廉은 18세에 國仙이 되었는데 20세에 憲安王이 그를 불러 사방에
다니면서 이상한 일을 보았는지 물었다. 응렴이 선행을 하는 자 셋
을 보았다고 대답하였다. 그 내용을 듣고 왕은 그가 어짊을 알고
두 딸 중 누구와 혼인할 의사가 있는지 물었다. 그의 부모는 박색
의 맏공주가 아닌 미모의 둘째와 혼인하게 하나, 範教師의 교시로
응렴은 왕에게 맏공주와 혼인하겠다고 하였다. 헌안왕은 승하시
응렴을 후계로 지목하였고, 이에 응렴이 왕이 되었다. 범교사는 왕
에게 세 가지 좋은 점을 말하니, 왕이 그에게 벼슬과 금을 하사하
였다.(〈삼국유사〉 기이, 제47대 景文王)[42]

(B-2)의 석탈해신화는 주몽신화와 함께 '전형적인 영웅의 일생'을 보
이는 것으로 간주될[43] 만큼 이야기 내용이 풍부하다. 곧, 왕의 아들로 알
에서 태어나며 궤에 넣어져 버려졌다가 노파의 도움으로 양육되는 것,
꾀로 호공의 집을 빼앗는 일로 남해왕의 맏딸과 혼인하였다가 후에 왕위
에 오르는 것 등은 주몽신화에 버금갈 정도이다. 주목되는 바는 첫째,
'남해왕이 탈해가 남해왕의 사위가 된 후 왕위를 이었다.'는 대목인데,
이 내용은 주몽신화에도 있다. 특히 왕이 탈해의 지혜로움을 알고 그를
사위로 삼은 것은, 주몽신화에서 졸본부여왕이 주몽의 인물됨을 알고 그
를 사위로 삼은 것과 같은 내용이다. 둘째, 석탈해는 경주지역에 도래한
집단의 우두머리이며, 그가 신라왕의 사위가 된 후 왕이 되어 昔氏系
王室의 始祖가 된다는 점이 주목된다. 이는 주몽이 계루부의 우두머리
로 졸본지역에 와서 토착집단의 도움을 받아 졸본지역의 세력을 통합할

41) 김원중 역, 『삼국유사』, 을유문화사, 2002, 76~80쪽.
42) 위의 책, 182~6쪽.
43) 조동일, 「영웅의 일생, 그 문학사적 전개」, 『민중영웅이야기』, 문예출판사, 1992,
   14쪽.

수 있었던 점과 상통한다. 주몽은 졸본부여왕의 사위가 되었다가 왕위에 오름으로써 계루부계의 새로운 왕이 되었고 나아가 고구려의 시조가 될 수 있었다.

　지혜나 비상한 인물됨으로 기존 왕실의 사위가 되었다가 왕위를 이어 새로운 왕실의 시조가 된다는 내용은 (B-3)의 경문왕설화에도 들어 있다. 헌안왕은 아들이 없고 두 딸만 두고 있어서 후계자를 누구로 할 것인지 고민하게 된다. 이때 왕은 응렴이 지혜로운 사람임을 알고 있지만, 맏딸이 박색이라 선뜻 응렴이 그녀를 선택할지 걱정이 되었다. 이러한 문제를 해결해준 자가 범교사(흥륜사의 중)이다. 그는 응렴이 맏딸을 얻음으로써 장차 취할 이득을 미리 짐작하고 응렴에게 첫째딸을 선택하게 한다. 응렴은 범교사의 교시로 맏딸과 혼인한 덕분에 왕위에 올랐고, 나중에는 前王의 둘째딸마저 얻을 수 있었다. 신라 제48대 경문왕(861~874) 응렴은 836~839년 사이의 왕위계승쟁탈전이라는 정치적 혼란상황을 종결시키고 즉위한 임금으로, 그 후로 그의 후손에 의해 제52대 효공왕까지 왕위가 계승되어 신라 왕실이 어느 정도 안정을 찾을 수 있는 기틀을 마련한 인물이다. 그는 실추된 왕권을 회복하고 개혁정치를 실천하면서 신라 하대의 안정기를 구축하게 된다.[44] **결국 응렴은 혼인과 즉위를 통하여 후손이 왕위를 계승할 수 있는 토대를 마련한 셈이니, 그의 혼인담은 일상의 민담 속의 혼인담과는 그 성격이 다른, 왕권설화의 측면을 갖추고 있는 것이다.** 이런 점에서 이 설화는 주몽신화(구태신화를 포함한), 석탈해신화와 같은 맥락에서 이해될 수 있다.

　비록 왕권설화는 아니지만, 민간설화로서 <최치원설화>[45] 역시 위의

---

44) 이상 경문왕에 대한 언급은 김지은, 「신라 하대 경문왕의 왕권강화정책」, 동국대 석사, 2000, 1쪽을 참조한 것임.

45) 이 설화에 대해서는 한석수, 『최치원전승의 연구』, 1989, 계명문화사가 자세하다. 한 교수는 이 설화와 고전소설을 함께 고려하여 13개의 화소를 추출한 뒤, 개별 화소별로 설화와 소설의 내용적 특징을 밝혔다.

혼인담의 구조와 성격에 유사한 점이 많다. 이 설화의 각편이 많은데,[46] 각편에 공통된 줄거리를 요약하여 제시한다.

> (B-4) 한 고을 원님이 부임하면 부인이 없어지곤 하자, 최치원의 부친이 자원하여 부임하였다. 밤에 부인의 몸에 명주실을 감아두었는데, 얼마 후 부인이 사라졌다. 실을 따라 산속 바위굴속으로 들어가 부인을 만났는데, 부인은 금돼지 도적에게 세상에서 제일 무서운 것이 무엇인지 물어 사슴가죽이라는 말을 듣고는 남편의 열쇠끈으로 도적을 죽였다. 부인을 구출하여 지상에 나온 지 열 달 뒤 부인이 아이를 낳았다. 그러나 원님은 자기 아이가 아니라며 아이를 강변에 버렸지만, 학이 아이를 품어주어 살렸다. 아이가 열 살이 넘자 집을 나와서 팔도를 다니는데 서울 정승집에 갔다가 정승이 그의 인물됨을 알고 심부름 일을 시켰다.(또는 정승집 딸을 보고는 자기 배필로 삼으려고 그녀의 거울을 일부러 깨뜨린 뒤 그 값을 갚기 위해 종이 되기도 한다) 심부름과 청소는 물론이고, 소와 말을 잘 먹이니 주인은 그가 보통애가 아님을 짐작하였다. 그는 정승딸이 짓는 시에 댓구를 짓기도 하여 그녀를 놀라게 한다. 마침 중국 사신이 석함 속에 무엇이 들어있는지 맞히라는 문제를 내어 조정이 근심에 처하였다. 파경노는 정승에게 자원하여 그 문제를 풀되 그 대가로 그의 딸과 혼인시켜달라고 하였다. 파경노가 석함 속에 계란이 있음을 밝혀 난제를 풀었으며, 정승은 그를 사위로 삼았다. 나중에 나라에서 그를 중국 사신으로 보냈고, 그는 중국에서 벼슬까지 하였다.

금돼지의 아들로 태어나서 부친에게 버려지나 학이 살려준 것, 어려서 집을 나오고 정승집의 종이 되어 일을 하는데, 주인이 그의 인물됨을 아

는 것, 그가 지혜로 중국 사신이 낸 난제를 풀고 정승의 사위가 된다는 것, 중국에 가서 벼슬까지 한다는 것 등의 내용은 이 설화가 단순히 역사 인물담에 머물지 않음을 짐작하게 한다. 곧, 이것이 **주몽신화의 서사구조와 흡사함**을 알 수 있거니와, 특히 정승집에 들어가서 심부름 일을 할 때 정승이 그의 인물됨이 보통이 아님을 알며 **그가 지혜로 난제를 풀어 사위가 되는 것**은 '주몽의 혼인담'에 보였던 '주몽의 인물이 비상함을 장인(졸본부여왕)이 알아보는 것'과 성격상 거의 일치한다. 게다가 최치원이 '소와 말을 잘 먹인다'는 대목에서는 주몽이 금와 왕궁에서 말먹이 일을 하는 것과 상통하기까지 한다. 다만, 최치원이 정승의 사위가 된 후 정승의 지위를 계승한 것은 아니라서 주몽신화를 포함한 왕권설화와 차이가 있다. 하지만 사위가 된 후 그가 중국으로 건너가 벼슬한 것은 엄밀히 말하면 장인과 같이 '관직'에 오른 것이어서 꼭 그렇게만 볼 수도 없다. 이로써 우리는 특히 <최치원설화>와 주몽신화의 혼인담이 서사구조의 측면에서 서로 거의 동일함을 확인하게 된다.

한편, 주변민족의 건국시조신화 가운데 주몽신화 속의 혼인담과 같은 내용을 보이는 것이 있다. 만주족의 <포고리옹순>과 태국의 <프라루엉>이 그것이다. <포고리옹순>은 만주족의 시조신화로서 고구려 주몽신화와 유사하다는 점에서 선학들이 이에 많은 관심을 보인 바 있다.[47] 이 신화는 1635년에 편찬된 <滿文老檔>과 <만주실록>에 비로소 실린 것을 보면 상당히 늦게 채록된 것 같다. 역사서나 구전설화집에 풍부

---

47) 조희웅, 「백두산 설화와 민간의식」, 1992 ; 서대석, 「백두산과 민족신화」, 1992 ; 이상, 『백두산설화연구』, 정재호 외, 고려대 민족문화연구소 ; 권태효, 「동명왕신화의 형성과정에 대한 일고찰」, 『구비문학연구』 제1집, 한국구비문학회, 1994 ; 서대석, 「한국신화와 만족신화의 비교연구」, 『한국신화의 연구』, 집문당, 2001 ; 조현설, 앞의 논문, 1997. 본고에서 제시하는 줄거리는 조현설의 논문에 소개된 자료(85-92쪽)들을 참고한 것이다.

하게 전해지는데, 본고에서는 여러 문헌에 공통된 줄거리를 요약 · 제시하는 방식을 택한다. <프라루엉>은 태국 최초의 독립왕국인 '쑤코타이 왕국'의 시조 '씨프라 인트라팃' 王의 신화이다. 김영애가 이 신화를 주몽신화와 대비한 것이 있다.[48] 그에 의하면 19세기에 와서야 이 신화가 채록된 탓에 내용이 조금씩 다른 6개의 이본이 존재하는데 다만 기본적인 줄거리는 같다고 한다. 본고에서는 김 교수가 소개한 자료 가운데 라마 2세(1809-1824) 때 채록된 『퐁싸와단 느어』에 들어있는 <아룬 꾸만 설화>(A본)의 줄거리를 제시한다.

> (B-5) 장백산 동쪽의 布庫里山 아래에 布爾湖里라는 연못이 있었는데, 恩固倫, 正固倫, 佛庫倫 세 天女가 이곳에서 목욕하였다. 神鵲이 朱果를 막내의 옷 위에 두자, 막내가 그것을 삼켰다가 임신하였다. 몸이 무거워지자 두 언니만 하늘로 올라가고, 막내는 얼마 뒤 사내를 낳았다. 아이는 나면서 말할 줄 알았는데, 모친은 아이가 장성하자 그를 낳은 연고를 말한 뒤 愛新覺羅로 성을, 布庫里雍順으로 이름을 지어주었다. 또 명령하기를 "하늘이 난국을 안정시키라고 너를 내렸으니, 가서 그들을 다스리라"하면서 배를 만들어준 뒤, 하늘로 올라갔다. 포고리옹순은 배를 타고 물을 내려가 한 곳에 이르렀는데, 장백산 동남쪽의 세 성씨가 서로 족장이 되려고 다투고 있다가 포고리옹순이 난국을 안정시키고자 왔다는 소리에 <u>무리는 그를 모셔 貝勒(왕)에 추대하고 百里女를 처로 삼게 했다.</u> 국호를 만주로 하니 그가 시조이다.
>
> (B-6) 계를 수행하던 하리푼차이 왕국의 아파이카미니 왕에게 바다 왕국의 낭낙(뱀)이 반하여, 사람으로 변신한 뒤 7일간 정을 통한다. 왕은 귀국하면서 붉은 옷과 반지를 정표로 준다. 낭낙은 자기 나라로 가서 임신하였음을 알자, 왕이 수행하던 곳으로 가서 아이를 낳고 곁에 그 신표를 남기고 떠난다. 사냥꾼이 아이를 거두어 길렀는데, 아이는 자라면서 신기한 징후를 나타낸다. 왕궁을 짓는 사역에 동원된 사냥꾼은 아이와 동행하는데, 아이가 성벽 밑에 가자 벽이 흔

---

48) 김영애, 「한·태 건국신화의 비교연구」, 『동남아시아연구』 제11권 가을호, 2001, 한국동남아학회.

들린다. 이에 왕이 아이를 불렀다가 사냥꾼으로부터 아이의 내력
을 듣고, 붉은 옷과 반지를 보자 자신의 아이임을 확인한 뒤 이름
을 아룬 꾸만이라 한다. <u>왕은 그를 이웃나라 왕녀와 혼인시켰고,
장인이 죽자 왕위를 이은 그는 영토를 확장하여 쑤코타이 왕국을
세운다.</u>

(B-5)에서 세 여성이 목욕시 한 여성이 '남성(여기서는 주과)'에 의해
임신한 점은 <동명왕편>에서 유화 세 자매가 목욕시 해모수의 꼬임에
빠진 뒤 유화가 홀로 붙잡힌 점 등과 유사하다. 그리고 (B-5)에서 모친이
아이에게 난국을 안정시켜 다스리라(곧 건국)고 敎示하며 집을 떠나게
한 점은 <동명왕편>에서 유화가 주몽에게 나라를 세우라며 집을 떠나
게 한 점[49]과 유사하다. 필자가 여기서 특히 주목하는 것은 밑줄친 부분
으로, 포고리옹순이 배를 타고 도착한 곳에 세 성씨가 족장이 되려고 싸
우는 것을 보고는, '나는 애신각라 포고리옹순으로 하늘이 너희의 분란
을 안정시키라 하여 나를 내려보냈다.'는 말을 하자 세 성씨가 분쟁을 끝
내고 그를 왕으로 받들었으며 백리녀를 그의 처로 삼게 하였다는 내용이
다.[50] 여기서 포고리옹순이 세 성씨 족장을 만나는 것은 주몽이 부여를
탈출한 후 모둔곡에 이르러 재사·무골·묵거 세 현인을 만나는 것과 같
고, 포고리옹순이 세 족장에게 자신의 정체를 밝히는 것은 주몽이 셋을
만나서 "내가 바야흐로 하느님의 큰 명을 받들어 나라의 기틀을 열려고
하는데, 마침 이처럼 어진 세 분을 만났으니 어찌 하늘이 내려주신 것이
아니리요!(我方承景命 欲啓元基 而適遇此三賢 豈非天賜乎 ; 159

---

49) 건국의사에 관하여 <삼국사기>에서는 주몽이 그것을 드러내나, <동명왕편>
　　에서는 모친이 주몽에게 교시하고 있어서 내용면에서 차이가 난다. 이에 대한
　　해명은 이지영(2008), 앞의 논문을 참조 바람.
50) 이 내용은 <만주실록>(1635), <청태조고황제실록>, <동화록>(1753), <만주
　　원류고>(1777) 등등에 빠짐없이 나온다. 자세한 것은 조현설(1997), 앞의 논문,
　　86~92쪽 참조.

/ 162쪽)" 하는 것과 같으며, 세 족장이 포고리용순을 패륵(왕)으로 추대
하고 백리녀를 그의 처로 삼게 한 것은 주몽이 세 현인의 도움을 받아
(재능에 따라 일을 맡겼다 한다) 고구려를 세우고 졸본의 여성과 혼인하
는 것과 서로 닮아 있다.

필자는 이 신화를 통해 **건국시조가 建國 前後에 토착집단의 여성과
혼인하는 일이 건국신화 속에 당연히 포함되어야 마땅함**을 새삼 인식하
게 된다. 물론 우리의 신라와 가야의 건국신화에도 건국시조의 혼인담이
들어 있다. 먼저 박혁거세의 혼인은 문헌에 따라 건국 전과 건국 이후로
나뉘어 전한다. 곧 <삼국사기>에는 건국 5년 후에 알영정 곁에서 용의
오른쪽 겨드랑이에서 태어난 알영이 자라자 왕이 그녀를 왕비로 맞이하
였다고 하나, <삼국유사>에는 같은 날 동시에 태어난 혁거세와 알영을
13년 뒤에 사람들이 왕과 왕비로 받들었다 하여 차이가 있다. 그만큼 건
국시조의 혼인담이 전승과정에서 다양해질 수 있음을 말해주는 것이다.
가야의 수로신화를 보면, 수로왕은 즉위 후에 구간의 무리와 같은 토착
집단의 여성과 혼인하는 것을 거절하고, 바다를 건너 도래한 아유타국의
공주 허황옥과 혼인한다. 수로신화에는 건국 이후에 시조의 혼인 일이
이루어지는 것이다. 이처럼 신라와 가야의 건국신화에 시조의 혼인담이
있는 것으로 보아, 고구려 건국신화인 주몽신화의 본문에 시조의 혼인담
이 들어가는 것은 당연하다 할 것이다.

(B-6)의 <프라루엉>을 보면, 다양한 전승이본 덕분에 시조의 탄생이
나 즉위, 혼인 등에서 많은 차이가 있음을 알게 된다. 김영애의 논고에
따르면,[51] 시조탄생의 경우 시조는 '핏덩이'(C본) 혹은 난생(D본)으로 나
오며, 시조즉위의 경우 시조는 부왕을 계승하거나(D본), 백성의 추대로
왕위에 올라 쑤코타이의 시조가 되고(B본), 혹은 祖父 나라의 왕위를 계

---

51) 김영애, 앞의 논문, 2001, 181~182쪽.

승한 뒤 父王의 나라인 쑤코타이 왕국을 합병하기도(C본) 하는 등 이본마다 그 내용이 조금씩 다르다. 게다가 (B-6)의 밑줄친 부분을 보면, 프라루엉은 이웃나라 왕의 사위가 되고 그의 사후에 왕위에 오르고 있어서 또 다른 즉위담을 보여준다. 특히 이와 같은 즉위담은 주몽이 졸본부여 왕의 사위가 되고 그의 사후에 왕위에 오른 것과 흡사하다. 결국 우리는 태국의 신화를 통해 전승기간이 길고 문헌자료가 많을 경우에, 시조의 탄생·즉위·혼인의 기사들이 각각 다를 수 있음을 알게 된다. 주몽신화 속의 혼인담이 다양하게 전승하는 것도 이와 무관하지는 않다.

Ⅳ. 결론

본고에서 필자는 <삼국사기> 고구려본기 시조동명왕조에 건국시조 주몽의 '혼인담'이 나타나지 않지만, 同書 유리왕조나 백제본기 시조온조왕조에 고구려의 건국과정 전후로 주몽의 '혼인' 기사가 서로 다르게 기술되어 있음에 주목하고, 이 기사들의 실상을 분석하면서 혼인 기사가 차이가 난 이유를 추정하고자 하였다. 나아가 혼인담이 포함된 주몽신화를 상정하고, 이를 우리의 왕권설화와 주변민족의 설화와 대비함으로 주몽신화가 지니는 전범성이 어떠한지 그 가능성을 모색하였다.

먼저 문헌에 전승하는 '주몽의 혼인' 기사의 특징을 다음 세 가지로 정리하였다. 첫째, 고구려 正史에는 고구려의 建國 前後에 시조 주몽의 혼인 기사가 실려 있지 않은 것으로 보아 시조가 부여를 탈출하기 전까지 혼인하였을 가능성이 적다. 둘째, '주몽의 부여에서의 혼인담'은 유리왕조, 온조왕조에 실려 있는데, 온조가 북부여 출신 주몽을 부친으로 삼는데 반하여 비류는 부여 출신 주몽을 계부로 설정하고 있어서 차이가 난다. 그리고 유리가 주몽의 아들로 인식되면서 국내외 문헌 본문에는

'주몽의 부여에서의 혼인' 기사가 실리기 시작한다. 셋째, 졸본에서 주몽이 혼인한다는 네 개의 혼인담이 존재하는 것으로 보아, 시조가 건국과정에 우호적인 원조집단의 여성과 혼인하였으리라고 짐작되며, 그 이야기는 개별 집단의 이해관계에 따라 내용이 조금씩 다르게 전승되었다.

이처럼 주몽 혼인담이 고구려 정사에 실리지 못하고 다른 곳에 실린 이유를 다음과 같이 추정하여 보았다. ; 졸본 집단과의 왕위 계승 싸움에서 승리한 유리는 자신을 신격화하면서 자신의 신화를 만들었을 터인데, 특히 태조왕이 유리신화를 고구려신화에 편입시킨 결과 유리가 주몽의 친자로 자리하게 된다. 그 결과 유리와 경쟁하던 비류와 온조 관련 이야기는 탈락하였을 것이니, 그 와중에 주몽을 부친으로 설정한 온조의 탄생담이나 우태를 부친으로 하되 주몽을 繼父로 삼은, 비류의 이야기도 지워졌을 것이다. 아울러 유리와 경쟁에서 패배한 비류나 온조 집단이 건국 후에 자신의 혈통을 부여 혹은 고구려로 삼는 과정에서 '주몽의 혼인담'이 여럿 생겨났을 것이다.

끝으로, 혼인담이 포함된 주몽신화의 서사적 특징을 추출하고, 이것이 우리의 설화와 주변민족의 설화를 비교할 때 원형적 성격을 보여주는 서사적 전범성을 가진다고 보았다. 그리하여 <구태신화>, 석탈해신화, 경문왕설화, 그리고 <최치원설화> 등을 살펴본 결과, '어느 집단의 우두머리가 도래한 영웅을 사위로 삼으며, 영웅이 나중에 왕위를 잇거나 혹은 나라를 강성하게 한다.'는 내용을 공통적으로 찾을 수 있었다. 게다가 사위 자격으로 '영웅의 지혜'가 돋보이는데, 이는 주몽의 '비상한 인물됨'과 상통하였다. 주변민족의 신화로는 만주족의 <포고리옹순>, 태국의 <프리루엉> 신화를 살펴보았다. 전자의 신화에서 시조가 모친의 지시로 세 부족의 혼란을 수습한 뒤 세 집단의 딸 백리녀와 혼인한 것이 주몽신화와 닮았고, 후자의 신화에서는 시조가 이웃나라 왕의 사위가 되었다가 왕위에 오르는 것이 특히 주몽신화와 유사했다. 이처럼 건국시조

신화에 시조의 혼인담이 들어있는 것은, 바로 주몽신화에도 그러한 혼인
담이 존재할 수 있음을 말해주는 것이다.

參 考 文 獻

김민수 역, 『삼국유사』, 을유문화사, 1983.

김원중 역, 『삼국유사』, 을유문화사, 2002.

김종권 역, 『삼국사기』, 광조출판사, 1984.

권태효, 「동명왕신화의 형성과정에 대한 일고찰」, 『구비문학연구』제1
집, 한국구비문학회, 1994.

김기흥, 『고구려 건국사』, 창작과비평사, 2002.

김두진, 「고구려 건국신화의 영웅전승적 성격」, 『한국고대의 건국신화
와 제의』, 일조각, 1999.

김영애, 「한·태 건국신화의 비교연구」, 『동남아시아연구』제11권 가을
호, 한국동남아학회, 2001.

김용선, 「고구려 유리왕 고」, 『역사학보』제87집, 역사학회, 1980.

김지은, 「신라 하대 경문왕의 왕권강화정책」, 동국대 석사논문, 2000.

노태돈, 「주몽설화와 고구려 초기의 왕계」, 『고구려사연구』, 사계절,
1999.

노태돈, 「주몽설화와 계루부의 기원」, 『고구려사 연구』, 사계절, 1999.

서대석, 「한국신화와 만족신화의 비교연구」, 『한국신화의 연구』, 집문
당, 2001.

서대석, 「백두산과 민족신화」, 『백두산설화연구』, 정재호 외, 고려대 민
족문화연구소, 1992.

이복규, 「東明神話와 朱蒙神話와의 관계에 대한 연구성과 검토」, 『국제
어문』제12·13 합집, 국제어문학연구회, 1991, 199~222쪽.

이복규, 『부여·고구려 건국신화 연구』, 집문당, 1998.

이지영, 『한국신화의 신격 유래에 관한 연구』, 태학사, 1995.

이지영, 「고구려 유리신화의 연구」, 『한국서사문학의 연구』, 국학자료
원, 1997.

이지영, 「삼국사기 소재 고구려 초기 왕권설화 연구」, 『한국서사문학의 연구』, 국학자료원, 1997.

이지영, 『한국건국신화의 실상과 이해』, 월인, 2000.

이지영, 「河伯女, 柳花를 둘러싼 고구려 건국신화의 전승 문제」, 『동아시아고대학』 제13호, 동아시아고대학회, 2006.

이지영, 「주몽신화를 통해본 건국신화 속의 건국과정의 두 양상-시조모에 대한 새로운 인식」, 『한국문화연구』 10, 이화여대 한국문화연구원, 2008.

조동일, 「영웅의 일생, 그 문학사적 전개」, 『민중영웅이야기』, 문예출판사, 1992.

조현설, 「건국신화의 형성과 재편에 관한 연구」, 동국대 박사논문, 1997.

조희웅, 「백두산 설화와 민간의식」, 『백두산설화연구』, 정재호 외, 고려대 민족문화연구소, 1992.

한석수, 『최치원전승의 연구』, 계명문화사, 1989.

홍기문, 『조선신화연구』, 지양사, 1989.